饭店经理人丛书

世界知名饭店集团发展模式
从案例分析入手

林璧属等 著

旅游教育出版社
·北京·

策　　划：赖春梅

责任编辑：巨瑛梅

图书在版编目(CIP)数据

世界知名饭店集团发展模式：从案例分析入手／林璧属等著． －－北京：旅游教育出版社，2014.3（2020.8重印）
（饭店经理人丛书）
ISBN 978-7-5637-2888-6

Ⅰ.①世… Ⅱ.①林… Ⅲ.①饭店—企业管理—案例—世界 Ⅳ.①F719.2

中国版本图书馆 CIP 数据核字（2014）第 025909 号

饭店经理人丛书

世界知名饭店集团发展模式：从案例分析入手

林璧属等　著

出版单位	旅游教育出版社
地　　址	北京市朝阳区定福庄南里1号
邮　　编	100024
发行电话	(010)65778403 65728372 65767462(传真)
本社网址	www.tepcb.com
E-mail	tepfx@163.com
印刷单位	北京玺诚印务有限公司
经销单位	新华书店
开　　本	710 毫米×1000 毫米　1/16
印　　张	12.5
字　　数	182 千字
版　　次	2014 年 3 月第 1 版
印　　次	2020 年 8 月第 5 次印刷
定　　价	42.00 元

（图书如有装订差错请与发行部联系）

目　录

导　论

第一章　直营连锁
第一节　直营连锁是饭店集团起步期的基本模式 / 10
第二节　饭店结盟的动因分析 / 15

第二章　特许经营
第一节　特许经营模式之案例分析 / 27
第二节　特许经营的理论依据 / 46
第三节　特许经营模式在饭店集团化发展中的适用性 / 54

第三章　管理合同
第一节　管理合同模式之案例分析 / 72
第二节　管理合同的制度设计 / 77
第三节　选择管理合同模式需要注意的几个问题 / 94

第四章　战略联盟
第一节　最佳西方国际的发展 / 104
第二节　饭店战略联盟的合作与共赢、协同效应与
　　　　合作剩余 / 127
第三节　饭店战略联盟的稳定性问题 / 137
第四节　最佳西方国际的稳定性分析 / 152

第五章　世界知名饭店集团化发展模式分析
　　第一节　特许经营与委托管理模式的制度分析／164
　　第二节　经济型酒店更适用特许经营模式／175
　　第三节　酒店战略联盟稳定性的机制设置／181

参考文献／190

后　　记／195

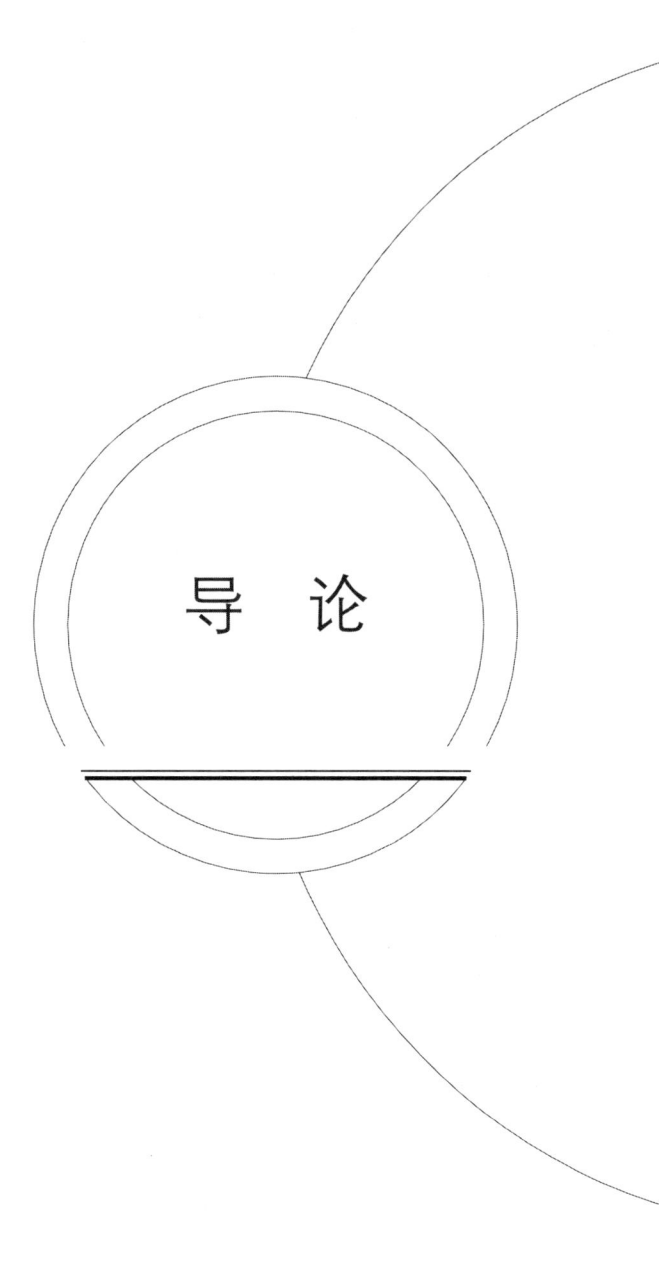

导 论

一、研究世界知名饭店集团发展模式的缘起

中国社会经济的持续发展，带动了中国饭店业的快速发展。在大量的新建饭店的经营决策中，面临的首要问题是采取何种模式管理饭店，是饭店投资者自己组建经营团队进行独立经营？还是加入饭店集团？倘若加入饭店集团，要加入哪一家饭店集团？以何种方式加入？这是饭店投资者们需要认真考虑的问题。

对于大多数饭店管理者和旅游管理专业的学生而言，要回答上述问题也很困难。为了厘清问题的真相，自2003年以来，我和我的研究生们先后收集了18家世界知名集团的案例，整理的案例资料达150多万字。在深入分析世界知名饭店集团发展历程时，我们发现饭店集团化的发展模式是一个很有现实意义的问题。因为各饭店集团所采用的不同的集团化发展模式，不仅对于研究饭店集团化具有一定的学术价值，而且对于国内的饭店业主们考虑经营模式和管理模式能提供很好的参考价值和理论依据，同时对于旅游管理专业师生和管理学的广大爱好者也有很大的参考价值。

二、饭店集团化发展模式

所谓饭店集团是指饭店公司拥有或控制两家以上的饭店，这些饭店采用统一的名称标记、统一的管理模式和水准、统一的服务标准和风格、联合经营的企业形式，是一种以饭店经营为主体的经济联合体。饭店通过饭店集团化的发展模式，可以达到发展国际化、降低经营风险、顺利进入国际市场、降低管理的难度和增强饭店竞争实力的目的。

国际饭店集团是顺应国际旅游业的发展需要而产生的，是对传统饭店业的改造和革新，其自身的发展又大大推动了国际旅游业的发展。国际饭店集团通过输出自己独特的经营管理风格和良好的品牌形象，形成与本公司饭店一致的经营服务标准和质量，树立饭店集团的良好品牌形象，方便旅游者的识别；同时集团与其管理的成员饭店之间的关系，是一种主要通过股权或契约来约束的经济联合体，具有广泛的适用性。饭店集团的规模越来越大，分布的国家和地区越来越多。饭店集团在国际旅游和世界经济中的地位和作用也越来越重要。

在市场需求的驱动和经济效益的牵引双重作用下，国外酒店的集团发展模式逐步经历了区域发展阶段、洲际发展阶段和全球发展阶段。酒店集团全球化是品牌化的基础，而品牌化则是集团化的目的。酒店集团的品牌化能形成品牌效应，

成为酒店集团所独具的品牌资产。酒店集团通过品牌的资产运作即收购兼并来进行,同时辅以特许经营、委托管理和战略联盟等方式来扩大酒店集团的市场份额,从而进一步地促进全球化。国外酒店集团品牌的发展为我国酒店集团品牌的扩张和发展树立了很好的榜样,未来世界酒店业的竞争将更为激烈,品牌化发展将是全球酒店业发展的必然趋势。

通过资本运作来扩大企业规模,把企业做大做强。对于一个综合性大企业来说,进行资本运作的方式有很多种。就酒店业来说,资本运作的方式也多种多样。一个酒店的集团发展模式,除了通过自己积累资金再投资新建酒店外,还可以采用租赁、收购、兼并与控股等方式来扩展。此外,特许经营、管理合同、战略联盟这些非股权形式的发展模式,在国外的酒店集团加速发展过程中也应用得很多。

三、西方饭店集团化的基本历程

综观世界知名饭店集团的发展历程,我们惊奇地发现,饭店业的集团化已成为现代西方饭店经营的主导方式。通过考察其发展历程,发现其发展脉络具有清晰的时代特征。

现代西方饭店集团的形成,最初是通过投资不动产进行扩张的。20世纪第一家较大规模的饭店联号是美国的斯塔特勒(Statler Hotel Chain)。斯塔特勒作为现代商业饭店的创始人,利用投资不动产建造了饭店联号。20世纪二三十年代,美国经济危机所带来的大萧条,导致大量的饭店破产,不动产价格急剧下跌,一些饭店联号用低廉的价格购买了高质量的饭店,获得了迅速发展的机会。到"二战"结束前,斯塔特勒、希尔顿、喜来登等主要饭店联号占据了绝对的优势。这一时期饭店联号扩张的基本路径是通过购买不动产完成的。

20世纪50年代前后,饭店集团扩张的基本方式是利用管理合同和特许经营方式。例如,饭店业主希尔顿不愿意在美国以外的市场拥有饭店不动产,所以,他的饭店联号的第一家海外饭店就采用了管理合同的方式。假日饭店联号是在20世纪50年代才成立的,但它采取的是特许经营的扩张方式。几乎同时成立的华美达饭店联号,则采取自建饭店与特许经营并用的扩张模式。管理合同和特许经营不必在不动产上投入大量资金,又能获得较好的利润,成为国际饭店集团扩张的基本方式。在20世纪六七十年代,出现了一种只提供单纯的管理服务的组织形式——独立饭店管理公司。由于它们只提供单纯的管理服务,不提供品牌、营销、预订等服务,于是,被独立饭店管理公司管理的饭店只好同这一饭店管理公司联系密切的某个饭店联号另外签订特许经营合同,以便使用其品牌和预订系统。

20世纪70年代后期出现了一批以提供营销和销售服务为主的松散型的饭店联合体,即饭店联盟。联盟向成员提供联号的某些优势,但成员加入所付的费用远远低于采用特许经营方式加入饭店联号的。20世纪90年代后期,信息技术渗入饭店预订和营销领域,饭店联盟的经营重点开始向提供各种信息技术服务转化,由两家或几家饭店联号建立某种战略伙伴关系,共同开展营销、预订或开拓新的市场。

四、世界知名饭店集团扩张的基本模式

综观世界知名饭店集团的扩张模式,我们惊奇地发现,采取直营连锁是饭店联号起步的基本模式,特许经营和管理合同是其扩张的最有效方式,战略联盟是一种新的扩张模式。面对这4种主要的发展模式,我们最初的问题是想探究:究竟哪一种模式最好?进一步深入分析各知名饭店集团的发展模式后发现,实质上,4种主要发展模式具有不同的发展特征和不同的适用性,不能简单地作出结论。

从理论的角度讲,4种不同的饭店集团扩张模式的差异是比较明显的。

(一)直营连锁

直营连锁是一种最基本的经营模式,也是饭店集团发展的初始发展模式。

直营连锁是指有两个或两个以上的子公司隶属于同一母公司的经营形式。母公司对子公司的控制可通过完全拥有、租赁、租借建筑物或土地等形式来实现。母公司在享有子公司利润的同时,对其经营损失承担风险。直营连锁对于饭店业的最大影响在于其"标准化运作程序",利用标准化运作程序推动饭店的集团化发展,难以推广的是饭店集团推出的经营理念要成为其他饭店仿效的目标,而实际效果未必能够实现。在实际运行过程中,除了投资饭店(包括兴建、租赁、租借建筑物等)形式外,目前的直营连锁的形成方式主要有以下3种:

1. 直接并购

并购,是指企业通过收购来实现以资本为纽带的集团经营。在饭店业中,饭店集团发展初期,一般是以饭店自身扩张为主。自20世纪60年代开始,直至80年代,许多大公司纷纷收购饭店集团,形成了以依托大企业雄厚的资本实力和产业纽带为主的饭店集团。之所以出现这种模式,原因在于:第一,资金压力驱动。企业要实现迅速的纵向发展需要雄厚的资金实力作后盾,但是,股票市场和大的金融机构通常不愿意为连锁饭店扩张提供足够的融资支持;而连锁集团归属于大

企业集团则可容易避开这一问题,容易在资本市场上得到资金支持。第二,大企业集团能够给予股东较好的安全感,连锁饭店的股票往往在证券市场上容易在短期之内产生大幅度波动,而并入大企业集团则可避开股市波动,给股东一个稳定的投资收益。第三,大企业并购可以提高资本收益,缩短投资周期,有利于自身的利润增长。许多并购公司往往发生在一种较少增长希望的成熟行业。由于本行业投巨资获利的可能性较小,而饭店业却被认为是仍有获利增长潜力的行业之一。于是,选择那些经营成功的中小餐饮或饭店集团,可以在短期内提高投资收益。

2. 杠杆收购

杠杆收购是指企业通过向银行和其他金融机构贷款而进行企业扩张的一种方式。这种方式在饭店业中的比例较高。但是,通过向银行借款进行扩张,虽然也具备一定的融资优势,但这种方式往往使经营风险增大,尤其是面临较大的还贷压力。

3. 合并或联合

20 世纪 80 年代的兼并主要是其他行业向饭店业的扩张,而进入 90 年代之后,收购的方式又出现了业内集团的进一步垄断化扩张趋势。饭店业供给过剩以及大集团的扩张野心,各集团之间拼命以占有对方为目标,最终出现了超大集团的饭店集团。而其运作方式主要是采用企业集团之间的合并或联合。

(二) 特许经营

特许经营是一种最受欢迎的集团化扩张方式。

特许经营是指饭店企业附属于某一业已经营成功的连锁集团并同时保持一定水平的所有权。特许经营的核心是特许经营和受特许人之间的特许权转让。在特许经营中,双方的关系是合同契约关系,不是上下级关系。特许经营的基础是一整套经营模式或某项独特的商品、商标等。特许经营主要有两种方式:一是"产品和品牌特许经营",这一类在特许经营中占主导地位;另一类是"企业经营模式"特许经营,受特许权人通常获得使用特许权人的品牌名称、形象、产品、经营程序和营销系统,加入集团营销体系。

饭店业的特许经营最早出现在 1907 年。当时,著名饭店业主塞萨尔·里兹(César Ritz)允许纽约、蒙特利尔、波士顿、里斯本和巴塞罗那的一些豪华饭店使用其著名的里兹品牌,这是特许经营的发轫。饭店业中的特许经营在 20 世纪五六十年代才得到大规模的发展。从运作方式看,特许经营的出让方提供品牌、运作及经营中必须遵循的方法和标准,提供组织及预订、营销帮助,从而确保业务有效运行,并定期对受让方进行检查,以保证市场中同一品牌的饭店产品保持质量的一致性。出让方通过以品牌为主要纽带的方式将受许饭店吸收到饭店集团之中,而受让方的财产权和财务权仍保持独立,不受饭店集团的控制。

特许经营模式之所以受到欢迎,是因为每一个人都梦想成就一番伟业,而单靠自身的经营不容易成功所造就的。拥有自己的企业是每一个人成就一番伟业的梦想,也使许多企业家走上独立经营之路。但是,独立经营既可能获利,也潜伏着失败的风险。美国有一项统计,约77%的新独立企业在5年内经营不成功,第一年约38%的独立企业经营失败。为规避经营风险,许多新建的独立企业纷纷加入特许经营联号之中。采用特许经营的优势在于,特许权人可利用极少投资迅速渗透市场,提高企业创业和扩张效率,极快地以同一品牌占有市场,稳定地获取特许经营权益费。从管理的角度看,由于总部和加盟店之间只有一级管理层次,缩短了信息流通距离,管理复杂程度大大降低,减少了管理层次,提高了管理效率,而且大多数饭店集团都采用管理信息系统,实现了动态管理。从经济效益看,成员饭店自负盈亏,总部不承担直接投资,不负担人员工资,不投入过多的监督费用,加速了特许经营饭店的扩张速度。受特许权人利用集团企业成功的销售网络,参与集团营销,直接借鉴和利用集团企业的管理经验和运作模式,减少经营风险。这是特许经营模式快速发展和成功的秘籍所在。

(三) 管理合同

管理合同是另一种最受欢迎的发展模式。

管理合同又称委托管理,它是一种非股权式的运营方式,指业主委托管理公司代为管理饭店。业主与管理公司通过签订管理合同来实现这一运作方式。采用管理合同进行委托管理的三个主要原则是:第一,经营者有权不受业主干扰管理企业;第二,业主支付所有的经营费用并承担可能的财务风险;第三,经营者的行为受到绝对保护,除非他具有欺诈或严重的失职行为。管理合同保证经营者获得管理费,其余所得则归业主,也包括业主需要支付的税收、保险并偿还贷款等。业主将所有经营责任授权给经营者并不得干涉其日常业务运作。业主通常采用收益提成激励经营者,以提高经营者在管理企业中的风险意识和盈利意愿。由于委托管理市场竞争越来越激烈,更多的经营者将收益贡献作为获得酬报的重要筹码,甚至有的经营者以采用减少管理费的办法,以提高收益贡献比例来获得管理合同。

对于饭店集团来说,采用管理合同的优势是既能以较少的资本投入、较低的风险迅速扩张饭店集团规模,又可令没有管理经验的饭店业主分享行业所带来的丰厚回报。因此,管理合同被广泛应用于饭店业,几乎世界上所有的知名饭店集团都无一例外地通过这种方式进行规模扩张。

饭店管理集团在采用管理合同时,既可以提供一揽子服务,也可以提供单项服务(如技术服务)。管理合同通常包括下列内容:第一,可行性研究报告和市场前景分析;第二,提供在规划、设计、建筑和内部装潢方面的咨询和技术支持;第三,提供设备选择、布局和安装建议;第四,合同、采办和建筑协作;第五,开业运行与管理;第六,营销、广告、促销;第七,招聘和培训;第八,技术咨询;第九,物资采购;第十,饭店预订服务;第十一,提供管理及其管理人员;第十二,总部办公室督导与控制。

饭店集团采用委托管理的收益主要来自于收取管理费。一般说来,管理费按照管理公司提供的服务来计算,可分为一揽子费用、系统使用费、技术服务费及开业管理费等4种。第一种是固定费用。按营业额的比例计算,按净利润比例计算或混合式计算。一般以营业额的2%~4%提成,或净利润的5%。计算管理费的方法对业主和经营者都有很大的影响,管理费的结构必须使经营者、业主和出租方感到公平和可接受。第二种是系统使用费。经营者通常向业主收取有关经营系统使用费,如市场营销、广告、销售、财务、培训、采购和预订费,以及管理公司人员到饭店视察时的旅行、住宿等差旅费。这些费用通常将占管理费之外的营业收入的1%~3%。第三种,技术支持费。经营者通常要求业主对其在设计和规划方面的服务支付技术支持费。咨询服务通常包括可行性分析、建筑设计、内部设计、设备安装、食品设备布局、建筑督导及其他领域的督导,如工程系统、娱乐设施、保安和财务系统等。第四种,开业管理费,由业主支付给管理者在开业筹划、制定开业预算、督导开业活动,包括招聘、培训、运营系统确立、饭店促销、筹办物品及以业主名义进行租赁谈判等的费用。开业预算一般为工程项目额的1.5%~1.9%。开业管理费根据饭店规模、地点、提供服务类型和开业准备时间长短收取费用。

20世纪90年代以来,采用管理合同进行饭店经营管理的情况发生了显著的变化,合同已从有利于经营者向有利于业主转化。这是因为,饭店管理合同市场竞争更加激烈,业主对该行业具有越来越多的知识和了解,对饭店管理集团的依赖越来越低。这一结果导致饭店经营者必须更多地分担经营风险,更强调提取收益奖励。

(四)战略联盟

战略联盟是饭店集团化发展的一种新模式。

战略联盟是指企业为了保持和加强自身的竞争力自愿与其他企业在某些领域进行合作的一种经营形式。这是一种契约性的战略合作，不必进行一揽子的资源互换或股权置换，也不必形成法律约束的经营实体，仅仅依托契约关系进行合作。

战略联盟分为竞争对手联盟、顾客伙伴联盟和供应商伙伴联盟。竞争对手联盟指竞争对手之间为了减少无谓竞争并促进共同发展而自愿形成的联盟，以实现资源、市场和技术共享。在饭店集团化经营发展过程中，传统的"收购"方式逐步退出，以市场营销为基础的战略联盟形式越来越多，包括许多小的饭店集团希望加入大集团，利用其全球预订系统扩大客源市场。顾客伙伴联盟则是企业与顾客之间的一种契约，以实现顾客的忠诚。供应商伙伴联盟指企业与供应商企业（含上下游产品）之间的联合，如饭店与航空公司、旅行社的联合促销与各类物资供应企业的联合等。

饭店业实行战略联盟的范围涉及营销联合、新技术研究开发联合、技术交换联合、供应联合、单项技术转让等领域。采用战略联合形式对于我国饭店业集团化具有重要的现实意义，尤其适合于我国饭店业的产权交易相对困难、资产并购又需要大量资金的窘况。但是，对于一个比较缺乏契约意识的国度，实行一般意义上的战略联盟也很困难。

五、本书的基本思路和体例

为了能够简明扼要地说明问题，厘清各种发展模式对于饭店集团化发展的作用与意义，本书对直营连锁、特许经营、委托管理（又称管理合同）和战略联盟4种发展模式逐一进行分章阐述。每一章都是以国际知名的饭店集团的案例来开篇，从国际知名饭店集团的发展历程说起，总结其成功经验，并结合学术界的相关研究，力图阐明各发展模式的特征及其理论与实践意义。本书的最后一章再总结各发展模式的适用性，力图为读者提供一个清晰的思路。

第一章
直营连锁

在世界知名饭店集团的发展历程中,连锁经营是一种最基本的经营模式,也是饭店集团发展的初始发展模式。

第一节　直营连锁是饭店集团起步期的基本模式

世界上排名前几名的饭店集团,其发展初期大多以直营连锁起步。之所以选择直营连锁,是由于饭店集团起步之时,资金实力、经营实力、管理模式和品牌影响力都不具有优势,此时采取其他形式的连锁经营很难。于是,诸如我们目前耳熟能详的假日饭店集团和希尔顿饭店集团,最初都始于直营连锁。

从连锁经营的发展条件看,20世纪初似乎已经具备,但真正发展起来还是在"二战"后。为什么说20世纪初基本具备,这是因为斯塔特勒饭店的经营模式已经具备了发展连锁经营的条件。1908年,美国人斯塔特勒在布法罗市设计、建造并经营了以他的名字命名的斯塔特勒饭店。斯塔特勒饭店以"一个房间一浴室,一个美元零五十"的模式出现的,即采用标准化的设施、标准化的服务和标准化的管理模式来运营饭店。因此,在历史上,斯塔特勒开创了新的商业饭店经营时代,他本人也成为商业饭店的创始人。应当说,从条件看,商业饭店的标准化模式已经具备了发展以统一标准、统一品牌、同一服务的连锁经营条件,但是斯塔特勒并没有发展出大型的饭店集团,他的斯塔特勒饭店集团没能在饭店业迅速建立起世界著名的饭店集团,也许是由于时机未到。

随着"二战"后经济的飞速发展以及大众旅游时代的到来,蓬勃发展的饭店集团以连锁经营的模式快速扩张,发展速度让世人瞩目。但是,在饭店集团发展之初,均以直营连锁起步。

一、假日集团的初始发展模式

假日集团创建于1952年8月的美国田纳西州孟菲斯城。创始人为凯蒙斯·

威尔逊(Kemmons Wilson)。

1951年,凯蒙斯·威尔逊率家人外出旅行,旅途中遇到诸多烦恼,而最令其不满意的是住宿。大多数旅馆设施低劣简陋,卫生条件差,价格又昂贵。从这次不愉快的旅行中,威尔逊发现住宿业是一个潜力巨大、尚待开发的行业,而驾车旅行度假的家庭旅游所需要的汽车旅馆正是一个市场空白。于是,1952年,威尔逊从银行贷款30万美元,在通向孟菲斯城的主要通道——夏日大道(Summer Avenue)上建成了一个拥有120个单元房的汽车旅馆,取名假日旅馆(Holiday Inn)。假日旅馆的市场定位于家庭旅行者所需要的汽车旅馆。

假日旅馆每间客房的成本8000美元(包括土地价格),客房宽大舒适,每间配备2个床位,有空调、卫生间和沐浴设施,停车场宽大,客房提供免费的电视、电话,特别配备了餐馆和游泳池。这家旅馆经营非常成功。在此之后,威尔逊又相继在进入孟菲斯城的其他3条公路上建立了另外3家假日旅馆。

在经营理念上,凯蒙斯·威尔逊按照商业饭店创始人斯塔特勒的经营信条,非常注重饭店的地理位置,也就是选址的作用。他在创业时所建造的饭店大多沿高速公路分布,市场定位面向中产阶级,依据中档大众市场的消费水平与需求设计饭店,突出洁净、舒适、卫生与安全的经营模式。

从最初发展至今,假日洲际酒店集团是世界上分布最广的酒店管理公司,拥有和管理着许多知名的国际酒店品牌,包括洲际酒店(Inter-continental)、皇冠假日酒店(Crowne Plaza)、假日酒店(Holiday Inn)、智选假日酒店(Holiday Inn Express)等几种酒店类型。广泛的全球分布网遍及近100个国家和地区,拥有3500家酒店,53.5万间客房。

洲际酒店(Inter-continental)是享有很高声誉的、一个真正的全球性品牌,它主要坐落在大城市和度假区,为客人提供高水准的服务和优质的服务。洲际酒店是为国际旅游常客提供服务的几个领先品牌之一,50年来它已经成为世界商务团体的偏好品牌。在洲际酒店,你可以得到任何你想要的24小时的服务,从午夜还营业的商务中心到精通本地情况的门童服务应有尽有。

皇冠假日酒店(Crowne Plaza)是设在大的交通枢纽城市的一种高档酒店品牌,主要为商务客人提供高水准、舒适的服务和娱乐。它分布在全世界40个国家,是一个非常有生命力的饭店品牌。实际上,皇冠大饭店为商务和休闲旅游者提供了许多额外的食宿服务。因为商务和休闲旅游者不仅欣赏简约而优雅的客房和最新的设施设备,还强调这些东西要物有所值。在皇冠大饭店,客人们可以享受到一流的睡眠空间、24小时营业的商务中心、大堂的高速无线上网、健身中心和游泳池等服务。

假日酒店(Holiday Inn)因其优质的服务、舒适的环境和物有所值赢得全球的声誉,也成为世界上最被认同的酒店品牌之一。它为今天的商务和休闲旅游者提供可靠、友好的服务以及物超所值的设施设备。在世界上的许多角落,可能是小城镇,也可能是大城市,也可能在嘈杂的铁路边或机场,你都可能找到它的身影;因为提供全面服务的假日酒店总是坐落在人们容易到达的地方。50年来,假日酒店以其温馨的气氛和全面的服务,成为商务和休闲旅游者的可靠选择。

智选假日酒店(Holiday Inn Express),亦称快捷假日酒店,是洲际假日酒店集团的一个新牌子,它提供简单、干净、舒适、方便的服务。总的看来,智选假日酒店是一个中档的酒店品牌,主要分布于欧洲、中东、非洲和亚太地区。

在假日酒店的发展历程中,最成功的经营模式是特许经营。但是,在其早期的发展中,还是起步于连锁经营。

二、希尔顿的初始发展模式

希尔顿饭店公司已是世界公认的饭店业中的佼佼者。2009年,希尔顿饭店集团拥有10个品牌饭店,在世界80多个国家和地区拥有3300多家饭店,在世界饭店集团中名列前茅。即便在2005年,它的总收入就达到44.37亿美元。希尔顿饭店以全而优质的服务,严格而高效的管理和超群的经济效益在同行业中享有盛名。

在希尔顿饭店90年的经营与发展中,它不仅为广大的顾客提供了良好的住宿环境和服务,它的许多经营方法与思想对于饭店业来说都是创新之举。希尔顿饭店是第一家股票上市的饭店公司,第一家经营赌场的饭店公司,第一家免费发行饭店信用卡的饭店公司……希尔顿孜孜不倦的创新精神为世界饭店业的发展做出了巨大贡献。

发展初期,希尔顿饭店是由一幢二层红色砖楼的小旅馆开始的。1919年,康拉德·希尔顿投资5000美元买下了他的第一家饭店——莫布利旅馆。1925年,在达拉斯建立了第一家以"希尔顿"命名的饭店,在20世纪二三十年代美国经济危机的情况下,美国大部分旅馆破产倒闭,康拉德·希尔顿也因为一张10万美元的账单尚差170美元未付而被家具公司告上法庭。然而,他的饭店业并未因此垮台。在经济危机的萧条期间,由于他坚守信誉,善于管理,他的8家饭店保全了5家。到1939年,希尔顿又在加利福尼亚州、纽约、伊利诺伊州及其他各地兴建、租进和购买了一批旅馆。1945年,康拉德·希尔顿又购入芝加哥的世界最大旅馆——一家拥有3000个房间的史蒂文斯大旅馆。同时,他建立了希尔顿饭店公司集团,自此,他成为美国饭店业大王。1967年,希尔顿饭店公司集团在伦敦股票市场上市的最初市值不足100万英镑。而如今公司已是伦敦股票市场中最大的公司之一,也是富时100指数(FTSE 100)的股票之一。

1948年,希尔顿国际饭店公司建立,当时它是希尔顿饭店公司的一个独立的子公司;1964年12月,这家子公司拥有24家饭店,便从希尔顿饭店公司脱离出来,成为一个在纽约交易所独立上市的公司。希尔顿饭店公司与希尔顿国际饭店公司成为两家独立的饭店联号,此后两家公司达成协议,公司分离后,希尔顿饭店公司(HHC)有权在美国本土内使用"希尔顿"名称,而希尔顿国际(HI)则有权在美国本土以外的世界其他地区使用"希尔顿"名称。两家公司之间唯一的联系只是共同拥有每年可以处理1360万预订电话的希尔顿全球预订系统。

1967年5月,希尔顿国际被Trans World Airline Inc.收购,成为Transworld控股公司的一部分。1987年4月,希尔顿国际被Allegis公司收购,但几个月后,Allegis公司决定将其卖给希尔顿集团。

1987年10月,希尔顿国际被希尔顿集团——英国拥有10亿美金资产的前100家公司之一,前身为莱德布罗克斯(Ladbrokes)集团,其名称于1999年度股东大会后正式更名为希尔顿集团——以10.7亿美元的价格收购。收购时,它拥有和管理92家酒店。

1997年1月13日,希尔顿集团与希尔顿饭店公司宣布签署全球范围内合作协议,遵照同盟条款,希尔顿饭店公司与希尔顿国际公司在市场营销、忠诚度规划、中央预订系统与其他经营事项上进行合作。至此,两家公司在分离多年后终于"团聚"。在世界50多个国家和地区拥有近500家酒店,进一步巩固了希尔顿品牌在世界酒店业的领导地位。协议期限初定为20年,每10年进行一次合同续签复核。现在,集团最大的分公司是希尔顿国际公司。

2000年11月,希尔顿集团与希尔顿饭店公司宣布了两公司之间的又一举措——组建一家合资公司以便在世界各地拓展康拉德豪华酒店品牌。2001年4月23日,集团宣布出价收购斯堪的克AB酒店。斯堪的克AB酒店是北欧斯堪的纳维亚半岛的一流酒店,拥有在斯堪的纳维亚地区和北欧其他地区的154个大饭店。这宗交易在6月11日完成,使希尔顿国际公司经营的酒店数量达到379家。这次收购表明希尔顿在欧洲全职服务酒店中取得主导地位的战略上又迈出了重要的一步。希尔顿国际酒店承诺向全球扩张,把世界上最强大的酒店品牌引入城市中心地带的一流酒店、会议中心和服务性的公寓、国际机场和主要度假村。对所有这些经营实体,主要是采用收购拥有,或用租赁的形式经营,部分采取合同管理。2002年,希尔顿国际公司在全球新开16家大酒店,包括沙尔姆谢赫、埃及、科威特、伦敦的帕丁顿、科隆、东京机场和中国重庆。

希尔顿国际致力于全球发展策略,将世界最具实力的酒店品牌带入一流酒店、会议中心、市中心公寓、国际机场及度假胜地,为消费者提供全方位服务并使之成为散客及商务人员的首选。其酒店管理方式为:直接投资、租赁协议及签署管理合同,也就是说,希尔顿国际的主要经营方式是连锁经营。

三、直营连锁的设置机理

一般而言,连锁经营是在核心企业(旗舰店)的引领下,或在企业总公司的领导下,由分散的、经营同类商品或服务的零售企业通过标准化的企业运作模式,采取专业化的经营、规范化的管理活动及现代化的统一的管理手段,使复杂的商业活动趋向于简单化,将独立的分布于不同地点、不同区域的经营活动组合成整体的规模经营,以实现规模效益的经济联合体组织形式。换句话说,连锁经营作为一种商业组织形式和经营制度,是指经营同类商品或服务的若干个企业,以一定的形式组成一个联合体,在整体规划下进行专业化分工,并在分工基础上实施集中化管理,把独立的经营活动组合成整体的规模经营,从而实现规模效益。

连锁经营在饭店集团化发展过程中,其竞争优势主要表现为"统一品牌,统一营销,统一经营,统一管理",通过扩大规模来提高饭店产品在市场中的占有率,从而稳固市场地位。连锁经营的规模效益,改变了传统的独立的分散的经营方式,有效地解决了规模经营与消费分散之间的矛盾,是一种将分散经营组织成规模经营的最有效形式。

实现连锁经营的方式可以有很多种形式,本章所述的连锁经营专指直营连锁(又称正规连锁)。直营连锁是世界上最早出现的连锁形式,也是连锁经营的基本形态。它是指连锁公司的分店均由公司总部全资或控股开设,在总部的直接领导下统一经营。饭店业的直营连锁,是指饭店集团公司通过投资、并购、控股等形式实现对成员饭店的直营。简单地说,直营连锁是指总公司直接经营的连锁店,即由公司本部直接经营投资管理各个饭店的经营形态,总部采取纵深式的管理方式,直接下令掌管所有的饭店,各饭店也毫无疑问地必须完全接受总部的指挥,总部对各饭店实施人、财、物及商流、物流、信息流等方面的统一经营。

在直营连锁的管理中,总部对连锁饭店的管理控制主要表现在两个方面:一是经营管理模式的标准化、模式化贯彻;二是对信息流的把握和利用。

(1)经营管理的标准化、模式化。从理论上讲,直营连锁的本质特征在于饭店管理总部与所有连锁店共享资源与能力。作为直营连锁,连锁总部必须运用先进的经营管理理念对员工培训、员工工作安排、职责、服务标准、广告、市场营销、顾客关系、顾客投诉处理程序、采购程序、会计程序、现金和信贷管理程序、安全生产、突发事件处理等成员饭店的经营所有方面的问题进行深入的研究,对连锁饭店经营管理过程中的每一项工作予以规范化并形成连锁店工作手册。工作手册是成员饭店员工最重要的培训教材,也是成员饭店日常经营工作的速查手册。连锁饭店据此开展所有日常经营工作,共享总部的经营技术。这是总部确保连锁饭店按照统一标准模式进行所有经营活动的必要保障,同时也是复制连锁饭店的必要条件。但是,在具体的饭店集团化发展过程中,饭店集团与一般商业企业的连锁店不同,商业企业的连锁店采用统一的装修格调和统一的模式;饭店集团并不意味着所有同一饭店集团的成员都采用完全一致的设施设备,饭店多多少少会受饭店所在地的影响,多少有所差异。

(2)充分把握并利用信息流。直营连锁的经营管理中,各饭店之间与饭店总部之间的联系,主要表现为饭店客房预订系统的资源共享和成员饭店之间的信息共享及总部与成员饭店、成员饭店之间的联系。由于饭店分散分布,面对散处各地的连锁店,总部必须使所有销售前台和后台支持机构实时共享信息,总部管理机构必须对连锁饭店实施即时的管理,实现对业务环节的实时监控,并对这些方面所涉信息予以实时记录和分析。

第二节 饭店结盟的动因分析

世界知名饭店的集团化,说明了饭店与饭店之间形成了紧密的企业组织。从直营连锁的角度看,这种企业组织毫无疑问地将追求规模经济效益作为饭店无限扩张的基本目的。问题在于直营连锁之外,为什么饭店与饭店之间还要通过特许经营、委托管理或战略联盟等方式来进行连锁经营?也就是说,饭店为什么要结盟?

一、饭店选择连锁经营的理论解释

连锁经营作为一种企业组织模式,它不同于传统企业的管理模式,这是一个人所共知的常识。问题在于:这些企业家为什么选择连锁经营?也就是说,连锁经营的形成原因是什么?从现有的一些相关理论看,交易成本理论、资源基础理论、价值链理论、风险理论、组织学习理论等都可以为连锁经营形成原因提供解释。

这些理论从不同的切入点入手,对企业连锁经营的各种问题进行了解剖与阐释。这些理论之间,具有一种互补关系,从不同方面解析了企业连锁经营的理论。这些理论的基本思想见表1-1所列。

表1-1 连锁经营的主要理论基础

理　　论	基本思想	联盟动因
交易成本理论	选择"最小化交易成本"的资源配置方式	节省交易成本
资源基础理论	竞争优势取决于对一系列有价值、稀缺、难以模仿和不可替代的资源的拥有和运用;企业通过联盟来优化资源配置	资源共享和互补
价值链理论	企业的生产是一个创造价值的过程,企业的价值链就是企业所从事的各种活动的集合体,但任何企业在价值链上的每个价值增值活动不可能都拥有同样的比较优势	整合核心专长
风险理论	联盟的管理中存在两种风险:一是绩效风险,一是关系风险;联盟企业以承担关系风险为代价分担绩效风险	降低风险
组织学习理论	知识资本支撑能力,能力反过来支撑企业向市场提供产品和服务,知识是企业最重要的战略资源;企业必须不断学习,不断提升自身的素质,才能获得生存和发展;联盟是解决隐性知识转移的有效途径	学习知识

1."最小化交易成本"的资源配置方式是企业选择结盟的动因之一

交易成本理论的核心思想由1991年诺贝尔经济学奖获得者罗纳德·科斯(Ronald H. Coase)教授提出,他在1937年发表的《企业性质》(the Nature of the Firm)中认为:社会经济生活中存在着两种截然不同的资源配置方式,即市场和企业;在资源配置方面,企业和市场是两种可互相替代的协调生产的手段①。市场配置资源需要"交易成本",而企业配置资源需要"生产成本"。交易成本是指发

---

① [美]科斯(R. H. Coase),等.财产权利与制度变迁:产权学派与新制度学派译文集[M].上海:三联书店上海分店,1994.

生交易而产生的成本,主要包括企业寻找供应商和顾客的费用、谈判和签订合同的费用以及监督和履行合同的费用等。生产成本产生在学习、组织和管理产品过程中协调内部各项活动的成本,是指各项投入(材料、劳动、信息等)转换成产品和服务时发生的各种成本。当生产成本小于市场交易成本时,企业就会从市场交易中退出,将交易活动内部化,即通过兼并、收购和内部发展等方式来将企业规模扩大,通过在企业内部的行政协调机制来完成资源配置工作;当市场机制带来的交易成本低于内部生产成本时,企业就使用市场交易形式,亦即企业无须合并。

这种交易成本理论分析适合于直营连锁、特许经营和委托管理模式。唯有战略联盟是个特例。在交易成本理论看来,战略联盟是介于市场与企业之间的又一种资源配置方式,是一种新型的组织形式。战略联盟具有稳定的交易关系和便于监督的特点,伙伴企业间的沟通、谈判和成本自然会减少,因而降低交易成本。另外,联盟活动部分内部化、部分市场化,可以使交易成本和生产成本都有一定程度的下降。在明确的市场交易和企业内部化都无法使交易成本和生产成本最小时,联盟有可能提供一种有效的替代方式,即当使用市场机制带来的交易成本太高却不足以高到组建内部组织时,就选用战略联盟这种折衷的组织形式。例如,饭店可以将设备维修业务外包给专业维修公司,也可以自己进行维修,当这两种行为模式的总费用预算都不理想时,饭店可选择通过与相邻饭店合作组建维修部门从而降低费用。所以,根据交易成本理论的分析,联盟的出现是追求更高资源配置效率的结果。

2. 资源共享和互补也是企业选择结盟的动因之一

传统企业战略理论认为,企业的长期续存和超额收益来源于竞争优势[1]。资源基础理论丰富了企业战略理论,从企业自身拥有的资源和能力出发,探讨了企业持续竞争优势的源泉,认为竞争优势不是偶然的机会所致,也不是通过一般性的管理创造出来的,而是企业获得并高效地运用一系列有价值、稀缺、难以模仿和不可替代的资源的结果[2]。企业的资产与能力决定企业的效率与成效,拥有最佳且最适当资源的企业比竞争对手表现得更佳或成本更低,从而更为成功。[3] 但是,一个企业很难拥有谋求持续竞争优势所需要的各种战略资源。由于有价值的资源通常是稀缺的、难以模仿的和不可替代的,当企业无法通过市场和内部化获

---

[1] [美]迈克尔·波特. 竞争战略[M]. 北京:华夏出版社,2003.
[2] 皮埃尔·杜尚哲(Pierre Dussauge),贝尔纳·加雷特(Bernard Garrette). 战略联盟[M]. 李东红,译. 北京:中国人民大学出版社,2006:49-50.
[3] Collis D J,Cynthis M. Competing on resource strategy in the 1990s[J]. Harvard Business Review,1995,7(8):26-36.

得这些资源时,就必须与其他公司集聚、分享和交换这些资源。这就是战略联盟出现的原因。战略资源通过联盟企业间的资源整合,达到资源共享的目的。那些未能拥有成功开展某项业务所需要资源的企业,可依靠这种共享的资源,成功开展业务活动。战略联盟提供了一种从其他企业获得必要资源的有效途径,为企业提供了获取竞争优势的一种有效模式。为实现资源共享和互补,企业间的合并与结盟也就成为一种必要的选择。

3. 整合核心专长是企业结盟的原动力

整合核心专长是价值链理论的基本观点。价值链理论是现代战略管理学的一个重要理论,它是哈佛大学教授迈克尔·波特(M. Porter)提出的。① 根据波特的分析,企业的生产是一个创造价值的过程,企业的价值链就是企业所从事的各种活动——设计、生产、销售、发运以及支持性活动的集合体。一个价值链显示了对于消费者来说所获得的产品或服务的整体价值。企业所提供的价值活动可分成两大类:基本活动和辅助性活动。基本活动涉及产品或服务的生产、销售及售后服务等活动,具体包括内部后勤、生产运作、外部后勤、市场营销、售后服务五种类型;辅助性活动则是指支持企业基本活动的各种生产要素投入、技术、人力资源以及公司范围内的各种职能等,具体包括采购、研究开发、人力资源管理、企业基础设施4种类型。

价值链的各环节所要求的生产要素各不相同,任何企业在价值链上的每个价值增值活动不可能都拥有核心专长,都拥有同样的比较优势。这里的核心专长是指企业为获得核心竞争力,整合自己的有限资源在某一或某几个方面形成不同并且优于其他企业的活动能力。每个企业由于资源以及其他自身能力的限制,只能在某一或少数方面拥有核心专长,而这部分核心专长又往往表现为从研发到销售的某一或某些环节,但仅仅利用这些环节的优势是无法或很难体现出某一商品的竞争优势的,应该整合各个企业在各自环节中所形成的核心专长。于是,企业联盟便在市场上大量出现了。价值链理论认为,企业间形成联盟的基础是核心专长的互补。这里补充说明一下,所谓互补性,并不是单纯地指异质的核心专长。同质的核心专长也可以是互补的,比如说企业为了获得规模经济,就会整合各自的核心专长。为达到"双赢"的协同效应,伙伴企业彼此在价值链的战略环节上展开合作,以扩展企业价值链的有效范围,从而求得整体收益的最大化,这是企业建立联盟的原动力。

---

① [美]迈克尔·波特. 竞争战略[M]. 陈小悦,译. 北京:华夏出版社,2003.

4. 降低风险是企业持续成长的有效手段

达斯和腾(Das & Teng,2002)[①]提出了基于风险的理论:当企业所面对的风险超过本身所能或愿意承受的范围,企业会寻求联盟方式,以分担风险。该理论认为,在联盟的管理中存在两种风险:一是绩效风险,一是关系风险。绩效风险是指在充分合作的情况下战略联盟无法达到预期目标,这种风险来自于合作之外的因素,如环境的变化、合作者能力的缺乏等。关系风险指其他合作者的机会主义行为。战略联盟实际上为企业实现风险转换提供了一种机制,它是在企业的风险或资源与能力需求超出了本身所能或所愿意承受的限度之外的情况下,企业以承担关系风险为代价,以弥补自身不足的一种战略选择。绩效风险可以通过战略联盟得以分担,而关系风险却只能在联盟中才能创造出来。另外,信任和控制也将影响到合作者的主观风险意识,不同的资源也会导致不同的风险,所以采取合理的资源、信任、控制和安排是非常重要的。因此,战略联盟实际上是一种企业实现风险转换的机制,企业以承担关系风险为代价分担绩效风险,通过比较两者之间的关系,以使自身风险减小。

5. 联盟是解决隐性知识转移的有效途径

知识是企业成长最重要的战略资源之一,知识的转移是需要成本的,而企业间的联盟是解决隐性知识转移的有效途径。以阿吉里斯(Argyris)、舍恩(Schon)、圣吉(Senge)等为代表的组织学习学派,将行为科学、系统动力学、组织理论等相结合,提出了学习型组织的概念。该理论认为,企业本质是创造、转移、聚集、整合、保护和开发知识资本的,知识资本支撑能力,能力反过来支撑企业向市场提供产品和服务,知识是企业最重要的战略资源。[②] 企业必须不断学习,不断提升自身的素质,才能获得生存和发展。

根据组织学习理论,企业有多种不同的学习途径,战略联盟是企业开展组织学习的一种有效方式。一方面,战略联盟的建立,为企业向合作伙伴学习更多的显性知识[③]与技能提供了通道;另一方面,当拥有不同技能、知识和组织文化的企业在一起合作时,联盟就会为伙伴企业创造出独特的学习机会,伙伴企业可以通

---

① Das T K, Teng B. The dynamics of alliance conditions in the alliance development process [J]. Journal of Management Studies,2002,39(5):725-746.

② Grant R M. Prospering in dynamically-competitive environments: organiztional capability as knowledge integration[J]. Organization Science,1996,7(4).

③ 显性知识指正常或系统的知识,容易以产品说明书、科学公式或计算机程序的形式交流和分享。隐性知识则指这样一种知识,它深深根植于具体行业内的行动与个人之中——能工巧匠、专业智力模型、信念以及没有指南和程序的诀窍。

过合作获得合作者的隐性知识与技能,并且共同创造出可以共享的新知识、新技能(皮埃尔·杜尚哲等,2006)①。通过联盟,知识创造主要产生于两个阶段。第一个阶段是从个体到两个或多个合作伙伴间联盟与交互作用的形成。第二个阶段是内部化过程,它意味着个体获得的知识向组织知识数据库转移。在这一过程,高度相关的知识通常被转移。因为隐性知识与显性知识互补,如果没有知识持有者的帮助,很难理解隐性知识,这意味着合作者为了进行有效的知识转移,彼此需要合作。

当然,上述五种解释只是从理论的角度来阐析企业为什么会结盟。实际上,企业结盟的目的很多,结盟的方式与途径也很多。仅仅利用这些理论解释不了饭店之间为什么要结盟,而且是世界性的大结盟。由此也可以发现,深入分析研究世界知名饭店集团的发展模式,不仅对于指导单体饭店的经营具有现实的实践价值,而且对于加深理论认识也有一定的理论意义。

二、影响选择连锁经营方式的因素

从运作模式看,大多数饭店集团的管理模式可分为业主自管、租赁经营、合作联营、特许经营和委托酒店管理公司经营。在理论上对这些经营模式进行区分是很容易的,但是,在实际的运行中,由于涉及饭店所有者与饭店管理公司之间利益关系,以及彼此之间的信息不对称,饭店投资者应如何选择适合自身饭店的经营模式还是一个比较棘手的问题。是业主自管、租赁经营、合作联营这些以直营为表现形式的经营,还是加盟?加盟是采用特许经营模式还是委托管理模式?这些都是比较复杂的理论与现实问题。

在深入分析饭店集团化发展模式中,笔者站在饭店集团的角度来理解并以此探究世界知名饭店集团的发展模式。实际上,对于我国国内读者来说,更为关心的是单体饭店选择什么样的经营模式更有利于自身的发展并能为自身发展提供持续的优势?实际上,这也是本项研究的初衷。为了弄清以上问题,我们不得不从国外研究者的研究热点谈起。

在国外学者的研究中,关于连锁经营方式的选择是从影响其选择的因素着手的。安娜·拉蒙·罗德里格斯(Ana Ramón Rodríguez,2002)、远藤久美(Kumi Endo,2006)等人在研究连锁经营的直接投资问题中,对一些国际知名酒店管理集团

---

① [法]皮埃尔·杜尚哲(Pierre Dussauge)、贝尔纳·加雷特(Bernard Garrette). 战略联盟[M]. 李东红,译. 北京:中国人民大学出版社,2006:52.

进行研究,结果表明,东道国的环境以及酒店本身因素对选择扩张方式都有不同程度的影响,涉及饭店所在国及所在地的因素影响。安娜·拉蒙·罗德里格斯(Ana Ramón Rodríguez,2002)以西班牙为例,分析了酒店国际扩张的选择方式,分析直接投资和这些因素之间的关系,例如:东道国方面的影响因素有风险水平(政治、经济和财政)、文化差距、经济发展水平等,而酒店本身的因素有规模、国际化经营的经验等。通过对西班牙国际酒店业的数据分析,显示东道国发展水平、风险水平、酒店国际化规模、质量控制都是解释不同连锁经营方式的因素。远藤久美(Kumi Endo,2006)为了找出旅游企业直接投资的影响因素,对旅游中各种企业的跨国直接投资(Foreign Direct Investment,简称 FDI)进行研究,最后发现酒店业和餐饮业在所有旅游企业中的直接投资是最多的,其中2002年最大的投资者均来自美国和英国。饭店集团如何扩张其规模以及单体饭店选择何种形式加入饭店集团?两者的扩张方式都与饭店东道国以及饭店本身的因素有关。从迭戈·克尔、恩里克·克拉弗、罗萨里奥·安德鲁(Diego Quer, Enrique Claver, Rosario Andreu,2007)的研究结果来看,对于其他连锁经营方式的选择也大体如此。他们对2001和2003年间的西班牙酒店在国际上进行的127件扩张案例进行统计分析,结果发现酒店的扩张方式选择都和东道国与酒店本身因素有关。

曹敏浩(Minho Cho,2004)以韩国中等酒店的特许经营为分析对象,研究加盟方选择特许经营方式受哪些影响因素。加盟方的内部因素包括酒店规模、地理位置、财政状况、客源特征、管理经验、竞争者、国外顾客占有比例以及对酒店连锁品牌的忠诚度等;属于特许经营品牌拥有者的因素,即外部因素包括培训、信誉、品牌知名度、一次性和连续费用、合同期限、合同终止规定、中央预订系统、广告、控制力度、冲突解决渠道等。在对所有这些因素进行分析后发现,特许经营品牌拥有者的特征具有决定性的影响作用,加盟的支持系统和加盟后的成本也是关心的焦点。

连锁经营的绩效如何,也就是说,加盟后的经营业绩是否能够比不加盟提高,这是研究者们最为关心的另一个问题,也是单体饭店加盟与否的首要考虑因素之一。

这一方面的研究主要集中在餐饮业的特许经营方面。如阿隆、德尔季纳、吉尔伯特(Alon, Drtina & Gilbert,2004)采用资产回报率作为衡量指标,缩小研究范围,采用餐馆业特许经营与非特许经营企业一年的财务数据,最后得出结论:在餐馆业,特许经营不能为特许经营企业带来持续的利润优势。库姆斯、凯琴(Combs, Ketchen,1999)则认为,特许经营和绩效之间不存在线性关系。戴维·凯琴、詹姆斯·库姆斯、约翰·厄普森(David J. Ketchen, James G. Combs, John W.

Upson,2006)选取1991年到1995年的餐馆业的上市企业作为样本,从采取特许经营的角度将授权企业分为四类:缺乏管理者的授权者(Manager-scarce Franchisors)、缺乏资金的授权者(Money-scarce Franchisors)、特许经营最小化者(Franchising Minimizers)和经验丰富的授权者(Seasoned Veterans)。三位研究者采用三个绩效指标:会计回报[Accounting Returns,用公司的平均资产回报率(ROA)来衡量]、销售成长(Sales Growth,通过年平均销售增长来衡量)、股票市场表现(Stakemarket Performance,用平均公司市价衡量),比较四者之间的绩效,最后得出缺乏资金的授权者的绩效最低。

除了绩效外,影响饭店选择连锁经营的因素还有饭店连锁后的饭店子公司的创新问题。玛尔塔·雅各布、何塞·路易斯·格罗伊萨德(Marta Jacob,José Luis Groizard,2007)以墨西哥和多米尼加为例,对酒店连锁集团中的总部酒店和子公司酒店进行技术创新性的研究,通过对这些酒店的总经理进行问卷调查发现,拉丁美洲的酒店子公司比酒店总部更加具有创新精神,从1990年后这种创新差异尤为显著,但是,这种创新精神与酒店规模并不对称。

酒店的连锁化和本土化的观念差异也是影响饭店选择连锁经营的因素。科林·约翰逊、毛里齐奥·瓦内蒂(Colin Johnson,Maurizio Vanetti,2005)通过对中东地区的5个国家进行实证调查研究,分析了这些国际连锁酒店在当地本土化的优劣。国际连锁酒店的优势主要在于顾客需求知识共享、战略规划和预订系统,在该地的本土化的主要优势在于酒店所在城市的规模和特点、基础设施情况以及所在城市作为商务目的地的吸引力。

从国外的研究述评中,我们可以发现,饭店所在国的社会政治环境与饭店自身因素是影响饭店是否加盟的主要因素;对于选择何种模式加盟,则主要取决于加盟后所能获得的业绩,也就是说,经济效益是一个主要的影响因素。

国内学者在研究中,将这些因素分为内部因素和外部因素。其中内部因素如资源的可转移性,即一个饭店品牌通常具有可复制能力(进入能力、物质能力、顾客能力),又拥有不可复制能力也称核心能力(质量能力和组织能力);核心能力会使企业选择管理合同的可能性较大,可复制能力并不影响特许经营和管理合同的选择。外部因素也是不可忽略的因素,如东道国管理人才的可获得性、是否能找到合适的合作者、东道国的商业环境的发育程度等[①]。王捷二(2006)对10家国际酒店管理集团如喜达屋、洲际、雅高、万豪等在国内的发展情况进行数据分

---

① 洪颖.饭店联号跨国经营的战略选择——特许经营VS管理合同[J].经济论坛,2004,(13).

析,总结了这些酒店集团扩张时考虑的因素。研究结果表明,国际酒店管理集团的区域布局与地区的人均 GDP、人均可支配收入、人均消费支出、接待国内外游客数量、旅游产生的经济收入、区域民航旅客吞吐量、4A 级旅游景点数量、单位面积机场等因素具有相关性,其中国内旅游收入、民航旅客吞吐量、人均可支配收入、境外旅游外汇收入、人均 GDP 高相关;接待旅客总数、人均消费支出、接待海外游客数、4A 级景点数为显著相关;而与 GDP 产值、优秀旅游城市数、世界遗产数和历史文化名城数基本不相关。[①]

试图从国外及国内学者的研究述评来回答关于单体饭店选择什么样的经营模式更有利于自身发展,还是没有答案,我们还不得不对饭店集团化的各种模式逐一展开分析。

---

① 王捷二.国际酒店管理集团在我国发展策略研究[J].旅游学刊,2006,12.

第二章
特许经营

饭店特许经营通常是指饭店管理集团将其具有知识产权性质的品牌,包括先进的全球预订网络与营销系统、成熟定型的管理模式与服务标准等的使用权出售给饭店业主,由饭店业主依照品牌的质量标准与规范营运要求自主经营管理饭店。① 特许方一般是指饭店管理集团。它提供的是品牌(不仅仅是商标),得到的是特许经营权使用费,这个费用有可能是固定的,也有可能是与营业收入有关,并提供技术、市场营销、人员培训、物资采购、经营管理等方面的帮助。受许方一般是指饭店业主,他提供的主要是饭店资产和资金,所得到的是品牌以及特许经营店的营业收入的剩余索取权;受许方在饭店集团的监督与指导下,在产权和财务上保持独立,不受饭店集团的控制。特许经营对特许者的品牌知名度、管理知识和经验要求很高,同时必须有强有力的销售网络和总部管理支持。另外,对加盟饭店业主的要求也较高。特许经营的实质是用一个名牌去复制另一个名牌,再使名牌形成规模,由此产生规模经营和规模效益。特许经营的模式吸引了大量的小型单体饭店加入其中,随着经营网络的拓展,特许经营系统成为当今饭店业最为重要的扩张方式。

纵观国外饭店集团的发展史,许多成功的饭店集团都经历了拥有、参股饭店,再管理其他饭店,然后经营特许经营权转让业务。在饭店系统最早使用特许经营模式的人应该是塞萨尔·里兹(César Ritz),他在1907年允许他的品牌在纽约、蒙特利尔、波士顿、里斯本、巴塞罗那使用。20世纪50年代,凯蒙斯·威尔逊(Kemmons Wilson)的假日集团开创了现代饭店特许经营的新局面,从此,特许经营在国际饭店集团的扩张中比比皆是,许多国际知名饭店集团纷纷采用了特许经营模式,万豪、喜来登、希尔顿等都是特许经营的佼佼者。最新数据表明,圣达特集团和精品国际的特许经营比例已经接近100%,洲际集团特许经营比例也达到了88.9%,万豪国际达到了53.1%,喜达屋为41.8%。几乎全球饭店集团的前十强都运用了特许经营模式,许多国际饭店集团在中国的扩张也采用了特许经营模式,并获得了迅速的发展,如万豪集团旗下的华美达,近年来以特许经营的方式在中国攻城略地,在武汉、上海、大连、苏州、广州、杭州等地都发展了加盟店,并以每年10~20家新加盟店的速度扩张。

为什么特许经营模式在饭店集团化发展中会产生如此之大的效应?这是本章也是本书所要探讨的核心问题之一。

---

① 洪颖.饭店联号跨国经营的战略选择——特许经营与管理合同[J].经济论坛,2004,13:71-73.

第一节　特许经营模式之案例分析

一、假日酒店集团

在世界知名饭店集团中,假日酒店集团的特许经营模式有其自身特点。

(一)假日酒店的特许经营

凯蒙斯·威尔逊(Kemmons Wilson)从假日酒店集团经营初期起,就采用了特许经营模式。

1953年,威尔逊邀请了美国各地的65个建筑商到孟菲斯集会,开始销售假日酒店的特许经营权。当时有4人买下了假日酒店的特许经营权。当时的联号非常简单,交500美元,根据计划投资约30万美元建造一旅馆,每间客房每晚付5美分的联号费。最初假日集团只需在选址、开业、人员培训和促销等方面提供咨询。这种特许经营权是一种带有咨询性质的以投入少量资金来共同经营同一饭店品牌的模式。

在采用特许经营取得初步成功之后的1957年,假日酒店公司更名为美利坚假日酒店公司(Holiday Inns of America)。为扩大规模,开始向公众出售股票。华莱士·约翰逊(Wallace Johnson,假日酒店联号的合作者)开展了假日旅馆与海湾石油公司建立联合信用卡的合作项目。海湾石油公司为假日旅馆的扩张提供资金,假日旅馆支持海湾公司在假日旅馆旁边建造加油站。假日集团从海湾石油公司获得1000万美元的贷款和2500万美元的抵押贷款,15年以后海湾公司在假日旅馆旁边建造起加油站500多家。双方商定,海湾石油公司发行的海湾信用卡也可以在假日旅馆使用,用于支付食宿等费用,这项合作使假日公司有了充裕的财力资源。海湾信用卡持有人在假日旅馆使用海湾信用卡支付的费用达1.2亿美元。两者的强强联合促使假日集团的扩张速度达到高峰,特许经营联号迅速扩充,同时还兼并了长途汽车公司、轮船公司、餐馆等相关企业,使之成为饭店业的巨头。

1968年8月,公司在得克萨斯的圣安尼奥建立起第1000家假日饭店。此后,几乎是每两三天就有一家新的假日饭店开业,每年要求加入联号的申请多达1万多家,大约批准200家。假日酒店公司从1967年开始大力向海外寻找新市场,到1973年,假日集团在美国及世界20多个国家拥有或经营饭店1500多家。公司更名为假日联号(Holiday Inns,Inc.)。20世纪60年代,由于假日集团的成功经营,越来越多的饭店购买它的特许经营权。这时,集团将咨询范围扩展到了除不动产以外的各项服务,如饭店设计、中央采购网统一采购、销售网络和管理制度等。

应该说,除了特许经营对于假日联号经营的巨大影响之外,进入博彩业也是假日酒店公司的一大经营决策。1978年,假日酒店公司首次买下美国拉斯韦加斯的一个赌场股份的40%而进入博彩业;两年以后,又以3亿美元的价格买下了哈拉博彩公司(Harrah's),成为美国最大的博彩经营商。为了满足城市公务旅游的消费需要,20世纪80年代后,假日酒店公司采用新战略,把饭店分成以下六大类,以满足不同的市场需求。①假日酒店(Holiday Inns):它是假日酒店公司的主体部分。②大使套房与皇冠假日酒店(Embassy Suite & Granda Royal):它是全套房饭店,主要面对停留时间较长的公务旅游者市场。③汉普顿旅馆(Hampton Inns):它是一种新的经济住宿设施,面向中档市场的最低层。④假日皇冠广场(Holiday Inns Crown Plazas):它是一种大城市市区饭店,一般为四星以上的豪华级饭店。⑤公寓旅馆(Residence Inns):它是一种全套房式饭店,面向居住时间较长的旅游者,每个套房内安装有全套厨房设施。⑥哈拉(彩博)饭店(Harrah's):它是专门的博彩饭店。

1988年,英国最大的零售商,兼营酿酒、饮料、小酒馆、饭店、餐饮与娱乐业的巴斯集团(Bass PLC),以4.75亿美元的价格将除北美洲以外的假日饭店特许经营权和美国及境外一些假日酒店公司的所有权买下,成立了巴斯集团的国际假日饭店公司(Holiday inns International,Inc.)。1989年,假日公司与巴斯集团经过一系列的资产重组,假日酒店公司成为巴斯集团的一家子公司,并改名为假日国际(Holiday Inn Worldwide),总部由孟菲斯移至亚特兰大。

截至2013年12月,洲际集团在100多个国家有酒店4400多家、房间67万多间。品牌包括洲际、假日、皇冠、假日快捷、恒桥公寓、烛木等。在经营模式中,主要的模式是特许经营,特许经营约占88.9%,委托管理约占6%,带资管理及其他只占5.1%。① 其中,中档饭店——假日酒店(Holiday inn)品牌饭店总数1560家,

---

① Jean Jinghan Chen,Irini Dimou. Expansion strategy of international hotel firms[J]. Journal of Business Research,2005(58):1730-1740.

客房数294 659间;特许经营有1483家,占总数的95%[①]。在北美洲、拉丁美洲、欧洲、非洲和中东地区、亚太地区、大洋洲都广泛地分布着假日集团的品牌及饭店。而假日集团自己拥有的酒店数仅占全公司酒店总数的15%,其余85%大多是特许经营的饭店。

假日酒店特许经营模式具有如下特征:

第一,复制。假日酒店在10年内,利用特许经营发展超过了400家饭店;20年内,超过1400家饭店;假日集团的超常发展,正是归功于威尔逊将特许经营模式引入了饭店业。为了推动特许经营模式的快速扩张,假日集团一方面利用了自建酒店经营成功案例的影响力;另一方面,借助于对特许加盟者的投资、建造、运营、市场开拓等方面的支持,以协助特许经营者来成功推广其饭店的集团化发展。从加盟者获得特许权开始,假日集团就按照同一标准、同一模式进行酒店服务与经营管理,对假日酒店进行复制式的扩张。可以这么说,威尔逊是最早将"复制"概念引入产业化并实施于饭店产业化的先驱。

第二,服务。20世纪60年代,由于假日公司经营成功,许多饭店申请购买它的特许经营权以便加入其集团。这时,假日酒店公司为特许经营的购买者提供除土地外几乎所有其他饭店开业所必需的服务。在这方面的工作中,假日酒店公司首先提出几种可供选择的设计方案,然后按选定的方案建造饭店,为其定制、生产家具并运输所必需的家具。开业后,假日酒店公司的中央采购网还供应香皂、毛巾、纸品等低值易耗品,甚至还加工食品,提供标准统一、价格低廉的饭店用品。在所有的服务中,最重要的是提供系统的经营方法和管理制度,为加盟饭店提供全方位的服务。

第三,按比例收费。随着假日酒店联号的加盟费不断提高,促进了经营管理水平的提升。由于获得特许经营权的饭店比独立的饭店拥有者更容易贷款,假日酒店公司的特许经营权的售价越来越高。1953年它的第一批客户仅付费500美元,1957年涨到1000美元。20世纪70年代以后,又猛涨到1.5万美元。另外,每100间客房还要再增加100美元,还需支付2500美元的假日酒店标志费,每月每个房间交3美元的客房预订系统使用费,按每间客房出租一夜/次收入的1%交纳培训费,1%广告费,1%交纳推销办事处费和其他费用。上述特许经营权费用总计大致相当于这一家饭店客房收入的6%。

第四,筛选加盟者。20世纪70年代初是假日酒店公司发展的黄金时期。公

---

① Minho Cho. Factors contributing to middle market hotel franching in Korea: the franchisee perspective [J]. Tourism Management,2004(25):547-557.

司每年都要收到1万多份申请加入特许经营行列的申请书。但公司只批准200多份,其中的大部分申请者又是已经经营假日酒店多年并证明是经营成功的企业家。也就是说,要加盟假日酒店公司集团也不是一件容易的事。

假日酒店联号良好的声誉有利于加盟店的贷款,这是加盟假日酒店联号的最直接好处。一般而言,饭店投资算是一项需要比较大资金的项目,也是一般投资者需要认真琢磨的投资事项。由于假日公司声誉好,有它作后盾,金融机构凭借其声誉好、风险少的评价,一般只要求加盟者出资购买土地和建造酒店,这些投资款一般只需要自筹总资本的1/4～1/3,其余不足部分可以向银行、保险公司或抵押贷款公司借款,金融机构也乐意贷款。这是表面可以看到的加盟假日酒店联号的好处。

(二)与特许经营模式相呼应的集团化发展因素

毋庸置疑,特许经营作为一种经营模式,对假日酒店联号的成功运作起到了非常重要的作用。但是,当我们在考察了特许经营制度对假日酒店集团发展所起的作用之后,我们还发现,在特许经营的成功经验中,与特许经营模式相关但又不完全属于特许经营模式的其他运作方法也起到了非常重要的作用。例如,标准化服务模式、全球预订系统以及品牌效应等。这些影响因素既有硬件设施因素、品牌效应,还有管理因素。

就硬件设施看,高效的电脑预订系统对饭店集团化的维系与扩张贡献很大。

假日的成功得益于不断完善的电脑预订系统。1965年,假日酒店建立了自己独立的电脑预订系统HolidexⅠ,70年代又发展了第二代预订系统HolidexⅡ。通过该系统,在每一家假日饭店里,都可以随时预订任何一个地方的假日酒店,并且几秒钟内得到确认。2000年开发的HolidexⅢ是世界最大规模的民用电子计算机网,其规模仅次于美国政府的通信网络,曾被指定为美国国家处于紧急状态时的通信后备系统。该系统有专用卫星,不仅可以用来预订、传递信息,还可转播剧场实况,播放闭路电视,并已在美国1000多个假日酒店中安装通过卫星转播的长途电视会议设施。

众所周知,现代饭店集团都拥有自己的中心预订系统,建立了独立的全国乃至全球的客房预订网络,通过免费预订电话、网上预订业务和成员饭店互相代办预订,实现全球范围内的方便、快捷的预订业务。各饭店集团还采用先进的信息科技成果,在成员饭店之间提供便捷的全球信息交流、数据共享和电子商务业务,从而具有较强的客源优势,并大大降低了由于信息不对称所导致的高额信息成本或交易费用。于是,有人称假日集团是各饭店集团信息化管理的先驱,之所以有此殊荣,是因为假日集团拥有的 Holidex Ⅲ(Holidex 2000)。

假日的电脑预订系统已经遍布全球每一个假日酒店,它对于及时了解旅游市场动态和顾客需求,不断调整经营战略,稳定和控制客源市场并提高整体盈利起到了举足轻重的作用。庞大、先进的电脑预订网络吸引了大批单体饭店加入集团,使集团能够在短期内迅速扩张,集团规模的不断扩大又促使客源市场进一步得到保证,进一步吸引众多饭店加盟其中,形成一种良性循环,即一方面促进预订网络涵盖范围不断扩展,声誉不断提高,又反过来促进饭店集团规模不断扩大。

从品牌效应看,良好声誉的品牌也有利于集团化扩张。品牌作为一种差异化的识别标志,具有个性特色是品牌的亮点和卖点,也是整个品牌的灵魂所在,成功的饭店品牌都有非常鲜明的个性特色。假日集团采用多品牌战略,迅速扩张其酒店集团。在假日集团中,其中的四个品牌——洲际酒店、皇冠假日酒店(Crowne Plaza)、假日酒店(Holiday Inn)以及快捷假日酒店(Holiday Inn Express)的业绩出众,品牌知名度不断提高。从品牌的运作效果看,假日集团发展成为现在的英国洲际酒店集团,它是世界上最具全球化并拥有客房数最多的酒店集团。洲际酒店集团拥有多个闻名遐迩的酒店品牌,其中包括洲际酒店及度假村、皇冠酒店及度假村、假日酒店及度假村、快捷假日酒店、恒桥公寓(Staybridge Suites)和烛木套房酒店(Candlewood Suites),并且拥有世界最大的酒店忠诚客户计划——优悦会。截至2010年,优悦会在全球拥有5000多万会员。

从理论上看,饭店要打造知名品牌,就必须有优质的服务质量作为后盾和支撑,服务质量是形成品牌的关键因素。饭店提供的服务分为两个层面:一是基础的标准化服务。饭店提供食宿是人类最基本的两项需求,必须达到卫生、舒适、安全、尊重、便利、亲切等共性的要求,而这些要求最根本的保障就是标准化;世界上具有较高品牌价值的饭店集团都有全面、严格、细致的服务标准和制度作为质量保障。二是针对不同饭店品牌所对应的客源需求的个性化服务。饭店集团旗下的每一个子品牌或分品牌必须根据自身的客源定位,尽可能地打造和提供投客所好的针对性服务;有了这些为实际需求而设计的服务,品牌在细分市场上才会产生美誉度和影响力。

循此思路,我们发现,假日酒店的标准化服务与特许经营密切相关,可视为特许经营的辅助手段,也可作为管理方法。一般研究者只看到标准化服务对服务质量的影响与作用。笔者认为,它对假日饭店的集团化发展也影响甚大。

只要产能允许,市场足够大,生产性的制造业可以实现无限的规模生产。作为服务业的饭店业,由于它是生产无形的服务产品的企业,其生产过程主要是手工劳动而不是大机器生产,不存在机器对人的制约;由于饭店生产和销售的是服务而不是实物产品,其质量优劣还与宾客的精神和心理感受息息相关;由于饭店业务具有各种各样的服务产品组成的综合协调性特点;由于饭店劳动的相对独立性和服务水准的适度超前性,造成各成员饭店之间的服务品质存在较大的波动性,也存在比较大的地区差异。在如此经营条件下,怎样才能扩大经营规模?

企业发展的最佳模式之一是进行大规模的复制生产。饭店由于受其建设规模和市场空间的限制,不可能在一个区域内进行大规模的建设,形成诸如制造业的工厂。为了实现饭店的规模扩展,最佳的办法是实现异地的联合与扩张,通过异地扩张来实现规模生产。在规模生产中,如何能够保证饭店服务品质的同一性?这是实现同一品牌扩张的核心环节。假日饭店集团实行了统一的特许经营手册,为最早实现规模化的扩张提供了尝试。

特许经营手册保证了联号成员饭店标准化的服务,也实现了成员饭店服务品质的基本同一化。实现特许经营品牌成功的一个根本原因就在于规范的操作和服务,有一个高质量的加盟手册和可操作的运营手册。这一手册能使在全世界各地的受许人,都能保证按照同一的标准进行操作与服务。

假日酒店联号作为一家全球性的饭店集团,其属下成员饭店遍及世界100多个国家和地区,即便是地理位置不同、经济状况各异、社会制度悬殊的国家和地区,都能确保各饭店始终如一地提供同样标准、同样规格的服务。这一服务的获得,就在于假日酒店集团在全球范围内推行了《假日酒店标准手册》。

假日酒店联号编印了《假日酒店标准手册》(以下简称《手册》),下发各成员饭店,保证每家假日酒店都有一本,各自有自己的编号,并要求严格保密,不得遗失或外传。《手册》对饭店的建造、室内设备、服务规程详细地作了规定,任何饭店非经总部批准不得更改。《手册》对饭店的所有经营项目和服务流程等都有严格的规定。之所以印发《手册》并强力推行,是因为威尔逊当年选择特许经营权销售对象时,只考虑了饭店的选址和购买者的资本与信誉,不考虑他们个人的经营饭店的经验,不少医生、房地产商、律师、银行家等都成了假日酒店特许经营权的买主。为了保证服务的标准化,威尔逊只能依靠《手册》,以使整个联号在经营上、服务上能够保持一致。

假日集团注重保证服务质量,严格按统一标准提供服务,建立严格的检查制度,对不合格者实施严惩,取消集团成员资格。为保障《手册》各种规定的实施,总公司还有严格的检查制度。早在20世纪70年代初,假日就组成由40人组成的专职调查队,每年对所属旅馆进行四次抽查。抽查极为严格仔细,对饭店各个环节的500多个项目进行检查,游泳池、餐厅、客房、仓库、地毯,无一放过。床垫必须定期变换位置,卫生间的马桶要用牙医的变角镜来检查。检查采用严格的计分制,满分为1000分,一个点不符合卫生标准即扣减40分。抽查结果总分少于850分者,予以警告,并限期3个月内进行改正。到期仍未改正,解雇经理;如为特许经营饭店,则由国际饭店协会收回假日酒店标志,并将其从假日酒店系统除名。该酒店不准再称之为"假日酒店",也不允许再利用假日酒店的预订系统。这一制度一直坚持下来,而且日趋严格。近年来,先后有许多成员饭店因为达不到要求而又未能及时改进,而被总部除名。

二、圣达特酒店集团

圣达特酒店集团是一个著名的全球旅游和服务业经营集团,目前拥有世界第一名的全球特许经营酒店集团,特许经营饭店数占100%。根据2005年7月美国《酒店》(Hotels)杂志公布的2004年的统计,圣达特酒店集团有酒店6396座、房间520 860间,列第2位;2003年列第2位,酒店6402座、房间518 747间。在2006年的全球饭店集团最新十强排名中,圣达特饭店集团列第2位,拥有酒店6344座,房间532 284间。2006年,圣达特集团作出了几个重要的决定。其一,收购了豪华五星级知名酒店品牌——温德姆。其二,将整个集团的业务进行拆分,成立三个功能独立的模块分管房地产、酒店旅游与汽车租赁业务。其三,经过最终的拆分、重组与更名后,成立了负责酒店与旅游业务的温德姆环球公司(Wyndham Worldwide Corporation)。该公司旗下包括温德姆酒店集团(Wyndham Hotel Group)、度假交换和租赁(RCI)以及温德姆度假网络(Wyndham Vacation Ownership)三大部门,其中,温德姆酒店集团(Wyndham Hotel Group)的前身就是圣达特集团旗下的圣达特酒店管理集团。

圣达特酒店集团成立于1995年,总部设在美国新泽西州的帕斯帕尼(Parsippany),有3万多名员工,经营足迹遍布100多个国家,目前在全球共管理着6900多家饭店。2006年,圣达特酒店集团在全球拥有豪生(Howard Johnson)、速8(Super 8)、天天(Days Inn)、华美达(Ramada)、旅游住宿饭店(Travelodge)、骑士客栈(Knights Inn)、赢门客栈(Wingate Inn)、美国主人客栈(AmeriHost Inn)等九大品牌的酒店。自2010年收购了西班牙索尔米利亚度假酒店集团(Sol Meliá Hotels & Resorts of Spain)旗下的翠普酒店品牌(Tryp Hotel Brand)后,温德姆国际酒店集团名下的品牌除了原先圣达特的九大品牌外,还有霍桑套房(Hawthorn Suites)、微型客栈与套房(Microtel Inns & Suites)、温德姆度假酒店(Wyndham Hotels and Resorts)、温德姆至尊豪庭酒店(Wyndham Grand Collection)、温德姆花园酒店(Wyndham Garden Hotel)、温德姆翠普酒店(Tryp by Wyndhamd)等品牌。

(一)圣达特酒店的特许经营

圣达特是一家将特许经营模式发挥到极致的集团。圣达特集团下的饭店是100%进行特许经营的。实际上,圣达特经营的特许经营酒店品牌包括如下15种品牌,即:豪生、速8、天天、华美达、旅游住宿饭店、骑士客栈、赢门客栈、美国主人客栈、村民客栈、霍桑套房、微型客栈与套房、温德姆度假酒店、温德姆至尊豪庭酒店、温德姆花园酒店、温德姆翠普酒店,这些既是著名的圣达特品牌,又都是采用特许经营模式经营的品牌。

圣达特的成功,有人归于互惠互利的特许经营制度。这一制度是为了规范圣达特与受让方的特许经营关系,为了协调圣达特与受让方的关系,促进联号与受让方共同发展而制定的。1998年10月,全球最大的酒店集团圣达特(Cendant Corp)制定了其最新的联号与受让方的特许经营制度。该制度适用于圣达特集团所有成员饭店的特许受让方。该制度涉及有关特许经营终止条款、来自新加盟的特许饭店的不利影响、加盟时的重新装修和争议处理四个方面。具体内容包括:

(1)特许受让方被允许终止其特许转让协议而无须缴纳罚金或支付清算损失,如果它在60天以内以书面文件形式告知本公司,且满足本公司制定的其他具体相关条款。

(2)所有圣达特品牌的特许转让,受让方都有权指定保护地区,或受到品牌侵犯/影响条例的保护。

(3)当饭店资产被转卖,仅限于以下两种情况,新业主才必须装修:一是在饭店转卖以后随后进行的质量检查时如果发现有不满意的项目;二是面临一次性的彻底装修。

(4)双方发生争议,可由专门的仲裁机构来协调解决。

由此可见,圣达特集团非常重视处理它与特许受让方的关系,认真采纳受让方的意见。

也有人把圣达特的成功归于不同市场定位的品牌组合。

圣达特饭店集团的品牌结构,形成了饭店产品等级和功能要素差异,有利于针对不同的细分市场进行经营,这样一来,既可以进入多种细分市场,如进入豪华型的细分市场、舒适型的细分市场、经济型的细分市场,又可以利用饭店集团管理整体品牌与多个子品牌的关系,处理好多种品牌之间的合作与替代的关系,注意培育和维护品牌的核心竞争力。具体操作方法是对每一个品牌的目标市场进行准确定位,始终做到在宣传饭店集团的某一个子品牌时,同时宣传该饭店的整体品牌。具体的品牌如下:

1. 豪生饭店集团

豪生饭店集团(Howard Johnson)是圣达特的顶级品牌。

豪生饭店创建于1954年,前身于1925年诞生于美国马萨诸塞州,由冰淇淋企业家霍华德·达宁·杰克逊创立。第一家豪生(Howard Johnson)饭店于1954年在佐治亚州的赛芬纳开业。圣达特公司[先前的酒店特许经营系统公司(Hospitality Franchise Systems,简称HFS公司)]在1990年收购了这个连锁酒店。豪生饭店拥有两种模式的酒店:酒店和客栈。在这些模式中有以下饭店:豪生广场酒店、豪生酒店、豪生客栈和豪生特快客栈。豪生饭店的设施包括:有声邮件、互联网、25英寸电视、咖啡机、调幅/调频闹钟/收音机。远距离免费接送,免费提供传真服务、报纸,未满18岁的少年在成人的陪同下住宿免费,为商务旅游者提供家庭办公房间等。

豪生饭店分布在美国、加拿大、阿根廷、多米尼加、厄瓜多尔、以色列、约旦、黎巴嫩、马耳他、墨西哥、阿曼、阿拉伯联合酋长国、英国、委内瑞拉。豪生饭店是一家具有50多年历史的国际饭店管理集团,是母公司圣达特集团旗下9个酒店品牌中的顶级品牌,在全球22个国家和地区拥有600多间酒店。主要针对高端市场。

2. 速8汽车旅馆

速8(Super 8)是圣达特的汽车旅馆品牌。

第一家速8汽车旅馆于1974年10月在南达科他州的阿伯丁开业,每晚收费8.8美元。1993年母公司圣达特收购了速8汽车旅馆。速8汽车旅馆是在北美最大和发展最快的经济型连锁酒店之一。速8汽车旅馆遍布美国和加拿大。同时,速8汽车旅馆公司也是世界上最大的特许经营的经济型酒店。每家速8汽车旅馆的平均规模为61间客房,每个房间面积为30平方米。全球共有1900个汽车旅馆,拥有11.6万间客房。从1993年起,"速8"每年平均增长率为101%(年混合增长率为14.5%);1984年平均每5.2天新开1家,1989年为3.5天,1996~1999年为2.3天。1998~1999年加盟商增长率为100%。2000年被《企业家》杂志列为特许经营500强中旅馆/汽车旅馆业的第一名,超过天天(Days Inns)成为世界上最大的经济住宿连锁酒店。

速8汽车旅馆承诺提供顾客需要的舒适,对待客人就像对待自己一样,经营价格合理。速8汽车旅馆为保证其所有管辖饭店的质量,每年检查四次,比行业检查多两次。

3. 天天饭店集团

天天(Days Inn)也是一个经济型的特许经营品牌。

天天饭店集团是由地产商塞西尔·戴(Cecil B. Day)于1970年创立的,其首家饭店在佐治亚州梯比岛开业。天天饭店集团1972年开始特许经营酒店,仅用8年就在加拿大和美国创立了一个超过300家饭店的特许经营体系。1992年,圣达特公司(以前的HFS公司)收购了美国天天饭店集团。天天饭店集团现拥有5个品牌:天天客栈、天天酒店、天天套房、天天一流和天天客栈商务酒店。多数天天酒店都有免费的早餐、免费的《今日美国》报、无烟客房、咖啡、吹风机、香波和带表的收音机等。天天饭店集团在美国、加拿大、中国、哥伦比亚、捷克、埃及、匈牙利、印度、约旦、墨西哥、菲律宾、南非、英国、乌拉圭、波多黎各等国都有酒店。

天天饭店集团是圣达特公司的一个子公司,是一个经济型的酒店。主要针对中低档市场。

4. 华美达酒店

华美达(Ramada)是圣达特的高档饭店品牌。

华美达品牌于1954年在亚利桑那州的弗莱格斯达夫创立。圣达特1990年收购了这个品牌。在美国大约有1000家华美达酒店。华美达酒店分为3种不同的层次,以满足有辨别能力的商务游客和度假客人:有限服务的酒店、客栈和广场酒店。华美达酒店商务客房满足了商务游客的特殊需求。华美达酒店设施包括遥控电视、调幅/调频闹钟/收音机、信息接口、咖啡机以及吹风机。18岁以下的少年在成人的陪同下住店免费。它有大量的饭店、会议、宴会设施,还有游泳池和娱乐中心。

2005年华美达品牌回归圣达特后,圣达特集团对华美达品牌作出了一些战略调整。在美国是两个华美达品牌:华美达广场和华美达酒店;全球范围内是4个品牌:华美达广场、华美达酒店、华美达安可以及华美达度假酒店。

华美达国际旅游集团是以中高档次为品牌代表。

5. 赢门客栈

赢门客栈(Wingate Inn)是圣达特的商务酒店品牌。

赢门客栈(Wingate Inn)在1996年7月正式开了第一家饭店。这一连锁酒店是全新建筑、中高档市场定位的全国连锁酒店,其特点是有尖端的科技和大型舒适的房间,是为了满足来自工业代表和季节性旅游者的需要。赢门国际酒店是圣达特公司的附属公司。在美国有100多家酒店,在加拿大的埃尔波有2家。赢门客栈提供以下设施或服务:每一间客房都有笔记本电脑,可免费上高速互联网;24小时自助服务商务中心,免费提供传真、打印、复印设备;可以在酒店使用无线电话;自动入住、离店服务;100%保证客人满意;免费的大陆早餐、健身中心和温水医疗;豪华的董事会会议室和会议室;不同地方特色的游泳池;免费的当地和长途电话,即 800 电话;25 英寸遥控电视,免费有线的电视频道及安全的咖啡机等。未满 18 岁的青少年在成人的陪同下免费住宿。

赢门客栈定价 70～100 美元之间。在美国,其客源的 71% 来自于专业的代理,24% 来自集团公司的定房中心,5% 来自于互联网。主要目标客户是 35 到 49 岁的男性商业旅行者。价格中高,但服务周到,主要适合商务旅行。

6. 村民客栈

村民客栈(Villager)是圣达特的长住型酒店品牌。

村民客栈品牌始于 1989 年。第一家村民客栈的前身是一家经济型酒店。投资者延伸住宿设施,增加了简单的厨房设备,改变了房价结构,支持周末住宿。这个品牌的任务是满足短期和长期居住客人的需求,为他们提供家外之家的舒适住宿。村民客栈有酒店 175 家(开业或建设中),共有 1.35 万间客房。村民客栈很快成为提供长期住宿的一个公认的品牌。自 1995 年以来,村民客栈实现了 500% 的增长率,是圣达特公司中增长最快的。主要分布在美国、加拿大和墨西哥。

村民客栈有两个品牌:Villager Lodge 和 Villager Premier。Villager Lodge 有迷你厨房(冰箱、微波炉和储藏室),洗衣房,低廉的电话费,带有电影、体育和运动频道的免费有线电视,按天和星期为单位收费,提供 24 小时信息服务、传真和复印服务,无须租约。Villager Premier 则有更好的设备,包括在线商务和健身房等。村民客栈的品牌战略在于服务传统的短期旅游者以及延期逗留的顾客。

7. 旅游住宿饭店

旅游住宿饭店(Travelodge)是圣达特的为旅游者服务的酒店品牌。

1935 年,商人斯高特·仓意识到有家庭式住宿的需要,在圣迭戈建立了第一家汽车旅馆。1996 年,圣达特公司(以前的 HFS 公司)收购了这一品牌。如今已拥有 565 家分店,拥有客房数为 4.6 万间,在美国、加拿大和墨西哥都有旅游住宿饭店。旅游住宿品牌包括 5 个层次:经济型住宿酒店、优越的经济型住宿客栈、完全服务的住宿酒店、旅游住宿套房和世界旅游住宿度假村。圣达特所属的北美的旅游住宿饭店都提供房内咖啡、咖啡机、免费大陆早餐、免费本地电话和日报。旅游住宿饭店还提供独特的价值项目,包括"家庭计划",允许未满 18 岁的青少年在成人的陪同下免费住宿。旅游住宿饭店是圣达特公司的附属公司。

旅游住宿饭店定位于中低档饭店(Travelodge)和经济型饭店(Thriftlodge),以较低的价位(60～70 美元)和舒适的家居式服务吸引大众消费者。

8. 骑士客栈

骑士客栈(Knights Inn)是圣达特的经济型酒店中的经济型酒店。

1972 年,第一家骑士客栈在俄亥俄州的哥伦比亚开业。它是一家服务项目有限、真正的经济型或称节约型连锁旅店,其市场定位略低于一般的经济型饭店,目标客户群主要是中低收入家庭、商务旅行者、卡车司机等中低收入人群。骑士客栈是一层和多楼层结构建造的酒店,平均拥有 85 间客房。骑士客栈分布于美国和加拿大。不管住在骑士客栈(Knights Inn)是商业目的还是休闲目的,顾客都能获得预期的价值。骑士客栈的座右铭是:"每一个骑士都是正确的(Every Knight Just Right)。"通过卓越的人员、服务和价值为顾客提供超过他们预期的服务。大部分骑士酒店提供 24 小时的咖啡服务、容易上楼和方便的一楼客房,吸引中低收入的游客。

骑士客栈以低廉的价位提供简洁、舒适的服务。骑士客栈如今已有 230 多家分店,房间数超过了 1.8 万间。

9. 美国主人客栈

美国主人客栈(AmeriHost Inn)是圣达特的休闲度假酒店品牌。

第一家美国主人客栈(AmeriHost Inn)于 1989 年俄亥俄州开业。该品牌于 2000 年被圣达特公司收购。在美国有 80 多个美国主人客栈(AmeriHost Inn)。根据地理位置和市场需求,美国主人客栈的客房数从 60 间至 120 间不等。这些酒店根据两个原型设计建造,保证了连锁店产品的一致性。美国主人客栈是为商务和休闲旅游者设计的产品。

(二)圣达特酒店特许经营的特征

在美国,由圣达特饭店集团加盟经营的酒店销售了将近 1/4 的经济和中等价位的房间。圣达特饭店集团在全美拥有 11% 的酒店房间供应量。每年圣达特饭店集团在全世界范围的销售队伍可以为其加盟的酒店销售多达 800 万间客房。集团的酒店电脑系统支持着 2 万多台加盟酒店的电脑;集团的顾客信息库拥有 6000 万个顾客信息;集团拥有自己的高速卫星网络,它支持着北美所有加盟酒店的运营。

上述数据说明,圣达特是一家极为成功的酒店特许经营集团。

如果按照饭店特许经营的通常定义(参见第二章关于"特许经营"的定义)来评价,毫无疑问,圣达特是一家很典型的特许经营酒店集团。

对于一个饭店经营者来讲,建立特许经营组织,可以具有两个基本的优势:一是可以获得资金优势,即特许经营在扩大分支机构时所需资金,比任何其他方式都少得多,从而使特许经营的发展不受资金的限制;二是可以获得人才优势,即特许经营为受许人提供了一个良好的经营环境,使受许人能以一个企业家的身份而不是雇佣者,从事特许业务的经营,从而刺激受许人努力经营以获取更多利润,减少了特许人为特许经营组织庞大的人才队伍寻找优秀管理人员的负担。圣达特集团充分认识到饭店进行特许经营的优劣势,扬长避短,利用特许经营不断发展。

在圣达特特许经营的酒店中,除了一般特许经营酒店所拥有的包括战略营销和广告、中央预订系统外,还在财政、上岗培训和技术上提供支持,这些都是圣达特特许经营的基本特征。

第一,发展津贴支持。圣达特意识到企业家在试图发展一种新的业务时所面临的财政困难。为了在这个领域提供帮助,圣达特向至少拥有51%产权、客房达到75间的酒店提供每间客房1000美元的发展津贴;对超过75间客房的大酒店提供每间客房1500美元的津贴,津贴上限为15万美元。如果加盟的经营商正式开业时,符合所有的开业要求,将获得这笔发展津贴。这是特许经营酒店集团中比较特别关注成员酒店的一例。

第二,集团公司管理支持。圣达特将自己定位为:为客户提供追求、获得饭店所有权所需的工具。据此,集团根据客户酒店以前的管理经验,要求客户的酒店符合专业化酒店管理公司的条件。为此,管理公司将为客户酒店管理第一年,管理公司也可以根据特许经营者的要求随时提供管理支持。

第三,高层培训支持。圣达特建立品牌酒店大学(HUBB),向所有的特许经营商提供培训,培训中心坐落在帕斯帕尼(Parsippany)总部。这种培训面向所有的新业主和总经理,目的是向集团的特许经营商提供符合品牌标准所需的管理工具和资料。

第四,财政贷款支持。对企业家来说,寻找资金来源通常是一种挑战。圣达特与许多贷款方有密切的关系,可以向新的特许经营商介绍这些资源。集团也不断为少数民族商业投资人寻找资金来源,根据要求可为这些组织提供所需的联系信息。

第五,指导支持。指导计划提供一种积极的学习环境,为新的特许经营商提供教师,通过各种各样的标准、经营、销售和营销战略指导他们。这些教师都是有经验的、成功的特许经营所有者和他们的员工,他们自愿为特许经营商作指导教师和引路人。

第六,单独联系点。除了特许经营服务管理者和品牌营销团队,圣达特还以公司总部的资源为特许经营商提供帮助。让那些经验丰富的原有加盟者、管理者和优秀员工为新的加盟者提供单独联系;而这些个体作为单独联系点为新的特许经营者服务,帮助他们顺利开业。

在圣达特的特许经营酒店中,还专门制定了少数民族特许经营发展纲要,为在美国的少数民族加盟者服务。

圣达特对酒店业中的非洲裔美国人、讲西班牙语的拉丁美洲人、美国土著人等少数民族的业主给以特别重视。通过建立在服务过程中的机会意识来吸引更多的非洲裔美国人、讲西班牙语的人以及美国土著人企业家进入圣达特饭店品牌家族。向新的特许经营者提供资源、支持和信息,帮助他们成为新的圣达特的特许经营所有者。

(三) 集团业务的特许经营模式

圣达特集团经营业务不限于旅游业,它还是世界上房地产、交通及金融方面最重要的供应商之一,世界上第二大通用汽车租赁代理商,世界上最大的房地产特许经营经纪人,美国最大的零售抵押商之一,世界上最大的雇员再安置公司。

圣达特集团(Cendant Corporation)的名字来自"ascenbant(上升)"这个词的拉丁词根。圣达特集团于1971年在美国成立,在世界各地超过100个国家和地区开设8000间分行和办事处。圣达特公司是纽约股票交易所(NYSE)上市公司,股票代码为CD,是世界上领先的服务业销售公司,世界财富500强(Fortune 500)之一(2005年《财富》500强中以营业额200亿美元排名第107),业务范围涉及五大服务领域,拥有30多个世界著名品牌。

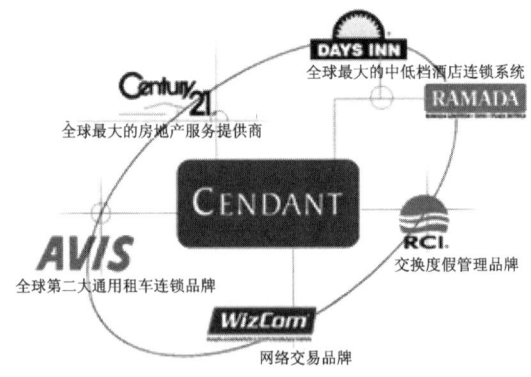

图 2-1 圣达特集团的部分著名品牌

圣达特公司的前身是美国的酒店特许经营系统公司(简称 HFS 公司)。公司创始人、董事长兼总裁亨利·西沃曼(Henry Silverman),在华尔街大名鼎鼎,素有"只要把钱给西沃曼,不怕没钱赚"的声誉。西沃曼通过借债来收购各类公司(LBO),利用各分公司之间的业务互补(比如互享客户名单去促销)来达到"滚雪球"效应。

20 世纪 80 年代,西沃曼开始了他一系列的职业冒险生涯。从娱乐公司到硬件公司,不同行业、公司的工作经历为西沃曼未来创建自己的商业王国奠定了基础。1984 年,西沃曼加入美国 Reliance Group,担任资产收购大师索尔·斯坦伯格(Saul Steinberg)的助理。在 Reliance Group 任职期间,西沃曼完成了他人生中第一笔重要的交易——收购美国连锁酒店天天酒店集团(Days Inn)。后来这家酒店发展到 200 多家门店,市值达到 5.9 亿美元。5 年后,当西沃曼将天天酒店集团出让的时候获得了 1.25 亿美元的利润。

西沃曼的投资人生涯要从 1990 年说起,他加入美国著名的投资公司黑石集团,成为其杠杆收购基金的合伙人。那时酒店业陷入大衰退,很多人都拒绝再涉猎酒店业的投资,眼光独到的西沃曼在此时以非常低廉的价格购入了许多著名的酒店业品牌。

西沃曼以 1.7 亿美元收购了知名酒店华美达酒店(Ramada Inn)和豪生酒店(Howard Johnson)的特许经营权,随后成立了酒店特许经营系统公司(Hospitality Franchise Systems,简称 HFS)。

1991 年当天天酒店申请破产的时候,西沃曼又以 2.9 亿美元的低价再次买入酒店,之后旅游住宿饭店(Travelodge)、速 8 酒店(Super 8)、乡村洛奇酒店(Village Lodge)和骑士酒店(Knights Inn)先后被西沃曼纳入 HFS 旗下,HFS 也随即发展壮大成为世界最大的酒店特许经营商。

而后 HFS 在西沃曼的领导下,通过收购 21 世纪不动产(Century 21)、信义房产(Coldwell Banker)和 ERA 房地产经纪公司,成为世界上最大的房地产经纪经销商。

1996 年,HFS 收购了安飞士(Avis)汽车租赁公司,并于次年 9 月将其大部分汽车租赁公司剥离,仅保留品牌和预订系统。

1997 年 5 月,HFS 公司与另一家公司——CUC 国际公司(1990 年在纽约证券交易所上市)达成兼并的协议。两公司在当年 12 月正式合并,并改名为圣达特公司(Cendant Corp)。兼并后的圣达特公司的业务范围进一步扩大,成为全球最大的从消费品到商务服务的包罗万象的综合控股公司,在酒店、汽车出租代理、大型消费抵押贷款、住宅房地产经纪和报税服务等领域处于全球领先地位。公司总部设在纽约,业务遍及 100 多个国家,雇员超过 3.5 万名。公司通过特许经营系统和直销,为遍布世界的消费者提供旅游、房地产和会员消费服务等多项付费服务,是世界上最大的酒店特许授权商,经营豪生(Howard Johnson)、速 8(Super 8)、天天(Days Inn)、华美达(Ramada)、旅游住宿饭店(Travelodge)、骑士客栈(Knights Inn)、赢门客栈(Wingate Inn)、美国主人客栈(AmeriHost Inn)等多家特许经营系统,拥有全球第二大汽车租赁特许经营系统安飞士(Avis)、世界一流的分时交换组织Resort Condominums公司、全球最大的度假交易服务系统、英国最大的私人停车场经营公司(NCP)、英国第一流的汽车救援组织(Green Flag)。圣达特公司还向合作伙伴的客户提供保险、旅游、购物、汽车和其他服务。

2005年10月24日,圣达特集团(Cendant)决定将自身分拆成旅游分销、房地产、酒店以及租车等4家上市公司,希望借此避免公司因旅游行业低迷而受到牵连。然而,在2005至2006年间,圣达特分别将负责旅游分销的Travelport与会员制服务的Trilegiant出售,同时将酒店与旅游分销业务主要集中在了温德姆环球公司(Wyndham Worldwide Corporation)。

经过多年的兼并与收购,西沃曼使HFS成为一个集团控股公司,拥有的企业包括遍布美国和世界多国的连锁旅馆业、旅游业、租车业、房地产业、房屋贷款业、基金管理业、财务咨询业、软件工程业、电脑网络工程业等。

圣达特公司的主要业务范围如下:

第一,接待业。

全球最大的饭店特许方,共计6900余家饭店,54.2万个房间。拥有全球70%的分时度假服务,分享全球17%的酒店业务。拥有众多知名品牌。其接待业服务项目包括:住宿特许经营服务、所有权度假服务、假期出租服务等。

第二,旅游分销服务。

圣达特集团的最新分部——旅游分销服务公司于2001年成立。目前该分部在大约110个国家拥有5000多名员工,其经营范围内的服务项目有:全球分销服务、接待休闲服务、旅游零售服务、在线公司服务、航空服务。

第三,租车服务业。

圣达特汽车租赁公司是世界上最大的汽车租赁公司,由独立的安飞士(Avis)和经济汽车租赁公司品牌组成。圣达特汽车租赁公司拥有世界排名第二的通用租车连锁系统Avis品牌,占全球汽车租赁服务25%的市场份额,每年租车量共为5000万次,遍布140个国家。另外,在泊车服务、车队管理方面,拥有NCP、PHH Arval、Wright Express著名品牌。

第四,金融服务业。

圣达特金融服务部特许经营是美国的第二大备税公司。该服务部还为金融机构提供保险和市场忠诚营销计划的服务。主要经营备税业务、保险/批发等业务。在税务、保险等金融方面的服务所拥有的品牌包括:Jackson Hewitt Tax Services、Benefit Consultants. Inc.、Cendant Incentives、FISI-Madison Financial、Long Term Preferred Care。

第五,房地产服务业。

圣达特的房地产事业部是全球最大的不动产特许方,拥有四大知名品牌:Century 21、Coldwell Banker、ERA 及经营全球 50% 的调差安家业务①的 Cendant Mobility。其他业务部门包括美国最大的住宅抵押零售商、一流的雇员安置服务公司、商业房地产经纪公司和位于美国的最大的住宅房地产经纪公司。集团具体经营的房地产服务项目有以下 5 个方面:房地产特许经营服务、房地产经纪服务、安置服务、抵押服务和结算服务。

圣达特集团的所有业务,都具有特许经营的特征。

在接待服务业,特许经营酒店是其成功的标志。

2010 年之后,圣达特在全球特许经营超过 6900 家酒店,将近 54.2 万个客房,堪称世界上最大的酒店特许经营商。每年温德姆(原为圣达特)的 15 个品牌的酒店接待数百万的度假和商务游客。从佛罗里达到阿拉斯加,从中国到南非,你都会发现每一个品牌的酒店正恭候着您的光临。

在分时度假领域,圣达特拥有超过 3500 个会员的旅游胜地,国际度假村公寓组织(RCI)为度假交换制定了标准,这使它在世界范围内近 260 万的住宿设施中成为一个家喻户晓的名字。通过创造性产品的发展、高质量的标准和一流的服务,RCI 以全球 70% 的市场份额,继续成为世界一流度假交换组织。旅游胜地(Fairfield Resorts)拥有超过 34 万个产权度假村住户,是美国最大的产权度假公司之一,在全美 12 个州的 33 个地区都有它的市场销售中心。在美国的大多数风景区,从南卡罗来纳到加利福尼亚州,从密苏里到科罗拉多,都有自己的胜地。这些旅游胜地为不同年龄和不同兴趣的人提供高尔夫球、网球、钓鱼、划船、游泳、徒步旅行、饮食、观光活动和娱乐表演等。

在度假租赁领域,圣达特集团拥有 4 个相关的顶级的度假租赁,堪称欧洲度假租赁业的领头羊,特别是在私人所有度假产权租赁方面具有专业化水平。圣达特在 30 个国家和地区拥有商业网络,圣达特的整个欧洲合同包括超过 32 万个别墅和村舍,成为此产业的领头人。

在旅游分销服务业,伽利略国际公司(Galileo International)在 30 年前开创了全球分销系统(GDS),覆盖 110 多个国家,在本行业拥有无可比拟的优势。其核心业务是通过计算机预订系统(GDS)、领先产品以及互联网为基础的解决方案来

---

① 即为调动、出差的雇员提供在外国或外地安家的服务。不仅如此,该业务除了帮助外籍雇员找到一处房子,还要提供包括机场迎接、安排行李运输、为客户子女联系入学、医疗服务、卖掉原有房产、消除文化差异等一条龙后续服务。

连接买方和卖方。伽利略国际公司是一个旅游产品的分销商,致力于为旅游供应商、旅游代理商以及公司顾客提供服务,其中包括4.7万家旅游代理点、500家航空公司、34家汽车租赁公司、5.1万家饭店、431家旅游经营商以及世界主要客轮公司等。

此外,圣达特还包括:

信托国际公司(TRUST International)开发并采用了先进的中央预订系统(CRS),为接待行业提供定制、即时预订和全球销售服务。信托国际公司的顾客包括分布在95个国家685处的1580家著名饭店和连锁酒店。

WizCom为顾客提供电子销售及互联网电子商务解决方案、全球分销系统(GDS)和其他旅游预订系统。WizCom是第一个提供行业交换服务的,使GDS和互联网连接成为可能。除此之外,还有对饭店、汽车租赁和旅游代理商提供的中央预订系统和信息服务。

THOR是一家专门为饭店经营者和旅游机构提供市场营销、分销及24小时紧急服务的旅游相关服务的公司。它发行的饭店指南有3万份在流通,其中"商议价格饭店(Negotiated Rates Hotel)"栏目为4.5万家世界范围内的旅游机构及私人财团所订阅;THOR的24小时紧急服务部门每年帮助的旅游者超过15万人。THOR作为Travelport旗下的一个分支品牌,随着2006年黑石集团(Blackstone Group)对Travelport的43亿美元的高价收购,而归于黑石集团旗下。

在旅游零售方面,Cheap Ticket是折扣休闲旅游产品的销售领先者,包括通过网站Cheap Ticket.com在线订购和通过其全天服务的呼叫中心购买。Cheap Ticket向顾客提供公布的和未公布的航空、航行、汽车租赁、饭店住宿、公寓租赁、包价旅行以及最后时间旅游费用的指导。

Lodging.com提供全美范围内的饭店折扣和通过传统的供应渠道选择国际目的地和预订。此网站的特色表现在新颖的内容和技术上,包括旅游小窍门、目的地文章和城市向导。这个站点与400个饭店保持着优先合同,与3500个附属网站建立合作伙伴关系,并通过GDS提供额外的产品清单。根据ComScore Media Metrix在线交通分析方面的权威,Loding.com吸引了100万以上的旅游者。预订是通过全天24小时在线以及每周7天(8:00~24:00)服务来进行。

圣达特旅游(Cendant Travel)是经营着6处关联中心的一个旅游机构,代表Trilegiant、RCI、Loding.com和Cheap Tickets,为旅游会员团队提供预订销售、客户和订单服务。圣达特也为所有的圣达特企业提供内部的旅游支持。专业旅游顾问每年处理大约1000万个电话咨询,800部电话全天开通。公众零售和250万的旅游俱乐部成员通过圣达特旅游公司享受折扣价。

Trilegiant 是一个独立的分支机构，是一个以主要成员为基础的旅游、购物、健康、口腔、娱乐和顾客保护服务的提供者。通过成员俱乐部和忠诚产品业务，Trilegiant 向美国 1 亿多人提供产品和服务。但该机构已于 2005 年由阿波罗管理集团（Apollo Management）收购并更名为 Affinion。

在公司在线服务上，Travelport 公司解决方案在旅游分销服务部对许多品牌给予支持，是 Highwire、伽利略和圣达特旅游强强联合的结果，为公司提供独特的和定制的商务旅游方案，方案有助于减少 40% 以上的旅游管理费用。Highwire 是一流的在线公司预订工具。圣达特旅游是一个提供全球预订和全天候顾客服务的公司。设计从公司游客处获得信息，Travelport 非常灵活，为公司提供全面的目的地到目的地的一系列服务，或单独选择可以完成目前旅游项目的工具和服务。但 Travelport 已于 2006 年由黑石集团（Blackstone Group）以 43 亿美元的价格收购。

在航空服务上，Shepherd Systems 为旅游业提供市场销售信息系统和服务，包括行政水平和销售管理系统。这些系统整合了旅游代理全球分销系统预订、流动收入、伽利略/阿波罗 MIDT 数据和航空报告以及销售信息等。

即便是在房地产服务项目上，圣达特也采用了特许经营模式。

圣达特是世界上最大的房产经纪特许经营商，拥有超过 1.2 万家公司和 2 万家促销中介机构。21 世纪是最著名的房产公司，在世界 25 个国家和地区拥有近 6600 家特许经营经纪机构。Coldwell Banker 是美国国内最早建立的房产公司，在业内有 90 多年的经营历史。到目前为止，它已在美国拥有超过 3100 家特许经营机构。Coldwell Banker Commercial 是一个最近创立的品牌，为房东、销售商以及购买者提供租赁、购买、处置以及管理商业房产方面的服务。ERA 是一个居住房产特许经营系统，在国际市场上开拓业务，有超过 2500 家特许经营机构。

圣达特还拥有国内最成功的居住房产经纪公司——NRT，还拥有和经营着国内最大的城市市场中的 24 家公司。在它的经纪网络中，有 850 多家公司、6000 名雇员以及 4.5 万处销售中介机构。借助房产的成功经营，圣达特成为行业领导者。在各自的市场领域，这些公司都已经被证明是最好的。

圣达特不仅利用资本市场进行大规模扩张，还充分利用特许经营模式扩大业务领域，创造了辉煌的业绩。这一切的取得，都与特许经营模式密切相关。

特许经营就像一个魔方，开启了企业扩张的无限风光。

第二节　特许经营的理论依据

特许经营作为一种经营模式,从世界知名饭店集团的发展历程中,可以发现其具有集团化扩张的无限魅力。作为一种20世纪的新型经营模式,特许经营也有其独特的理论依据。

从特许经营的理论研究看,早在20世纪60年代,国外的相关学者就开始对特许经营模式进行深入的研究,发展至今,特许经营理论在国外已经有比较成熟的理论体系。

在现今的研究中,特许经营研究已经超出特许经营模式本身,更多的是考虑如何更好地利用这一模式来复制、推广企业。例如,印度学者普拉默德·克拉若在其《特许经营——高速推广商务模式之路》(*Franchising–The Route Map to Rapid Business Excellence*)一书中提出,特许人在选择加盟者时,可以通过以下宏观要素来辨别潜在市场的潜力,即:人口因素、经济政治因素、法律框架、投资环境,以及相关的市场指数。在他看来,国家不同,市场有别,在进入市场之前对该市场了解越多,特许方成功的机会也就越大。①

中国的特许经营始于20世纪80年代末,作为一种特定的集团经营模式可以说是实践先于理论,学术研究相对落后。1996年,牛海鹏的《特许经营》一书,较为全面地介绍了特许经营具体运作及管理的理论和实务。2003年,朱明侠编著的《特许经营教程》一书,比较全面地论述了特许经营过程中涉及的种种问题及应该采取的策略或决策。这本书从理论与实践上给特许经营人以启迪。2003年,贺昆主编的《克隆名店——特许经营的投资与管理》一书,深入分析了特许经营的历史与现状。2004年杨丽娟主编的《特许经营实务丛书》(共5册),介绍了特许经营的历史、现状、特征、分类,提出特许人、受许人以及消费者之间的三赢方法。该书可作为特许人、受许人进行具体的特许经营业务的指导用书,特别是书中就选取的22个特许经营在中国的发展情况进行介绍,具有理论与案例相结合

---

① 普拉默德·克拉若.特许经营:企业快速发展之路[M].北京:人民邮电出版社,2004:113–117.

的特点。2005年,朱明侠出版了《特许经营在中国》一书,对在中国如何开展特许经营进行透彻的研究,不仅对中国的法律法规、税收政策进行了专门的分析,还从政治环境、文化环境、经济环境、金融环境四个角度对国际特许经营企业在中国面临的外部环境进行了深入而全面的分析。

在国内的饭店业中,采用特许经营模式进行集团化发展的起步相对比较早,但对其研究则不够深入。笔者在饭店管理研究中,曾大胆提出"饭店业集团化经营已成为现代西方饭店经营的主导现象",其经营方式在20世纪80年代前,主要采取连锁经营、特许经营及管理合同等三种形式,进入90年代又出现了战略联盟形式[1]。在饭店业集团化的发展模式中,在《旅游饭店实务管理》一书中,笔者把连锁经营作为一种独立的运作模式,但在日后的研究中,发现有些研究者把特许经营、委托管理等都作为连锁经营的一部分,这样一来,遂出现了概念的重叠和模糊,如何明确区分连锁经营与特许经营的概念也就成为了一个问题。为回避概念的模糊性,本书把前书所述的连锁经营明确为直营连锁,这样,直营连锁与特许经营之间、与委托管理之间的差别在文字层面上就可以识别了。

一、特许经营的定义及分类

国际特许经营协会将特许经营定义为,特许经营是特许人和受许人之间的契约关系,对受许人经营中的如下领域:经营诀窍和培训,特许人有义务提供或保持持续的兴趣;受许人经营采用特许人的共同标识和经营模式,受许人自己投资。这个定义明确肯定了特许经营的契约特征,指明了特许经营的核心——特许权的内容以及双方由契约所规定的义务[2]。美国特许经营协会将特许经营定义为:特许经营是特许企业把自己开发出的商品、服务和营业系统(包括商标、商号等企业形象的使用,经营技术,商业场所和区域)以合同的形式授予在规定区域内经销和营业的加盟店,加盟店则应交纳一定的营业权费用,承担规定的义务。美国商务部甚至提出了一个更宽泛的定义,即:特许经营是一种从事商业活动的方法,受许人被赋予在由特许人设计的营销模式下从事提供、销售或分销产品或服务的权利,特许人允许受许人使用其商标、名称和广告。这个定义描述了特许经营双方的权利和义务,它是一种相互给予、合作的关系[3]。欧洲特许经营联合会的特许

---

[1] 林璧属.旅游饭店实务管理[M].北京:清华大学出版社,2005:48.
[2] 朱明侠.特许经营[M].北京:对外贸易大学出版社,2001:2.
[3] 郭东乐,宋则.中国商业理论前沿[M].北京:社会科学文献出版社,2000:213.

经营定义是:特许经营是一种产品或服务,基于法律和财务上分离和独立的当事人——特许人和他的单个受许人——之间紧密和持续的合作,依靠特许人授予其单个受许人权利,并附加义务,以便根据特许人的概念进行经营。日本特许经营协会的特许经营定义是:特许经营是指特许经营的总部以合同的形式规定,总部加盟店使用其商号、商标等营业象征,以相同的企业形象从事经营活动的权利。美国特许经营协会、美国商务部、欧洲特许经营联合会、日本特许经营协会对特许经营的定义在实质上没有差别,只是在表述上略有些许不同,其基本性质都界定于一种契约关系。

特许经营作为一种经营模式,其适用范围比较广,就目前的研究与实际应用看,具体包括的业务范围极为广泛,仅在商业特许经营领域,就可分为以下3类:

(1)商品商标特许经营(Product and Trade Name Franchising)。这是产品与品牌的特许经营,又称"产品分销特许",是指特许者向被特许者转让某一特定品牌产品的制造权和经销权。特许者向被特许者提供技术、专利和商标等知识产权以及在规定范围内的使用权,对被特许者所从事的生产经营活动并不作严格的规定。商标特许经营又可细分为商标特许、产品特许、品牌特许等。

(2)生产特许经营(Production Franchising)。它指的是受许人自己投资,使用特许人的专利、技术、设计和生产标准,然后向批发商或零售商出售产品,受许人不与最终用户(消费者)直接交易。

(3)经营模式特许经营(Business Format Franchising or Franchise Chain)。目前,人们通常比较常说的特许经营属于这种类型。它不仅要求加盟店经营总店的产品和服务,连质量标准、经营方针等都要按照特许者规定的方式进行。被特许者交纳加盟费和后继不断的权利金(特许权使用费),这些经费使特许者能够为被特许者提供培训、广告、研究开发和后续支持。这种特许经营模式在国内外的发展速度最快。

根据特许权的授予方式,又可把特许经营分为以下4种类别:

(1)一般特许经营。特许人向受许人授予产品、商标、店名、经营模式等特许权,受许人使用这些特许权进行经营,并为此支付一定的费用。

(2)委托特许经营。特许人把自己的产品、商标、店名、经营模式等特许权出售给一个代理人,由该代理人代表特许人向他所负责地区内的加盟申请者授予特许权。跨国特许经营往往采取这种方式。

(3)发展特许经营。这是指受许人在向特许人购买了特许经营权的同时,也购买了在一个区域内再建若干家分部的特许权的经营模式。

(4)复合特许经营。是指特许人将一定区域内的独占特许权授予受许人,受许人在该地区内可以独资经营,也可以再次授予给下一个受许人经营特许业务。

二、特许经营理论之缘起

特许经营之所以在20世纪60年代首次出现在美国之后,能够发展成为公认的最有效的产品和服务分销方式,并以非常快的速度风靡世界,应该说有其独特的商业价值。我们既可以从中总结出具有独特价值的理论认识,也可以从经济学的角度找到其盛行的理论依据。

特许经营之所以可以广泛地渗透到各个领域,前提是这一行业可以进行标准化、专业化、简单化的复制。这是特许经营的前提条件。

在双方都有利的前提下,通过取长补短,以此促成彼此间的合作而共同开创事业,这是特许经营的经济动因。

特许经营组织意识的强化,实现优势互补,这是实施特许经营的直接动机。

技术、服务、管理及市场定位优势,是特许方所具有的向受许方转让的优势。

上述四点是特许经营模式得以存在的条件。

我们的问题是:企业采取特许经营这一经营模式,除了上述四点之外,是否还有其他的理论依据可以解释这一企业经营现象?

概而观之,资源基础论、委托关系论、交易成本论、内部化理论和契约理论是五种基本的基础理论。

1. 关于资源基础理论

在特许经营的基础理论中,资源基础理论用资源和能力来解释企业差异的原因,认为任何企业都拥有一系列的资源,这些资源包括企业所有的资产、组织过程、特点、信息和有效实施战略的专业技术。其核心思想是,企业的成功与竞争优势的来源是一个企业独特的资源与在特定的竞争环境中这些资源的配置方式。在特许经营模式中,特许方的资源优势就在于其包括产品、品牌、经营模式等一系列的优势资源,受许方的优势在于其所在地的市场、人脉等,两者之间的优势互补是特许经营模式的根本。

饭店之所以采用特许经营模式,资源稀缺性理论也能给予较好的解释。该理论认为,资源具有物理数量上的有限性和经济上的稀缺性,这两个性质不会因为技术进步和社会发展而改变。同样,一个企业自身所具备的资源也是有限的。饭店采取特许经营方式主要是为了获得资源(资金及本土化的管理人员)以实现快速扩张。采取特许经营这种分销渠道可以获得资金,同时也试图尽可能快地建立一种有效的分销渠道。① 对于新建的企业,由于缺乏资金,可通过特许经营的方式来筹集资金,以达到企业快速扩张的目的。于是,李虹等在《国外特许经营研究的理论综述》中指出,企业为什么会采取特许经营这一扩张方式,主要存在六种说法:资本筹集说、风险分担说、信息搜索说、信号发送说、单向道德风险说、双向道德风险说。② 也就是说,特许经营发展的动因中,资金筹措占有较大的比例。而且这种认识也得到了实证。1986年《创业家》杂志调查,1114家特许企业中有223家声称它们可以为受许人提供融资服务。③

2. 关于特许经营委托关系理论

委托代理理论是指当一方将权力委托给另一方时会产生委托代理关系,又假定双方是理性人,此时代理人的目标与委托人的目标会产生偏差,从而产生代理成本。委托代理理论是伴随着两权分离而发展起来的。当产生"专业化"时,就可能产生一种关系,在这种关系中,代理人由于相对优势而代表委托人行动。④ 即便是在日常的饭店经营过程中,由于出资人(股东或个人)出资建设饭店,再聘用职业经理人来负责饭店的日常经营活动,在这一饭店管理过程中,出资人是委托方,经理人是代理方。二者目标不一致就会产生成本。由于在特许经营中,饭店业主是饭店真正的主人,其经营好坏与自己的切身利益密切相关,因而,饭店业的特许经营方式较之自行组建管理团队管理饭店更能解决好代理问题。

3. 关于交易成本(费用)理论

交易成本(费用)理论首先是由约翰·康芒斯(John Commons)和新经济学派的创始人、诺贝尔奖获得者罗纳德·科斯(Ronald H. Coase)提出的。所谓交易费用,指的是事先发生的为达成一项合同而发生的成本和事后发生的监督、贯彻该合同所发生的成本。它区别于生产成本,是为执行合同本身而发生的成本。交易费用是影响组织选择的重要因素,选择不同组织结构的目的之一就是为了降低交易费用。商品交易总会伴随着一些费用或成本。科斯认为,交易费用就是"获得准确的市场信息所付出的费用,以及谈判和经常性契约的反映费用"。根据交易成本经济学的理论,企业经济是对市场组织的一种代替,因为市场交易存在着较

---

① Hoover V L, Ketchen D J, Combs J G. Why restaurant firms franchise: an analysis of two possible explanations[J]. Cornell Hotel and Restaurant Administration Quarterly, 2003(44): 9 – 16.
② 李虹,等. 国外特许经营研究的理论综述[J]. 经济纵横,2005,(2).
③ Lafontaine F. Agency theory and franchising: some empirical results[J]. RAND Journal of Economics. 1992, 23:263 – 283.
④ Hart O D, Moore J H. Property rights and the nature of the firm[J]. Journal of Political Economy, 1990, 98(6): 74 – 361.

大的交易成本,交易是通过契约来组织的。它是关于人们之间交易行为的行为准则。契约运行的成本便是交易成本。刘江健认为,特许经营在本质上是一个综合考虑生产成本和交易费用节约的一个组织体系。①

陈景汉、伊里尼·迪穆(Jean Jinghan Chen & Irini Dimou,2004)将交易成本理论和代理理论结合起来提出了国际饭店集团扩张战略选择的理论模型。二人提出,根据交易成本理论,特许经营会引发饭店集团专利知识的泄露和成员饭店的自由经营行为,但由于成员饭店拥有剩余索取权而在很大程度上降低了自由经营行为引发的饭店集团监督成本。② 饭店业特许经营可以使饭店管理集团得到更多的经营优势。如集中采购原材料、降低广告费用等间接降低了饭店管理集团的经营成本。另外,特许经营使饭店管理集团获得更多的整体竞争优势。饭店的发展要注重品牌效应,跨国饭店管理集团正是依靠其成功的品牌经营,获得客人对品牌的忠诚。③

4. 关于内部化理论

内部化理论由英国学者巴克利和卡森提出,加拿大学者拉格曼对其加以发展。该理论认为,企业扩张有三种方式,即出口、对外直接投资和特许权交易的选择。通常是根据企业外部市场交易成本和内部交易成本的比较决定,而中间产品(包括知识、信息、技术、商誉、原材料等)市场是不完全的,这种不完全是由某些市场失效及中间产品的特殊性质所决定的。这种缺乏某些市场以供企业之间交换产品,或某些市场经营效率低下的最终结果都导致了企业市场交易成本的增加。企业必须建立内部市场,使外部市场内部化,以便合理配置内部资源,避免市场不完全对企业经营效率的影响。也就是说,特许经营模式可以实现企业之间的外部市场内部化。

5. 关于契约理论

现代契约理论区分了完全契约和不完全契约的概念。完全契约在新古典契约理论中已作了详尽的分析,它是指缔约双方都能完全预见契约期内可能发生的重要事件,愿意遵守双方所签订的契约条款,当缔约方对契约条款产生异议时,第三方比如说法院能够强制其执行;而不完全契约则正好相反。现代契约理论主要是从完全契约所假设的条件出发,分析其与现实条件不一致的地方,从而使经济

---

① 刘江健.特许经营的理论分析——交易费用和生产成本的观点[J].价值工程,2006,2.
② Jean Jinghan Chen, Irini Dimou. Expansion strategy of international hotel firms[J]. Journal of Bisiness Research,2005,58:1730-1740.
③ 王德刚,等.试析特许经营在我国饭店业中的应用[J].商业研究,2007,(2).

学取得了重大突破。在不完全契约理论中,有人借用了心理契约概念。心理契约概念是美国心理学家施恩(E. H. Schin)教授正式提出的。心理契约是一种未写明的契约,是企业和员工之间一系列期望的总和,心理契约是在员工和企业之间相互期望的基础上所形成的一种并未言明的无形的关系。用这种心理契约关系来说明员工与企业组织的关系是最恰当的。当采用这一理论来解释特许经营通过契约把总部与各个加盟店之间联系起来的关系时,就需要换个角度思考。在这里,原来双方依照条款约定、享有权利并且履行义务是特许经营模式的契约关系,但在特许经营模式中,由于存在不完全的契约关系,为了实现特许方与受许方之间的双赢,就需要成员店与总部建立一种类似于员工与企业组织的关系,这种关系也可以用心理契约来说明,以使特许经营模式成为现代经济中富有生命力的企业联盟形式。

以上五个理论分别从特许经营涉及的资源基础、委托代理问题、交易成本、内部化问题和契约方面提出了看法。这五个理论之间是相互联系、相互影响的,前四个理论可以综合成一个理论,可称之为多因素理论。布莱克利(Brickley,1999)认为,采取特许经营的原因有三种:激励、取得资金和自我选择。激励是内部化理论的范畴,激励与自我选择与委托代理理论相关,而取得资金则是资源基础理论的延伸。资源基础理论和内部化理论可进一步引导出资源配置理论,认为特许经营的一个重要意义就在于它通过一个大家都认可的形式即契约方式将不同资源的所有者聚集在一起,实现了资源的优化配置,创造出比特许人和受许人独自生产更多的收益,并实现了社会分工。因此,采取特许经营,是为了实现节约交易成本和提高资源配置收益之和的最大化。

在上述理论研究中,究竟哪种理论更有利于特许经营模式?

委托代理理论是当前研究特许经营的主要方向。诺顿(Norton,1988)提出,特许经营是那些限制了由重要的决策者承担剩余风险的力量作用的结果。特许经营中,特许人通过将分部的经理转变为分部的所有者,使他成为分部经营的剩余索取者,从而解决了企业内部的代理问题。但这种对特许经营的解释并不彻底,因为所有权和管理权的分离所产生的代理问题不仅仅存在于特许经营中。

从经济组织和社会分工来看,交易费用理论决定了特许经营这种组织方式的出现,而特许经营中,特定的产权关系能够有效地降低代理成本、监督成本,解决激励问题,从而降低交易费用。从交易成本理论和内部化理论角度来看,特许经营具有以下优势:第一,特许经营节省了交易成本。特许经营把市场交易行为转化为特许经营系统的内部行为来节省成本,在此系统里实行的"统一采购、统一配送",使采购、批发、配送等相互独立的产品分配职能转化为一个系统内部相关的行为,从而节约了交易成本和流通成本。第二,特许经营优于其他一体化方式。将交易成本理论推向成熟的代表威廉姆森(Williamson)提出了分析交易性质的三个维度:资产专用性、不确定性和交易频率。资产专用性是为了某一特定的交易而作出的持久投资一旦形成就难以转变为其他用途的特性;不确定性是指交易双方都面临来自外部环境和交易本身的不确定习惯;交易频率是指在实践连续上表现的交易状况。通过垂直一体化的方式将市场交易内部化是经济的,而特许经营的优势体现在降低了资产专用性程度,从而使特许者可以不通过垂直一体化就能够获得最小的交易成本。

根据现代契约理论和内部化理论,科斯曾提出"企业替代市场"的观点。实际上,这是一种类型的契约替代另一种类型的契约。特许经营组织是一种新型的契约安排形式,它将权利的转让作为控制体系的一部分,是企业与市场体制结合的成功组织形式。特许人与受许人以特许合同为纽带而形成一种契约关系,因为所有权不同使得二者此时处于"市场"组织状态。对外部而言,特许体系是一个有机整体,树立的是统一的企业形象,因而此时它处于企业组织的状态。这样,特许组织就成功地实现了市场与企业的结合,成为一种新型的组织形式。而且特许合同规定了双方所有权的不同所属;在所有权界定的基础上,赋予受许人100%的剩余索取权;规定了受许人的决策权要受到特许人的约束和经营权要集中于总部。所有这些权利的全新安排组合导致了一种新的组织形式——特许经营组织的出现。

对于究竟是哪一种理论更有利于特许经营模式,也许这是一个没有结论的问题。

在饭店集团化的特许经营模式中,研究者们也有一些新的理论认识。例如,德夫、埃拉米列、阿加瓦尔(Chekitan S. Dev,M. Krishna Erramilli & Sanjeev Agarwal,2002)从资源基础理论的角度出发,探讨了饭店联号在跨国经营中选择扩张模式的影响因素,他们强调饭店资源的可转移性这一内部因素对饭店联号扩张战略选择的重要性。此外,他们还指出,东道国管理人才的可获得性、能否找到合适的合作者以及东道国商业环境的发育程度,都是影响饭店联号跨国扩张战略选择的重要外部因素。德夫、埃拉米列、阿加瓦尔(Chekitan S. Dev,M. Krishna Erramilli & Sanjeev Agarwal)仅仅考察了饭店企业进入国外市场的扩张模式,而没有把特许经营作为一般意义的扩张模式(国内扩张和跨国扩张)来研究。

第三节　特许经营模式在饭店集团化发展中的适用性

从世界知名饭店集团的发展历程看,特许经营模式具有无限的魅力。假日集团如此,圣达特更是如此。

从第一家假日旅馆建立到现在,假日集团已经从当初的单纯面向家庭旅游者的汽车旅馆连锁店发展壮大成为一家包括食品、住宿、交通、旅游等多行业的综合性大公司,其拥有、经营和签有特许经营权合同的饭店遍及全世界,成为世界著名的饭店品牌。

表 2-1　假日酒店集团的全球扩张统计表

划分标准	划分类别	收入(百万美元)
按地区划分	美洲	99
	欧洲、中东、非洲	50
	亚太地区	32
	中心区	13
按管理模式划分 (拥有房间数)	拥有及租赁	8 140
	管理	124 094
	特许经营	425 919
按品牌划分 (拥有房间数)	洲际饭店	49 140
	皇冠	76 888
	假日	257 947
	快捷假日	145 872
按品牌划分 (拥有房间数)	恒桥套房	11 552
	烛木套房	14 661
	靛青旅馆	1 125
	其他	968

资料来源:整理自网站(http://www.ihgplc.com/index.asp? pageid=356),截至2007年3月。

从上述表中可以发现,特许经营是假日酒店集团发展的主要经营模式。假日集团的超常规发展,正是归功于威尔逊将"特许经营"模式引入了饭店业。圣达特的酒店扩张,则是利用资本市场的巨大财力优势,以资本运作为主导来进行规模扩张,而在具体的企业经营中,又采用几乎百分百的特许经营模式。

从世界知名饭店集团的运作模式看,在特许经营模式中,制度设计具有决定性的意义。

一、制度设计是饭店特许经营成功的关键

特许经营,是指特许人以特许合同的形式授予受许人有偿使用其商标、商号、专有技术及经营模式等权利,受许人按合同规定,在特许人统一的业务模式下从事生产或经营活动,并向特许人支付相关费用的一种现代化的流通方式和组织方式。

从特许经营的定义就可以看出,饭店特许经营的核心是知识产权的转让。特许方利用知识产权资本的非重复性、可复制性、可消费性和可学习性,通过特许经营方式来扩张和发展分支机构,将饭店集团的无形资本的潜在价值转化为现实价值的规模效益,以便形成规模经济,并获得成本节约优势。

在特许经营的成功运作中,制度设计是其成功的关键。美国特许经营授权企业必须准备一份被称之为"统一特许经营授权函"(Uniform Franchiser Offering Circular)的法律文本。该文件包括23部分,需要详细说明特许经营公司的背景和特许经营的性质。此项文件的目的在于使被转让方清楚地了解特许经营方以及成为被特许方的具体要求,它保护受特许权人获得特许权人对未来销售及利润所作的承诺。在总部和加盟店之间,还需要签订一份特许经营协议,作为他们之间商业关系的有效文件。该协议内容涉及双方之间的权利义务关系,明确的合作期限和支付给特许权人的费用,饭店合作的房间数和服务设施数,以及合作终止的相关事宜。统一特许经营授权函(Uniform Franchiser Offering Circular)要求需要包括的条文如下:阐明特许权人信息,特许权人人员的经历,诉讼经历,企业倒闭历史,受特许权人的开办费用,其他应付费用,受特许权人期初投资,受特许权人从指定途径购买或租赁的权利,受特许权人根据特许权人特别要求进行购买或租赁的权利,财务金融协议,特许权人的义务,土地权利和义务,商标、服务标志、品牌名称、标志和商业符号,专利和版权,受特许权人参与实际商业业务运作的权利,受特许权人提供产品和服务的限制,续签、终止、重新购买、修改和签署特许经营协议及相关信息,数据公布安排,实际、平均、预计或预测的受特许权人销售额、

利润,与特许权人有关的受特许权人资料,财务报表,合同,受特许权人发展说明。统一特许经营授权函实际上等于一份完整的法律文本及其规范要求,用契约关系确定加盟双方的权利与义务关系。

饭店业作为一种相对特殊的经营行业,饭店特许经营属于以知识产权转让为核心的企业制度安排,建立了一种知识产权许可使用关系:作为受让方的饭店业主拥有独立的饭店所有权和财务权以及相对独立的经营权,在出让方统一的业务模式下从事经营活动,并向出让方支付一定的费用。也就是说,在饭店的特许经营制度设计中,这种制度设计具有知识产权转让的某些特征。具体表现为:

第一,所有权和经营权分离方式(产权制度安排):在特许经营中,各成员饭店是独立的法人实体,业主是饭店所有权的持有者,并负责饭店的经营管理,享有剩余索取权。由于饭店特许方有权对成员饭店的特许业务范围进行监督、检查和指导,从而造成了成员饭店的所有权和经营管理权的相对分离。

第二,对受许人的控制力度:特许经营创造了一种知识产权许可使用关系,饭店管理公司和各成员饭店之间形成以品牌、经营模式等知识产权为纽带的松散的联系,特许经营可以被看作是一种更接近"市场"的混合组织形式。饭店管理公司对成员饭店的控制力度比较小,彼此之间没有依附支配关系,但二者的关系又不同于纯粹的市场交易关系,后者带有自发性、盲目性和临时性的特点,而前者的关系具有长期性和稳定性。同时双方以特许合同为纽带,形成了契约关系,通过特许合同实现双方权利的安排和控制,大大降低了市场波动和不确定性风险,使得特许经营体系的发展具有一定的安全保障机制。

第三,资源和技术的转移范围与转移程度:特许经营中,饭店管理公司既不拥有成员饭店也不管理成员饭店,因此联号经营公司对成员店的运营能力有高度的依赖性,这意味着特许经营要跨越企业的边界转移资源和专业技能。也就是说,在特许经营中,饭店管理公司通过知识产权的转让对成员饭店仅提供特许业务范围内的指导和帮助。与此同时,为了有效规避知识产权的泄露风险,饭店产品中专利内容和特殊体制知识等知识产权核心部分的投入程度将受到很大的限制。

第四,对市场的依赖程度:饭店特许经营本质上就是三要素的扩张,即经验复制、品牌许可使用以及集团营销支持。由于普遍关心质量商誉和饭店品牌的影响力,饭店集团往往会非常关注各成员饭店所在地对知识产权保护的完善程度和当地可获得的符合要求的管理人才。

二、特许经营方式的饭店适用性分析

所谓特许经营方式的饭店适用性分析,是指哪些饭店类型更适合进行特许经营。换句话说,在高档饭店、中档饭店、低档饭店中,哪种类型的饭店更适合进行特许经营?假如您是一家饭店业主,您应选择何种模式进行饭店经营?是特许经营还是委托管理?抑或是战略联盟?饭店集团如欲采用特许经营模式,选择哪些类型的饭店进行扩张更有利于饭店的集团化发展?

从世界知名饭店集团的发展历程看,特许经营方式更适合于中低档饭店。这是因为:

第一,中低档饭店的低成本更适合于特许经营模式。经济型饭店的"经济性"体现在价格"经济"、成本"经济"到标准"经济",而这里所强调的成本"经济"是基于经济型饭店产品结构的"经济"基础上,以及由此延伸出的开发成本、人力成本和能源成本等方面形成的优势。

第二,中低档饭店服务与管理的简单化,更有利于特许经营模式的复制,以复制为主要特征的特许经营更有利于饭店业主在统一的品牌之下进行自主经营。

中低档饭店在饭店的环境、设备和服务上,以方便、简洁为准,创造了一个"经济、卫生、安全、方便"的饭店产品,使连锁店可以迅速复制,同时维持规范的作业,创造任何人都能轻松且快速掌握的作业条件。这种经济型饭店的简单化有两方面的意义:其一,就饭店本身而言,经济型饭店功能简单化,它把服务功能集中在住宿上,力求在核心服务上精益求精。与相对低档的旅社相比,经济型饭店具有较高级别的硬件设施,且有比低档旅社更加优质的服务;与比较高级的星级饭店相比,经济型饭店的服务比较单一,这就形成了相对的服务优势,无形中给予了顾客更大的消费自由。就投资商而言,把餐饮、购物、娱乐功能大大压缩、简化,甚至不设,使得投入和运营成本较低,从而导致投资成本的下降;与此同时,又减少了大量的劳动力,减轻了劳务成本。此外,经济型饭店相比星级饭店成本回收要快,资本周转周期较短,仅需 5 到 6 年即可收回投资,有利于经济型饭店形成规模效益。

第三,中低档饭店的标准化作业更有利于维护饭店的品牌,饭店集团品牌的稳定性又反过来有力地促进了特许经营模式的推广。

饭店产品是一种服务产品,服务本身所具有的无形性和易逝性使得它的标准化具有难以衡量的局限性。经济型饭店采用连锁的规模化发展,要求服务操作的标准化,服务操作的标准化有利于服务品质的稳定,也有利于服务具有统一的标准。因此,经济型饭店服务的标准化更有利于饭店集团的迅速扩张。

经济型饭店的标准化发展要求服务软件和硬件都采用标准化控制,做到建筑规格、品牌、管理系统、形象标识、服务模式五个统一。就饭店集团而言,要保证品牌的一致性就必须建立标准化的操作与服务,作为前提条件,要求成员饭店实施集团制定的标准化规则;就投资者而言,加盟品牌连锁一定程度上可以借由该品牌本身的标准化运营和发展模式来跳跃式提升自己的竞争力;就消费者而言,他们所要求的就是统一的无差别的服务质量,那么,知名的饭店品牌正是其消费忠诚的信赖依据和消费选择前提。由此可见,经济型饭店的标准化成为其快速发展、扩张的基本前提之一。

第四,经济型饭店的专业化操作更适合于特许经营。

专业化是现代社会和现代企业分工的结果之一。对于经济型饭店而言,运用专业化的策略,可以将饭店经营中重要而非核心专长的,或不能以较低成本自行处理的业务流程外包,把经济型饭店整个运作效率提高到最高水平,而所需费用则与"完全自给自足"的开支相等或更少,从而降低成本,提高效率,有效运作。这是其一。其二,经济型饭店的"专业化"还表现在对人才需求的专业化上。由于经济型饭店产品主要集中于住宿产品,大大减少了专业管理人员,从而降低了企业的劳动力成本和管理成本;而经济型饭店培养的一专多能的服务人员,在不影响饭店服务品质的前提条件下,又进一步降低了劳动力成本。因此,劳动力成本的减少更有利于特许经营受让方采用这种经营模式。

第五,特许经营有力地推动了经济型饭店的高速扩张。

由于经济型饭店的单体规模小,所需的交易成本和运营成本小,退出壁垒小,这种特性使得经济型饭店的投资周期短,与大规模的高星级饭店相比,无论在投资进程上还是损失的物质生产上都处于更有利地位。从"速8"的每88小时产生一家加盟店到国内"如家快捷"在短短6年期间管理酒店数达400余间,无不说明了经济型饭店旺盛的生命力和快速扩张的强劲势头。

三、中美两国在饭店特许经营环境中的差异分析

在饭店业外的其他一些领域,由于某些特许经营加盟商的不规范运作,使得国人对于特许经营带有某些不太信任的目光。笔者力图通过中美两国在特许经营环境方面的比较分析,以期能够发现其中的差别,探讨改善我国特许经营环境的对策,以利于我国企业的特许经营发展。

(一)影响特许经营的因素

1. 外部环境

从影响特许经营的外部环境看,能否促进特许经营的快速发展,涉及法律、经济、文化等诸领域的问题。

(1)关于法律方面。在特许经营中,特许人把自己开发的大量无形资产,包括商标、专利、技术秘密等,转让给受许人,这些无形资产大多数是知识产权的范畴。这种知识产权的特许使用,与合同法分则规定的技术转让合同、技术服务合同相类似。从法律上说,特许经营应当遵循知识产权法、合同法、反不正当竞争法及其他法律来加以规范。于是,知识产权法律是否完善也就成为特许经营发展的主要问题之一。

特许经营的核心是知识产权的转让,知识产权转让中,如何保护产权人的利益是个首要因素。

特许人作为知识产权的生产者和所有者,利用知识产权资本的特性,通过特许经营的方式扩张和发展分支机构,将企业的无形资本的潜在价值转化为现实价值的规模效益,形成规模经济。特许经营创造了一种知识产权许可使用关系,饭店管理公司和各成员饭店之间形成以品牌等知识产权为纽带的松散的联系。而根据特许经营合同规定,特许方必须向受许人提供包含经营方法、秘方、专利、企业文化、管理系统、组织结构、员工培训等在内的经营手册,必要时还应为受许人提供人员帮助或咨询服务。知识产权的保护主要从三方面入手:法律约束、制度管理和竞争性防范。将专有技术申请专利保护,将经营手册等申请版权保护,以合同的形式约束受许人的行为等;在生产经营的过程中注意采取适当的激励机制,为员工创造良好的工作环境,以增加员工对企业的忠诚度。留住关键人员,以达到特许人与受许人之间的互利互惠;企业还要通过竞争来保证核心能力的领先地位,培育所需核心能力。

特许经营双方的关系是否稳定,则是一个合同的法律约束力问题。

合同就是一种契约,契约关系是特许经营得以成立的核心,契约关系的稳定有利于特许经营关系的维护和发展。从法律关系看,特许经营是总公司和特许加盟商的一种契约关系。在这个契约中,受许人被授权参与特许人从事的事业,在同一商标、商号、服务标记、招牌风格和广告下销售商品或提供服务。在契约中,受许人和特许人表现为一种通过出租、合同或其他形式批发或零售商品或提供服务的利益共同体。要解决好特许经营双方的合作关系,就必须首先解决好特许经营的法律问题。从法律关系的角度看,特许经营法律关系是一种平等主体间的民事法律关系。特许人与受许人以特许合同为纽带而形成一种契约关系,因为所有权的不同,所以二者处于市场组织状态。特许契约实现了组织结构的权利安排与控制。

(2)关于经济方面。在特许经营的运营过程中,交易成本与利益分配是影响运营成功与否的两个经济因素,特许经营风险控制则是运营成功与否的一个辅助因素。

交易成本(费用)理论认为,为了进行商品交易,总会伴随着发生一些费用或成本。交易成本(费用)是发生在交易前、交易过程中和交易之后所耗费的各种资源,包括度量和界定产权的费用、进行组织活动的费用、监督激励的费用、谈判和签约费用,以及用契约约束权力斗争的费用等。交易费用是影响组织选择的重要因素,选择不同组织结构的目的之一就是为了降低交易费用。在饭店特许经营中,成员饭店自己享有经营权,只是在特许业务范围内接受饭店管理公司的监督、检查和指导。因此,特许人与受许人之间所进行的资源和技术交易过程中所支付的特许经营费用较低。例如,在人力资源管理上,特许经营可以降低人力资源的专用性程度。一般而言,特许人在加盟店开业前对受许企业及其人员进行关于经营生产(或服务)的程序及方式、经营管理方法、会计制度及方法、雇员的选择标准、经商政策等方面进行培训;加盟店运营后,还派专人对受许企业的经营管理进行指导和监督管理等。这样一来,交易成本就明确产生了。

从经济角度看,特许经营双方是一种利益关系。因为特许经营首先是一种利益关系或经济关系,只有双方都希望通过这种关系能获得经济利益,即保证双赢,双方才有可能建立特许关系。特许人应当首先保证加盟者的利益,才能让特许关系得以进一步发展。特许经营的整个过程实际上是各个利益集团为实现各自目标而进行的博弈过程,目标不同导致各利益主体的行为不同。在这个过程中最主要的利益主体是特许人和受许人。单方有利或双方权利义务关系失衡都势必导致特许经营体系的瓦解。因此,在饭店特许经营中,特许人与受许人的关系就是委托人与代理人的关系。委托人与代理人之间的利益冲突要得到较好的解决,必须处理好以下关系:委托人与代理人的签约成本,监督和控制代理人的成本,限定代理人执行最佳决策的成本,或执行次优决策所需的额外成本,剩余利润的损失等。

风险管控能力强弱也会直接影响特许经营关系。

企业在实现规模经济的过程中,随着规模的不断扩大,经营管理中面临的风险也在逐渐增加。传统的企业扩张模式主要是委托代理和直接授权。委托代理理论认为,委托代理中的风险产生于委托人和代理人效用函数的不一致和信息不对称。对于全球性的特许经营扩张而言,能够在经营上降低风险是很好的选择。在饭店特许经营中,各成员饭店是相对独立的法人实体,同时拥有经营权和所有权,实现了饭店经营者和所有者的目标统一,其开展经营活动的激励性较高,从而较好地解决了风险控制问题。

2. 社会行为与文化环境

从特许经营运营的社会行为与文化环境看,消费者的消费行为与特许经营的品牌影响力对于特许经营的影响最大。

人们的消费方式和购买偏好影响着消费行为,从而影响饭店的经营方式。消费者总是期望以合理的价格买到高质量的知名品牌的产品。可以说,任何企业的成功都必须建立在满足消费者需求的基础上。消费者对企业的认可程度也是企业成功与否的指示器。特许经营最终将为顾客创造更高的价值。特许经营模式统一店名、统一服务标志、统一店面装修、标准化经营,树立了整体的企业形象。这种企业形象一旦为消费者所接受,可以降低由于信息不对称给顾客带来的犹豫、不放心等顾虑,从而使消费者获得了更大的价值,给企业带来更多的利润。

品牌效应是特许经营的另一个非常重要的影响因素。品牌在消费者心目中的印象、感觉和附加价值决定了它的生命力。它能给消费者心理满足的效用,赋予品牌强大的生命力,大幅度地提升品牌的竞争力。1997年,戴维森(Davidson)曾提出"品牌冰山"论,认为品牌的标识、符号等是品牌浮出水面的15%的部分,而冰山藏在水下的85%的部分是品牌的价值观、智慧和文化,冰山的冲击力来自庞大的水下部分。人们进行特许经营交易,特许品牌质量最为重要。在特许经营方式下,特许人与受许人共同借助同一品牌在同一管理体系的约束下实现品牌扩张,进而实现双赢或多赢。特许经营作为知识产权的转让,其本质是品牌价值的扩张。品牌效应可以在特许经营的过程中逐步建立起来。但是,特许人的响亮品牌更可以保证特许产品的成功,也就体现了特许经营的价值。

3. 技术环境

从影响饭店特许经营的实施环境看,技术因素对特许经营也有影响。

饭店行业是服务业中采用新技术与先进设施设备的集中领域。以计算机和网络技术为突出代表的现代通信技术已经给饭店的经营带来了巨大影响。如为商务客人提供服务的商务中心、快捷入住、结账服务、电视电话会议、电子门锁系统、建筑的智能化等。饭店特许经营对技术的要求高,它需要采用现代化设备与技术提高饭店的工作效率,而且以此吸引顾客,提升饭店的形象与竞争力。饭店采用中央预订系统(Computer Reservation System,简称CRS),可提供快捷的预订服务。人事管理、费用管理、存货管理、财务管理,都可采用计算机管理系统。饭店投资主要需要考虑的技术因素包括通信、交通、物资采购、信息、饭店经营技术、国际饭店的进入程度等技术环境。饭店集团在采用特许经营模式中,先进的技术对其集团扩张也具有非常重要的作用。

(二)美国饭店业的特许经营环境

1. 法律环境

从特许经营的法律环境看,美国特许经营的法律约束力强。

从法律关系的角度看,特许经营法律关系是一种平等主体间的民事法律关系,特许人和加盟商的权利与义务由特许合同约定。美国特许经营合同是法律文件。它规定了具有特许经营关系的特许方和受许方双方的权利和义务。该合同成为特许权人和受许权人之间商业关系的有效文件。特许经营合同不仅规定其在某一特定地理区域发展一个或多个成员的权利,还界定特许权人的"被保护"范围,以及说明受特许权人是否允许成为同其他方进一步授权的"次特许权人"。该协议还明确了合同期限以及支付特许权人的费用。在饭店业中,房间数以及服务设施的内容也含在协议中。合同还包括可能终止协议的原因。

契约是一个维系特许经营关系的法律依据,美国通常使用明确契约防止机会主义行为。在重复合作博弈的情况下,防止机会主义和降低成本的方式有两种:一是使用明确契约,详细规定各种可能情况下的责任和义务;二是靠信誉机制,使用隐含契约。明确契约是指明文规定的交易关系,隐含契约是建立在信誉基础上的。在美国社会中,个人主义盛行,明确契约在社会经济关系中处于主导地位,法制和规则制约人们绝大多数社会经济活动。[①] 加利福尼亚州在2001年版的《加利福尼亚商业与职业法》中,赋予特许经营这样一个定义:特许经营意味着一份合同或契约,无论口头或书面,它都在两个或两个以上的个人之间采用如下方式明示或者暗示:受许人被授权从事所提供的生意,以某种实实在在规定好的营销计划或体系来出售或分销产品或服务;受许人按照这个计划或体系运营切实地关系到特许人的商标、服务标记、商业名称、标志、广告或别的表明特许人或其分支机构特色的象征物;受许人需要直接或间接地支付特许经营费用[②]。

美国特许经营经过100多年的发展,已建立了健全的特许经营体系和一套行为规范。除联邦贸易委员会有关特许经营业的法规外,还有一些州和地方的法

---

① 李向阳.企业信誉、企业行为与市场机制——日本企业制度模式研究[M].北京:经济科学出版社,1999.

② 李维华,等.特许经营概论[M].北京:机械工业出版社,2003:4.

律、法规对特许经营作了规定。如伊利诺伊州的特许经营披露法、康涅狄格州的特许经营法等。例如,其中的"统一特许经营授权函"(Uniform Franchise Offering Circular,简称 UFOC),就是一份特许加盟信息公开招募统一文件,目的是迫使特许方向受许方透露自己的全部信息。自 1979 年 10 月 21 日起,为了加强对受许人的保护和对特许人的约束,特许人必须像上市公司要为股东揭示某些公告一样,为受许人提供一份揭示其自身特许经营概况、资料的文件。所有特许经营授权商都必须遵守联邦贸易委员会的法律和规则,要求向未来的特许经营加盟商提供特许经营手册,即"统一特许经营授权函"。凡特许证出售人或特许证经纪人不执行美国联邦贸易局第 436 号法规者,最高每日可处以 1 万美元的罚金。这份公示文件的目的在于,受许人在购买之前就能给受许人关于该特许经营的全部实质性信息,让特许经营加盟商了解特许经营授权商的某些重要方面的情况和特许经营协议的内容。未来的特许经营加盟商必须在签订特许经营协议之前 10 个工作日拿到"统一特许经营授权函",只有提前 10 天,特许经营加盟商才有足够的时间研究这份手册,了解特许经营的风险。① 这 10 天被称为"10 天冷静期",严格的法律规范了特许经营的交易过程,使当事人的权益得到了保护。

UFOC 中 23 个条目的第 14 条,揭示了特许人是否拥有特许经营很重要的专利权或版权等。如果特许人声称所有权是保密信息或商业秘密,那么特许人就必须揭示它们的一般主题以及受许人使用的条目与条件。

2. 经济环境

从影响特许经营的经济环境看,美国的经济发展对于快速地发展特许经营十分有利,但这并不意味着美国特许经营的经济环境更为有利。

(1)关于交易成本方面。交易成本和委托代理理论强调的是能力和资源转让合同的签署、监督及执行的相对成本。如果通过市场出售资源或通过中间契约进行资源转移时交易成本太高,国际饭店集团就会选择内部转移或产权所有的形式进行投资。特许经营转移的是管理技能、服务知识、品牌和声誉优势,资源进行内部转移就会特别有效。因此,从这一点看,特许经营本身的交易成本低。

在特许经营双方的利益均衡中,企业的经营目标是追求收益的最大化。在美国,由于受个人主义观念的影响,美国企业的管理者和员工并不认为是一个为共同目标工作和长期分享共同利益的集体,他们可能随时、随地地变换工作或企业。因此,管理者总是想如何到其他更有利可图的地方去,尽快地获得更多的利益作

---

① 罗科·M.安吉洛(Rocco M. Angelo),安德鲁·N.弗拉迪米尔(Andrew N. Vladimir).当今饭店业[M].李昕,译.4 版.北京:中国旅游出版社,2004:53.

为工作补偿。在企业经营策略上,美国企业的基本方针是,在开辟新兴事业时更加重视现有企业的兼并、合并这种外延增长方式,迅速从低收益领域中撤出来,把经营资源集中分配于少数领域。此外,由于美国经济基本上是私有制经济,这种制度常常被称为"自由企业制",特许人与受许人都想获得最大的利润。联邦政府、州政府和各地方政府则是想增进公共安全,保证合理竞争,并建立各种最好由政府而不是由私人企业主管的服务设施。在经济力量不受限制的情况下,这一系统中的供应和需求决定商品和服务的价格。企业家们可以任意发展自己的企业。这也为饭店业特许经营的发展提供了有利条件。

(2)关于风险控制方面。与传统商业模式相比,特许经营已经降低了风险。尽管如此,还是有一定的风险。这种风险是由于两个市场主体通过契约形式组织起来运作同一个品牌而产生的,所以其风险必然存在于合作双方。一般说来,国际饭店集团决策者认为,他们所感知到的东道国是发达国家,其政治和经济风险较小。因此,在美国的扩张方式倾向于特许经营。而在欠发达国家则倾向于股权投资,以确保对质量的控制。要控制这些风险,需要双方在合作伊始就要加强了解,并且对可能出现的问题以及双方应承担的权利和义务同时予以确定。

(3)关于消费者行为方面。可以说,美国人的消费能力比较强。每个国家、地区和民族都有自己独特的区别于其他国家、地区和民族的文化,即有自己独特的风俗习惯、生活方式、伦理道德、价值标准、宗教信仰等,这些方面的不同构成了不同文化的差异。在特定文化环境下,消费者之间通过相互认同、模仿、感染、追随、从众等方式,形成共有的生活方式、消费习俗、消费观念、态度倾向、偏好禁忌等。在经济危机之前,美国人的"挥霍"是比较高的。由于美国人的收入水平较高,而且有举债消费的习惯,对于绝大多数美国家庭来说,退休可以领取社会保险金和退休金,保证基本的生活没有多大问题。因此,美国人在花钱时,似乎不大考虑日后,后顾之忧少。也就是说,美国人的消费能力比较强。

(4)关于品牌管理和品牌效应方面。特许经营创造了一种知识产权许可使用关系,饭店管理公司和各成员饭店之间形成以品牌为纽带的知识产权联系。从目前美国市场排名前5位的酒店集团看,都是具有全球知名度的品牌和巨大的无形资产价值,以及按不同酒店类型进行合理区分的品牌。例如,作为全世界最大的酒店连锁集团之一的万豪集团,其主要客户为商务旅行者,因此它拥有的酒店主要为豪华型和商务型酒店,并按照不同酒店档次对品牌的使用进行区分,同时有针对性地收购酒店品牌。例如,万豪将世界上豪华酒店的代表——里兹·卡尔顿酒店集团收归旗下,既开拓了新的市场,又提高了自身的声誉和市场价值。在品牌经营上,洲际酒店集团也做得十分成功,其旗下所属的假日、皇冠假日、假日特快和洲际4个品牌,成为家喻户晓的知名品牌,在不同客户群中都拥有很高的品牌信任度和品牌忠诚度。

3. 技术环境

在影响饭店经营的技术因素中,美国的技术无疑是世界上最先进的国家。

美国的网络预订等电子商务形式对于饭店经营的影响越来越大。使用电子商务对于细分市场、降低成本、提高客房出租率和管理效率,建立统一的连锁经营标准都具有十分重要的意义。同时,电子商务对于美国饭店的采购和供货管理的重要性也越来越突出,通过互联网订货已越来越普遍,由于采购量巨大,通过互联网比较供货商的质量和价格已经成为美国众多饭店的普遍做法,这对于提高饭店的品牌知名度以及扩大销售量都具有重要的作用。饭店内部局域网和国际互联网系统,正在使客房成为一个信息中心,它集图像、动画、图表、语言、电子游戏、传真、网络等电子媒介于一身,可提供客人入住、离店的自动登记、账务、信息查询、菜单选择、旅游景点路线介绍、预订机票、船票、车票、餐位、商品等服务,可以直接在国际互联网上操作。现代网络技术和信息技术的发展打破了时间和地域的限制,给特许经营体系内的分工协调带来了极大的便利和机遇,它使各连锁饭店可以与总部实现实时的互动,各种协调工作也可以经由信息平台实现快捷、即时、面对面的远程沟通。

(三)中国饭店业的特许经营环境

建立和完善有关饭店业特许经营的法律法规,是保障饭店业特许经营健康发展的先决条件。

1. 法律环境

我国调整规范特许经营关系的法律分散于合同法、知识产权法和企业法等诸多法律中。我国是在20世纪90年代初进行特许经营试点,至今还没有针对性的专门立法。现行可适用的法律包括四大类:知识产权法、合同法、反不正当竞争法及其他相关法律。在保护知识产权方面,有关的各种法律法规相继制定和颁布,如《专利法》、《专利实施细则》、《商标法》、《商标法实施细则》、《著作权法》、《著作权法实施细则》、《反不正当竞争法》,等等。这些法律法规借鉴、吸收了国际通行的规则,并紧密结合中国的国情和实际,总结了中国历史和现实的经验、教训,力争与世界知识产权保护的法律规范相衔接。此外,我国加入知识产权保护的国际公约包括:《建立世界知识产权组织公约》、《巴黎公约》、《商标国际注册马德里协定》、《关于集成电路的知识产权条约》、《世界著作权公约》、《专利合作条约》、《商标注册用商品和服务国际分类尼斯协定》等。从法律颁布的情况看,法律制度具备。

在特许经营中,特许方与受许方的契约关系是个核心问题。在我国,根据现有法律,饭店管理集团或特许方总部将特许经营有关的知识产权(商标、版权、商号、品牌)和专门技术授予受许人时,受《合同法》和《知识产权法》的约束与监督。在 2005 年的《商业特许经营管理办法》中,通过规定特许人享有为了确保特许经营体系的统一性和产品、服务质量的一致性,按照合同约定可对受许人的经营活动进行监督的权利,这一方式保护了特许权的同一性。

2. 经济环境

改革开放以来,中国经济增长速度较快。特别是 1992 年到 2001 年 10 年间,中国 GDP 年均增长高达 9.9%。这一增长速度远高于世界平均水平,也高于同时期的其他国家。经济总量的持续、快速增长,一方面使社会产品日益丰富;另一方面大大改善了消费者的收入状况,供需方面的增长带来了社会经济的繁荣,进而促进社会消费水平的提高。经济改革和流通体制改革所造就的多种经济成分和多种经营方式,使企业采用特许经营这种新的分销和服务方式成为可能,把有组织的流通服务与分散的中小企业、个人资本有机地整合起来。也就是说,我国经济的飞速发展为特许经营创造了良好的条件。也是从这一时期开始,我国的特许经营事业蓬勃发展。

3. 社会文化环境

随着人们生活方式的变化,人们的价值观念也发生了变化。中国改革开放促进了社会文化由一元结构向多元结构的转变,消费者对商品品质、服务质量的要求不断提高,而特许经营往往有较高的品牌知名度、美誉度,能够增加消费者对品牌的信任,在选择饭店时也力求表达自己作为社会个体的独特性。因此,品牌效应较强。在过去的十多年里,我国饭店数量众多,但缺少国际品牌,一些国内饭店如上海锦江只能算是国内知名品牌,要与洲际集团、万豪集团相媲美,还有一段很长的路要走。究其原因,与我国各类国有饭店和单体饭店大多不注重品牌创新,主要以资产为纽带形成饭店集团,侧重在硬件上投资,不注重品牌建设有关。在消费行为方面,中国文化源于儒学,决定了中国人较注重面子,注重尊严。在消费模式上中国人比较保守。儒家思想及伦理观念在中华民族的社会道德传统中有着根深蒂固的影响,而儒家的伦理观念是以基本的血缘关系为基础。因此,中国消费者历来非常重视家庭成员之间以及家族之间的关系。以家庭为中心的中国消费者,在重大消费活动中往往由家庭共同决策、共同购买和使用。这种消费方式对于饭店产品来说,很难说好与坏、有利还是不利。总的看来,随着中国经济的发展,城乡居民收入水平不断提高,大中城市的消费水平已经基本达到发达国家特许经营发展初期的城市一般家庭的水平。人民生活水平的不断提高和生活消费方式的变化,对加快中国特许经营的发展,提出了客观的要求,也有利于特许经营的发展。

当然,在法律保障还不是很完善的情况下,一些道德意识淡薄的受许人就会从事一些不符合规范的经营行为。由此造成我国特许经营参与者之间的信誉度及商业道德水准不高,人们遵守契约的意识较差,单方毁约、侵权、泄露商业秘密的事件不断发生。这种情况发生于特许人与受许人签订了特许经营合同之后,一旦特许加盟商学到了特许人的经营诀窍,便会在利益的驱使下脱离特许人的控制,自立门户。这同时也反映了《商业特许经营管理办法》(1997年)的不完善及效力问题。在特许人方面,也会出现一些移花接木,利用总部的技术再开分店或把总部的技术传授给他人的情况等。

4. 技术环境

每一种新技术的发现、推广都会给企业带来新的市场机会。技术是影响饭店经营发展的主要因素之一。例如,建筑技术、工程技术、电子技术、园林技术、制造业技术、烹调技术和服务技术等。技术发展促使饭店环境、设施、家具、菜肴、酒水和服务的更新换代;同时由于技术的发展和变化,导致顾客消费行为的变化,追求产品的个性化。应当说,在过去的20多年里,中国的技术环境不断变化,技术进步明显,但与世界先进国家相比还有一定差距。但是,这些技术对于发展特许经营来说,还是可以满足的。

(四)中美饭店业特许经营环境对比分析的基本认识

根据中国连锁经营协会2006年3月发布的数据,2005年中国特许经营体系数量达到2320个,加盟店16.8万个,远远超过了美国。但是,在质量上和规模上还与美国有相当大的差距。美国特许经营之所以较为规范完善,就在于其经过100多年的发展,已经建立了健全的特许经营体系和一整套规范的行为体系。相比之下,中国的特许经营企业还处于初始阶段。

从特许经营的法律控制层面上看,美国在特许经营法律法规方面是最为全面的一个国家。美国在20世纪六七十年代,由于特许经营的盛行及缺乏相应法律约束,也曾出现了大量的欺骗事件,给特许经营带来了极其不利的影响。20世纪70年代后,美国政府陆续颁布了大量关于特许经营方面的法律法规。美国特许经营公司内部都设有专业化的管理机构(如商务管理机构、信息处理机构、物流配送机构),有规范的组织体系(包括总部、负责若干个分店的地区性管理机构、连锁店),有完善的规章制度、技术标准,以及特有产品或服务、知识产权和专业人才。美国联邦贸易委员会(FTC)于1979年发表了它的《关于要求公告的经销代理贸易管理规则以及关于特许经营与商业机会投机禁令的解释指南》，明确用法律的手段管理特许经营。

改革开放以后，我国大力加强了法制建设，制定了诸多同企业密切相关的法律，如企业法、劳动法、合同法、消费者权益保护法、反不正当竞争法、税法、银行法等。2005年，我国实施了标志着中国商业特许经营行业开始步入国际化时代的《商业特许经营管理办法》新法案。在对知识产权的保护方面，知名的国际品牌能在许多国家作为驰名商标得到保护，而中国的《商标法》没有对驰名商标进行特别保护的规定，出现了较多的商号和商标纠纷。知识产权法律是特许经营存在的基础，但这部分的规定还不是很细。《合同法》有了明确的规定，但特许经营合同十分专业、复杂。合同是整个特许经营关系的核心，特许双方权利义务的确定，纠纷的解决方式纯粹依赖合同的规定。特许经营要求合同双方必须严格按照特许经营合同办事，维持诚信守约的契约关系，才能形成双赢。因此，我国在特许经营方面的相关法律，还有进一步完善的空间。

从经济运行环境看，我国社会经济的发展已为特许经营的蓬勃发展奠定了基础。根据战略环境理论，企业与其外部客观的经营条件、经济组织及其他外部经营因素之间处于一个相互作用、相互联系、不断变化的动态过程中。国际经验表明，当一个国家人均GDP达到1000美元时，处于小康水平；但经济开始快速发展，商业和服务业进入加快发展的阶段，也是多种商品流通组织形式快速发展时期。2003年，中国人均GDP已经超过1000美元，初步实现了小康，并正在向全面小康社会迈进，这是最适合于发展特许经营的商业零售业和服务业的时机，为发展特许经营奠定了经济基础。

从技术管理环境上看，科学技术已经成为我们生活方式中的一个有机组成部分。一些超大型饭店企业寻求全球化的竞争战略，在全球范围内推销高质量、低成本、标准化的服务产品，如假日酒店集团。特许经营支持信息系统应该是个关系管理系统，它不仅能管理一些数据，还应能够帮助建立和维护特许人与特许加盟商之间的关系。特许经营打破了传统的经营方式，新的先进管理技术手段、促销策略、营销方式被特许经营广泛使用。对于特许经营饭店集团而言，信息系统需要实施标准化管理。目前，我国独立经营的单体饭店的技术标准不一，对于发展特许经营不利。这是因为，在经营过程中，饭店不但需要耗费大量财力去维护不同的平台，而且当未来同一连锁集团的饭店共享服务中心或实施电子商务时，平台整合的任务变得相当困难和昂贵。如果集团应用统一的、标准化的软件，不但员工使用得心应手，同时集团报表也会非常统一，便于集团化的管理。

当然,信息网络化的不断普及,为饭店业的全球化发展提供了前所未有的机遇,饭店集团品牌已经能够亲近广大公众。美国几乎所有的国际饭店集团都建立起了它们自己的全球预订网络,最先在饭店内采用电脑网络管理、中央预订系统和国际互联网订房系统等新技术,建立真正的全球开放的信息服务网络。信息网络技术能力是饭店在激烈市场竞争中取胜的资本。而中国本土饭店集团还采用旅行社、商社机构、展览会等传统的渠道进行饭店集团的推广和宣传促销,这些渠道反而成为制约中国饭店集团品牌的知名度和美誉度,提升饭店集团品牌价值的瓶颈。

第三章

管理合同

管理合同又称委托管理,是饭店集团化发展的另一种最主要的形式。

第一节 管理合同模式之案例分析

目前,饭店集团资本经营的一个重要方式——管理合同(又称委托管理)的雏形,就是20世纪60年代希尔顿饭店集团同波多黎各合作经营加勒比·希尔顿(Carribe Hilton)饭店时使用的利润共享租赁。波多黎各的开发部门为了吸引国外旅游者,需要一座高档名牌饭店。开发部门要求有知名饭店参与饭店的设计、建设、装备。波多黎各政府同意把饭店租给希尔顿饭店集团,只要求获得2/3的经营毛利,也不需要希尔顿饭店集团的任何担保,希尔顿饭店集团提供的广告促销费用还能得到补偿。希尔顿饭店集团只需要提供营业前的开销及营业资本。这种协议就是利润共享租赁。后来希尔顿饭店集团又把这种租赁逐步转变为现代的管理合同,要求股东承担全部的经营风险。后来,希尔顿认为,股东应支付饭店使用管理公司品牌、系统及专家的费用,因此引进了5%毛收入的基本费外加10%经营利润的奖励费的概念。还要求股东按照非盈利的原则支付预订费、市场促销费、广告费及一些业务指导费。这些费用可能超过经营毛收入的2%。

一、希尔顿饭店集团

1919年,康拉德·希尔顿投资5000美元买下了他的第一所饭店——莫布雷旅馆。1925年,在达拉斯建立了第一家以"希尔顿"命名的饭店。

2005年,希尔顿饭店公司(Hilton Hotel Corporate)决定将希尔顿国际(Hilton International)从他的英国雇主希尔顿集团(Hilton Group PLC)手里重购回来,使两个希尔顿重新变为一个整体。这一收购于2006年完成,使希尔顿酒店成为世界上第五大客房数最多的酒店品牌,而希尔顿集团也因此更名为莱德布罗克斯公司(Ladbrokes PLC)。

2007年,希尔顿酒店集团与黑石集团(Blackstone Group LP)达成了高达260亿美元的全现金收购协议,归于黑石集团麾下。这一决定使黑石集团成为了世界上最大的酒店拥有者,同时黑石集团也致力于将希尔顿打造成更为一流的品牌并帮助其扩张。

希尔顿集团公司主要是经营两个部分的国际公司——一个是希尔顿国际公司,它可以在美国以外的国家/地区使用希尔顿名称;另一个是莱德布罗克斯国际公司,这是世界上最大的商业性非现场赌博机构之一。

希尔顿国际(HI)是一个以设计和经营为主的公司,而不是致力于购买和拥有酒店。其主要业务是签订标准租赁协议及管理协议,不盲目追求酒店数量的膨胀,要求认真筛选委托管理的饭店。目前,在中国内地只有希尔顿品牌。希尔顿国际在中国的发展很快,从上海静安希尔顿酒店开始,经过20多年的发展,快速地建立起希尔顿酒店在中国的高质品牌。在中国的品牌酒店的管理方式均为签署管理合同(委托式管理)的形式。

经过90多年的发展,如今的希尔顿饭店公司已是世界公认的饭店业中的佼佼者。

希尔顿酒店集团是全球酒店业的领导企业,目前在全球90多个国家总计有3890多家酒店、64.2万间客房,并在全世界拥有15万名员工。希尔顿拥有、管理或连锁经营一系列最知名酒店,其中包括希尔顿(Hilton®)、康莱德(Conrad®)、希尔顿逸林(Doubletree®)、大使套房(Embass Suites®)、汉普顿(Hampton Inn®)、希尔顿度假俱乐部(Hilton Grand Vacation™)、霍姆伍德套房(Homewood Suites by Hilton®)、华尔道夫(the Waldorf-Astoria Collection)等著名酒店品牌。

希尔顿酒店以全而优质的服务,严格而高效的管理和超群的经济效益在同行业中享有盛名。

希尔顿饭店的宗旨是"为我们的顾客提供最好的住宿和服务"。以"让世界充满宾至如归的光与热将是我们永恒的职责"作为经营哲学。无论是商务出行还是休闲度假,希尔顿饭店可以满足不同顾客的不同需求。希尔顿的品牌名称已经成为"出色"的代名词。

希尔顿国际致力于全球发展策略。其酒店管理方式为:直接投资、租赁协议及签署管理合同。也就是说,管理合同成为希尔顿酒店集团发展的主要模式之一。

二、万豪酒店集团

万豪国际集团是世界上知名的饭店管理公司和入选《财富》全球500强名录

的企业。万豪国际集团创建于1927年,总部位于美国华盛顿。目前,万豪国际在全球66个国家及地区,已经拥有超过3200家酒店,年营业额超过200亿美元,多次被世界知名商界杂志和媒体评为首选的饭店业内最杰出的公司。万豪国际集团的发展起源于由已故的威拉德·玛里奥特先生1927年在美国华盛顿创办的一个小规模的啤酒店,起名为"热卖店",以后很快发展成为服务迅速、周到、价格公平、产品质量持之以恒的知名连锁餐厅。

首家万豪(Marriott)酒店于1957年在美国华盛顿开业,在公司的核心经营思想的指导下,以早期成功经营的经验为基础,万豪酒店很快得以迅速成长,并取得了长足的发展。新加盟的酒店从一开始就能以其设施豪华而闻名,并以其稳定的产品质量和出色的服务在酒店业享有盛誉。到1981年,万豪酒店的数量已超过100家,并拥有4万多间高标准的客房,创下了当年高达20亿美元的年销售额。

20世纪80年代,万豪根据市场的发展和特定需求,精心设计并创立了万怡(Courtyard)酒店。1983年,第一家万怡酒店在美国正式开业。由于万怡酒店是广泛听取商务客人的意见,经过精心设计而推出的中等价位客房并保持高水准服务的酒店,一问世即获成功,并且很快成为同业中的佼佼者。

1984年,以公司创办者的名字命名的J.W.万豪(J.W.Marriott)酒店也在美国华盛顿开业。新的万豪酒店品牌是在万豪酒店标准的基础上升级后的超豪华酒店品牌,向客人提供更为华贵舒适的设施和极有特色的高水准服务。1987年,万豪公司收购了"旅居"连锁酒店(Residence Inn)。该酒店的特点是:酒店房间全部为套房设施,主要为长住客人提供方便、实用的套房及相应服务。同年,万豪又推出了经济型的公平套房(Fairfield Inn)和万豪套房(Marriott Suites)两个新品牌酒店。至1989年末,万豪已发展成拥有539家酒店和13.4万间客房的大型酒店集团。万豪国际集团在持续快速发展中,又于1995年收购了全球首屈一指的顶级豪华连锁酒店公司——里兹·卡尔顿酒店(Ritz-Carlton)。这一举措使万豪成为首家拥有各类不同档次优质品牌的酒店集团。1997年,相继完成了对万丽酒店公司(Renaissance)及其下属的新世界连锁酒店(New World),以及华美达国际连锁酒店(Ramada International)的收购。此举使万豪国际集团在全球,特别是在亚太地区的酒店数量实现了大幅增长,一跃成为规模领先的酒店集团。

2003年,万豪国际集团进行了重组,将许多高级服务业务单元(Senior Living Services Communities)与分区服务单元(Marriott Distribution Services)从公司中剥离出去,采取了"轻资产、重运作"的管理模式,以便能够更好地专注于酒店业务的掌控和管理。2010年,万豪国际集团宣布在5年内在全球范围增加600家酒店,其中约100家酒店建于中国、印度以及东南亚地区,借以进一步开拓亚洲市场。

截至目前,万豪国际集团在全方位住宿、可选住宿、常驻服务与分时度假4个细分市场上拥有21个品牌,致力于为每位旅客提供至臻完善的住宿服务。由尊贵高雅的装潢、殷勤细心的服务、周全完善的设备以至丰富可口的美膳,满足不同需求,全都应有尽有。目前,万豪旗下21个品牌按如下功能被加以区分,其中全方位住宿服务品牌包括:万豪酒店与度假酒店(Marriott Hotels & Resorts)、JW万豪酒店及度假酒店(JW Marriott Hotels & Resorts)、盖洛德酒店(Gaylord Hotels)、万丽酒店(Renaissance Hotels)、里兹·卡尔顿酒店(Ritz-Carlton)、宝格丽度假酒店(BULGARI Hotels & Resorts)、万豪AC(AC Hotels by Marriott)、Autograph Collection酒店与度假酒店(Autograph Collection Hotels & Resorts)、EDITION酒店(EDITION Hotels)、万豪会议中心(Marriott Conference Centers);选择性住宿服务品牌包括:万怡酒店(Courtyard by Marriott)、万豪福尔菲尔德旅馆(Fairfield Inn by Marriott)、万豪春山套房(SpringHill Suites by Marriott)、MOXY酒店(MOXY Hotels);常住服务品牌包括:万豪住宿酒店(Residence Inn by Marriott)、万豪中心广场套房(TownePlace Suites by Marriott)、万豪行政公寓(Marriott Executive Apartments);分时度假品牌包括:万豪度假国际俱乐部(Marriott Vacation Club International)、万豪豪华公寓俱乐部(Marriott Grand Residence Club)、里兹·卡尔顿住宿(The Residences at the Ritz-Carlton)、里兹·卡尔顿目的地俱乐部(The Ritz-Carlton Destination Club)。

万豪酒店集团所采取的管理合同模式,有其独到之处。

在管理合同推行过程中,万豪酒店管理集团受业主方委托,与业主方签订委托管理合同,并派出以总经理为首的经营管理团队对托管的饭店进行管理。万豪集团对酒店的经营结果负责,并按照经营业绩定期从业主方获得管理费用。

其委托管理的基本流程为:首先,对被委托管理的酒店项目进行考察评估,并出具市场分析报告和可行性分析报告;其次,根据市场分析报告和可行性分析报告,明确该酒店市场定位和星级标准,并结合万豪酒店管理集团各酒店品牌的相关标准,确定该酒店所适用品牌;再次,与酒店业主签订国际标准的酒店全权管理合同;最后,万豪酒店管理集团将任命和委派以外籍总经理为首的管理团队,并依据《万豪酒店管理标准手册》对被托管酒店实施全面管理。酒店将遵循万豪酒店管理理念,按照国际化标准建立酒店营销、运作和控制等系统,以保证酒店高效的运营管理,确保酒店资产的增值,使得酒店业主能够获得合理的投资回报。

由于委托管理的饭店业主并不一定在饭店筹建时就进行委托,有可能是在经营出现困难时再行委托。于是,万豪酒店管理集团设定了几种介入酒店项目管理的不同阶段的方案:

(1) 关于设计阶段的方案。万豪酒店管理集团建议酒店开发商在酒店设计的初期就与酒店管理公司确立合作关系,这样一来,酒店管理公司的前期介入可以使酒店项目在设计、功能布局和建设过程中避免不必要的错误,从而避免在资金或人员方面产生不必要的浪费。

(2) 关于筹建阶段的方案。针对尚处于筹建阶段的酒店项目,万豪酒店管理集团可以为酒店开发商提供专业化的国际酒店管理顾问及技术支持服务,其中包括:施工及设备配置要求、平面布局概念、酒店整体风格设计理念、建筑主题以及酒店文化的定位、员工的招聘和培训、策划筹办开业事宜等领域。

(3) 关于建造阶段的方案。对于在建的酒店项目,万豪酒店管理集团可以对现有施工阶段或建筑结构进行评估和定位,以国际化的设计理念,结合酒店市场定位,以及就运营实际需求对原有规划设计进行分析和修订,从根本上提升酒店外在品质。

(4) 关于已经经营阶段的方案。对于已经处于运营阶段的酒店项目,万豪酒店管理集团将首先借助于丰富的国际化酒店管理经验,对酒店现状进行全面分析,为酒店确立一揽子改进方案。该方案将结合各个国际化品牌优势、专业管理团队和服务管理标准,为酒店引入国际化营销系统、财务控制系统、培训系统以及服务运作系统等,从而彻底改变酒店经营管理状况,从根本上提升酒店的内在品质。

万豪酒店管理集团根据每家酒店所处的不同阶段,采取灵活的应对策略以满足酒店开发商在酒店开发的不同时期对酒店管理公司的需求。

万豪酒店之所以能够顺利地开展以管理合同为主导模式的集团化发展策略,关键在于万豪酒店管理集团是专注于旅游服务的专业集团,集团下属万豪酒店管理公司、旅游与酒店管理学院等,在酒店管理和旅游管理领域有着广泛的业界联系,拥有强大的人力资源库以及国际标准的专业管理、顾问咨询和培训团队。

万豪酒店管理集团公司在我国开展委托管理,其优势还在于能够针对国内大多数酒店的弱点开展委托管理。例如,针对西餐、咖啡厅经验能力薄弱的问题,万豪集团旗下的精品咖啡特别为中国酒店市场设计了酒店版咖啡厅,万豪旗下酒店可以免费享用这个国际咖啡厅连锁品牌,彻底改善酒店西餐、咖啡厅管理经验不足的局面。万豪酒店管理集团为旗下酒店提供酒店培训服务,并与业主共同担负酒店管理层培训使命,为酒店培训具有国际化酒店管理视野的中高层管理人员。另外,可应酒店的要求为酒店安排酒店管理历届毕业生在店实习以提高酒店接待能力。

此外,万豪集团还采用严格的成本与开销制度,并进行长期的市场推广与广告投放,不断地提升品牌。万豪集团的市场开发团队与位于亚太地区的各大主要航空公司、旅行社,甚至有政府背景的旅游机构拥有长期良好的合作关系,可以进一步保证酒店项目的成功。

当然,万豪酒店管理合同模式的发展也存在一些问题。尽管酒店管理合同这种管理模式已经比较成熟,一度风靡于世界酒店业,但在酒店业的各种管理模式中,它也是产生纠纷最多的,其主要原因就在于,酒店业主和酒店管理公司之间的利益碰撞。2006年发生在中国的例子就有:希尔顿退出大连和南京的酒店管理合同、香格里拉退出南京丁山酒店的酒店管理合同、万豪和希尔顿退出深圳彭年酒店的酒店管理合同等。这些酒店管理合同的提前终止尽管有各种各样的原因,但归根结底是由于酒店业主缺乏对酒店管理公司的有效激励与约束机制而造成的。因而,万豪酒店的管理合同模式的发展必须适应环境的变化。同时,万豪酒店管理合同的研究重点应更多关注如何通过建立有效的机制,确立一个兼顾各方利益的平衡的制度设计和制度安排,使酒店管理合同能更好地服务于中国酒店业的发展。

酒店管理合同涉及经济学、管理学、法学、心理学等方面的多种要素。酒店管理合同是一个系统的概念,在酒店管理合同的实践中,各种要素是相互联系的,它们之间存在相互作用和相互影响的可能。只有酒店管理合同的各种要素互相协调,才可能产生协同效应,实现酒店的战略目标。因此,酒店管理合同模式的发展要重视不同实践内容之间的协调与整合问题,即"最佳实践"问题。目前的研究已经从概念与经验层面进行了初步的探讨,但尚未形成完整的整合框架。各种实践之间存在哪些潜在冲突、哪些因素可以相互补充、应采取何种协调机制等各种问题,有待进一步系统分析和深入研究。

第二节　管理合同的制度设计

一、饭店管理合同是一种以契约关系为核心的委托管理

饭店管理合同是一种以契约关系为核心的委托管理,在合同类型中属于委托合同。

在饭店经营中,饭店管理合同是非股权式的一种酒店营运方式,属于委托代理关系的企业制度安排。通过饭店业主与饭店管理公司签署管理合约来约定双

方的权利、义务和责任。饭店业主雇用饭店管理公司作为自己的代理人,承担饭店经营管理职责。作为代理人,饭店管理公司以饭店业主的名义,拥有酒店的经营自主权,负责饭店日常经营管理,定期向饭店业主上交财务报表和饭店经营现金流,并根据合同约定获得管理酬金。饭店业主为饭店提供土地使用权、建筑、家具、设备设施、运营资本等,并根据合同约定承担相应法律与财务责任。饭店管理合同的核心为饭店业主与饭店管理公司签订的管理合约,它是双方权利与义务得以实现的保证。

在饭店实际投资领域,由于投资建造、购买或依法以其他方式拥有饭店的业主并不一定具有专业的饭店经营管理经验,或并非是从事饭店业的专业人士或公司,为了有效经营,发挥物业的效益,这些业主便会聘请饭店集团或专业饭店管理公司来经营管理饭店;而一些饭店集团在已有良好声誉基础上,为了减少经营风险,以输出服务和管理的方式,建立饭店管理公司,专门从事饭店管理业务,而不参与投资。于是,饭店业主和饭店管理公司便为了实现各自的目标走到了一起,而把这二者联系起来的,便是饭店经营管理合同。

管理合同是一种具有委托关系的契约,是指饭店投资者或所有者与饭店经营者之间签订的书面合同,饭店所有者委托经营者全权负责饭店的管理业务,而经营者以所有者的名义,从经营所得的收入中支付经营管理的所有开支,并按一定比例获得管理费,同时上缴剩余利润给所有者。所有者拥有饭店的全部产权,并承担所有法律和财务责任,而经营者行使的是饭店的使用权,经营者与所有者之间不存在产权纽带关系。管理合同是现今国际饭店集团非常流行和常见的扩张方式之一,大多数饭店集团,如洲际、希尔顿、万豪等都向其他饭店提供管理服务。它的最大优势在于,能够减少风险,也由于饭店经营者与饭店不存在产权关系,因此其风险被最小化了;而且经营者无须投资或投资很少就能获得可观的管理费,达到了以最少的投资实现快速扩张的目的。缺点是经营者获得的利润较少,没有重大决策权,依赖所有者的资金投入,对于管理公司来说,需要经营者必须具备良好的经营管理能力。

从合同性质的法律分类看,饭店业主与饭店管理公司之间订立的饭店经营管理合同属于委托合同。在这种委托合同中,饭店业主是委托人,饭店管理公司是受托人。即作为委托人的饭店业主,将其所有的饭店以其与饭店管理公司约定的条件,委托饭店管理公司根据饭店集团的经营管理规范和标准对其饭店进行专业化的经营管理,从而获得最佳效益。而作为受托人的饭店管理公司,则接受饭店业主委托,对业主的饭店进行经营管理,从而获得报酬。因此,饭店业主与饭店管理公司之间是委托人与受托人之间的委托关系,根据各方的责任进一步细分,它属于委托合同关系中的委托代理关系。这种代理关系如同委托人与律师之间的委托代理关系。在某一案件中,委托人委托律师作为其诉讼代理人代理其诉讼事务,代理律师的代理行为受委托人委托,对委托人负责。在饭店经营管理合同中,饭店管理公司是饭店业主的代理人,它受饭店业主委托,代理业主以饭店的名义对饭店进行经营管理,对饭店业主负责。如同律师代理诉讼案件,代理律师应在委托人授权范围内进行代理,不承担案件风险,也不享受案件成果,只是按照与委托人的约定收取相应的代理费一样,饭店管理公司应根据饭店业主在饭店经营管理合同中授予的权限和约定的条件,对饭店进行专业化经营管理,不承担饭店的经营风险,也不享受饭店的经营利润,只是按照酒店经营管理合同的约定,获得一定的管理酬金。当然,随着市场竞争的日益激烈和饭店业主的日趋精明,饭店业主往往将管理费分为基本管理费和效益提成。效益提成即当饭店的入住率、营业额或约定的某项目达到一定指标时,管理公司能获得的额外管理费。这样一来,就将饭店经营的部分风险与管理公司的管理费结合了起来。

在饭店经营管理合同中,饭店业主和饭店管理公司的权利义务是相互的、对等的。作为委托人,饭店业主有获得管理公司为其饭店提供专业化经营管理服务的权利,同时,也有向管理公司支付报酬的义务;而作为受托人的管理公司,则在履行了对饭店进行经营管理义务的同时,享有从饭店业主处获得管理费的权利。

二、饭店管理合同与饭店集团化发展的契合分析

美国康奈尔大学旅游管理学教授艾斯特(James J. Eyster,1988)在其饭店管理合同专著中,系统阐述了饭店管理合同这种管理模式的相关概念、运作特点、谈判策略和契约条款安排。他认为,饭店管理合同是饭店业主和饭店管理公司之间签订的书面协议,根据此协议,饭店管理公司被授权以饭店业主的名义代表饭店业主经营管理饭店,并对饭店业主负责;作为回报,饭店管理公司得到管理酬金。[①] 他认为,管理合同的基本概念由三个基本要点组成:第一,饭店管理公司全权负责饭店的经营管理,不受饭店业主的干预;第二,饭店业主支付一切经营费用和财务费用,并承担所有权风险;第三,除重大疏忽或欺诈行为之外,饭店经营者的行为受饭店业主的保护。他继而指出了饭店管理合同的运作特点:饭店管理公司雇用饭店总经理,并指导、支持饭店总经理的工作,饭店总经理就酒店经营成果

---

① Eyster James J. The negotiation and administration of hotel and restaurant management contracts[M]. 3rd ed. NY: Cornell University School of Hotel Administration, 1988.

对酒店管理公司负责,饭店管理公司对饭店总经理有很强的影响力。饭店管理公司向业主提供财务收益,主要通过财务报表与业主沟通,业主则向饭店管理公司支付管理酬金。也就是说,业主为饭店总经理和员工支付工资,饭店总经理则负责确保饭店的服务质量,业主也可现场检查饭店服务质量,在业主、管理公司与酒店总经理之间,形成了如图3-1所示的一种关系。

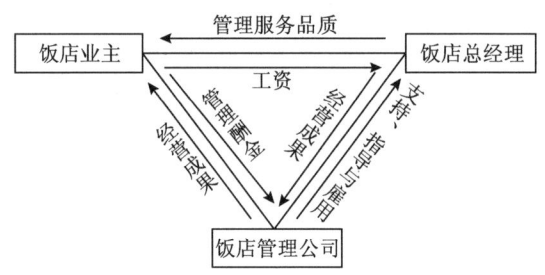

图 3-1　饭店管理合同运行机制简图

从本质上讲,饭店管理合同的本质体现为一种非股权式饭店管理模式,属于委托代理型企业制度安排。

如果仅仅从管理合同的制度安排看,饭店业主采用管理合同模式并不是最理想的,与特许经营模式相比较,明显不如特许经营模式更有利于饭店业主。问题是:为什么国际知名饭店集团进入中国市场都纷纷采用管理合同模式?自1983年香港半岛集团进入中国内地以来,中国内地日渐成为世界饭店巨头争相逐鹿的市场:洲际、万豪、香格里拉、凯悦……有资料表明,全球饭店业300强中,已有超过10%的企业进入中国内地,前10强企业几乎全部进入中国内地,并且它们中的大部分已将中国市场视为未来集团发展最重要的战略目标。它们中除个别采用特许经营方式外,绝大部分以受托经营管理方式开拓在中国的市场。国内饭店业主之所以选择国际知名饭店集团委托管理的原因可能很多,从实际运行效果看,以下几点也许是主因。

第一,饭店集团是一种有助于节约市场交易费用和组织费用的制度安排。从饭店产品的供给方考察,单体饭店企业选择集团化道路的内生力量之一,就是为了减少随着产业分工扩大而递增的市场交易费用,进而促进产业分工的扩大。分工扩大与细化的同时,又创造了产业内企业的潜在获利机会与就业机会。饭店是一种具备其自身特点的企业形式,其扩张规模趋势也定然要服从企业规模的扩张规律。

第二,从饭店集团化的发展进程看,品牌起着非常重要的作用。饭店提供的是一种无形服务,因此品牌对饭店来说非常重要。我国饭店集团的品牌建设还处于起步阶段,品牌的影响力和感召力明显不足,而国际知名饭店集团的品牌影响力大,成为国内饭店业主纷纷委托管理的主因之一。

第三,国际知名饭店集团的全球化网络预订系统、完善的管理及其对服务质量的保证,都是饭店集团的优势所在,也是国内饭店业主选择国际知名饭店集团的最初动因。

然而,由于国际饭店集团常常借助品牌和市场优势,在与国内饭店的委托经营管理合同谈判中往往占据主导地位,以自己拟就的格式合同作为谈判基础,使自己在合同谈判以至合同履行中占尽优势,导致国内饭店(业主)处于不利态势,付出不必要的代价。这是国内饭店业主委托国际知名饭店集团管理的风险所在。

如何才能回避风险?一般观点认为,管理合同就是委托合同,饭店集团(管理公司)与饭店(业主)之间只是民事上的委托代理关系。因此,在合同文本上深入细致地确定每一个条款就能回避风险。实质上,问题并不那么简单。

这是因为,基于管理合同产生的特殊的委托代理事务的特殊性,使我们不能仅仅从《合同法》、民事代理制度上来考察管理合同,也需要从《公司法》的角度来考察、衡量并界定双方的权利义务关系。目前,国内很少有人对饭店集团的管理合同模式进行研究,或许是因为饭店委托经营管理在大家眼里只是一个普通的经济现象而没有引起足够的关注,或许因为业内人士只是停留在合同价款的讨价还价上。

通过研究我们认为,饭店管理合同与集团化发展的契合点在于以公司法为基础、以合同法为依据的委托方与受托方之间的权利义务关系的综合平衡。

三、委托管理中的委托—代理问题

(一) 委托管理中的主要问题是委托—代理问题

在委托管理研究中,所有的理论建构都是建立在一些基本的假设前提之上的,委托代理理论遵循的是以"经济人"假设为核心的新古典经济学研究范式,并以以下两个基本假设为前提。

第一,委托人与代理人的信息不对称。不对称信息是指交易中的某些参与人拥有另一方参与人不拥有的信息,它是委托—代理理论建立的基础。在委托代理关系中,委托人并不能直接观察到代理人的努力工作程度,即使能够观察到,也不可能被第三方证实;而代理人自己却很清楚付出的努力水平。但委托代理理论认为,代理结果与代理人努力水平直接相关,且具有可观察性和可证实性。由于委托人无法知道代理人的努力水平,代理人便可能利用自己拥有的信息优势,谋取自身效用最大化,从而可能产生代理问题。委托人和代理人信息的不对称可以从两个角度划分:一是不对称发生的时间,二是不对称信息的内容。从不对称性发生的时间看,不对称性可能发生在当事人签约之前,也可能发生在签约之后,分别称为事前非对称和事后非对称。研究事前不对称信息博弈的模型,称为逆向选择模型(Adverse Selection);研究事后不对称信息的模型,称为道德风险模型(Moral Hazard)。逆向选择是指在签约之前,代理人知道自己的类型,而委托人不知道,因此信息是不完全的,并且代理人的有关信息可能是对委托人不利的。代理人利用这些可能对委托人不利的信息签订对自己有利的合同,而委托人则由于处于信息劣势而作出对自己不利的选择。道德风险是指在签约时,交易双方的信息是对称的;签约后,由于非对称信息,代理人在促进自身利益最大化的过程中,会作出不利于委托人的行动,而委托人又不能观测到会给自己带来风险的代理人的这种行动。

第二,委托人与代理人的目标函数不一致。

委托代理理论中,委托人和代理人都是"经济人",他们各自追求自身效用的最大化,并且他们各自的行为会影响对方的利益,委托人与代理人之间就存在"代理问题"。委托人与代理人目标的偏离,源于代理人利益与委托人利益的潜在冲突。自身效用最大化的委托代理双方首先要做到成本最小化,委托人的收益直接取决于代理人的成本(付出的努力),而代理人的收益就是委托人的成本(支付的报酬)。由于利益的相互冲突,代理人会用信息优势在追求自身利益(包括少付出努力和多享受闲暇)的同时侵害委托人的利益。

由于代理人的目标函数与委托人的目标函数不一致,加上存在不确定性和信息不对称,代理人的行为有可能偏离委托人的目标函数,而委托人又难以观察到这种偏离,无法进行有效监督和约束,从而产生了代理人为自身利益而采取一些使委托人利益受损的行动,最终形成了委托—代理问题。在面对代理人问题的情况下,委托人需要做的是如何根据能够观测到的不完全信息来奖惩代理人,以激励其选择对委托人最有利的行动。

在对饭店管理公司的考核中,由于管理团队把握饭店的经营管理信息,深知自己的行为和意图从而成为代理人,饭店业主处于信息劣势从而成为委托人。同时,双方目标函数不一致,饭店业主追求的目标是饭店收益最大化,管理团队则追求自身效用的最大化。饭店业主(委托人)想使管理团队(代理人)按照饭店的利益选择行动,但是,业主不能直接观测到管理团队选择了什么行动,能观测到的只是管理团队行为选择结果的另一些变量,如经营业绩、成本费用等,这些是由管理团队的行动和其他外生的随机因素共同决定的,因而只是管理团队的不完全信息。饭店业主和管理团队的预期报酬,在假定其他经济政策不变的情况下将取决于管理团队是否努力工作,即共同分享一个带有不确定性的成果。所以,饭店业主的问题就是如何根据这些观测到的信息来奖惩管理团队,以激励其选择对饭店有利的行动。由此可见,饭店业主与管理团队之间的关系表现为一种委托代理关系,具有典型的委托—代理特征。

(二)道德风险是另一个委托代理问题

道德风险(Moral Hazard)最早出自保险业务,最初的含义是,一个人因为参加保险而降低了他防止风险的努力程度,而保险公司很难监督投保者所采取的安全措施,但"道德风险"却对保险公司的利润有直接影响。后来这一术语被激励理论所借用,激励理论中的委托代理关系的实质是,委托人不得不对代理人的行为后果承担风险,而这又来自信息的不对称和契约的不完备。根据引致因素的不同,道德风险划分为隐藏信息道德风险(Moral Hazard with Hidden Information)和隐藏行动道德风险(Moral Hazard with Hidden Action)两种类型。隐藏信息道德风险是指在签约后,代理人可能由于能够掌握发挥作用的某些随机因素(包括参与人的先天因素)的信息,并在此基础上选择自己的行动,而委托人只能观测到代理人的行动,却不能观测到有关随机因素发挥作用的信息。由此,代理人就具有了采取行动的私人信息(随机因素发挥作用的信息),可以通过向委托人提供虚假信息,采取损人利己或损人不利己的行动。对于委托人来说,就需要设计一个激励合同,诱使代理人在给定的关于随机因素作用的背景状况下,选择对委托人最有利的行动,如真实地向委托人报告随机因素作用的背景状况。隐藏行动道德风险是指在签约后,由于随机因素发挥作用,代理人可以选择自己的行动,如工作努力或不努力,代理人的行动和随机因素的作用共同决定某些可观测的结果;而委托人只能观测到这些结果,却不能直接观测到代理人的行动和随机因素的作用本身。因此,委托人关于代理人的努力程度和信息是不完全的,导致委托人无法确切地识别饭店企业的经营业绩是代理人努力还是一些代理人所不能控制的外生随机因素所造成的。这样,代理人就可以不完全承担其行为的全部后果,代理人从而有动机也有可能从事高风险或者损害委托人利益的行动以实现自己效用的最大化,而风险则由委托人来承担,从而导致代理人的道德风险问题。对委托人来说,就需要设计一个激励合同,诱使代理人从自身利益出发选择委托人所希望的行动。

(三)代理成本是委托管理的第三个问题

在委托—代理关系中,道德风险必然导致委托人利益的损失,这种损失通常被称作"代理成本"。按照麦克林等人(Jenson & Mecking, 1976)的说法,代理成本应当由三部分组成:委托人的监督成本、代理人的担保成本以及剩余损失。其中,剩余损失是委托人因代理人代行决策而产生的一种价值损失。激励机制便是围绕减少代理成本而产生的。它包括:①向代理人支付的管理费、奖励提成,以及奖金与津贴等费用;②代理人为追求非货币物品,如品牌宣传等所导致的企业成本上升和利润的减少;③由代理人决策与使委托人利润最大化的最佳决策之间存在的差异所导致的企业效率的损失。为了降低代理成本,委托人就要通过契约关系和对代理人行为的监督来约束代理人的那些有悖于委托人利益的活动,这又必然带来监督成本问题。代理成本和监督成本的变动方向是相反的。由于委托人上述两种选择的结果都是代理人努力工作,即预期的产出水平是相同的,所以,委托人只需要通过比较代理成本和监督成本的大小便能作出决定。如果监督成本高于代理成本,则委托人会放弃观察代理人的行动,则信息不对称性增加,为了激励代理人努力,委托人需要付出代理成本。从这个意义上说,代理人的行动并非不可观察,只不过由于监督成本过高,委托人放弃了这种尝试。契约关系中确定的约束规则越是完整、明晰,越能约束代理人的机会主义行为,代理成本就越低;但是,代理人的选择空间缩小,企业行为会变得僵化,可能丧失更多的获利机会。

(四)是否有可行的可实施机制

在分析上述问题之后,我们的目标是寻找一个可行的可实施机制。

委托—代理理论认为,解决道德风险的激励合同设计,实质上是一个激励机制设计问题。激励机制设计是一种特殊的不完全信息博弈。在所有的博弈过程中,都有一个"委托人"和一个或多个"代理人",委托人的支付函数是共同知识,而代理人的支付函数只有代理人自己知道,委托人或其他代理人则不知道。由于信息不对称,委托人无法观测代理人所投入的努力,代理人就有动机采取不努力的行为。因此,委托人必须提供给代理人足够的激励,而由于激励是有成本的,因此委托人实际上也就面临着在成本和收益之间进行权衡的问题。如前文所述,经济学中的激励和约束是一个问题的两个方面,二者缺一不可,构建激励机制就必须建立相应的约束机制,因而,约束机制的建立是激励机制问题的关键。约束机制的作用是,通过奖励和惩罚,使代理人认识个体行为(在这里,是管理团队的行为)在结果上的积极和消极的变化,从而在心理上产生公平感、认同感和满足感。

然后,管理团队再把这种感觉外化为工作中的努力程度、自觉程度与参与程度,提高管理效率,间接带来管理成本的减少和管理收益的提高。

在具体过程中,委托人是在设计一个博弈的规则。委托人需要做的是,如何根据能观测到的不完全信息来奖惩代理人,以激励其选择对委托人最有利的行动。此时,委托人实际上面临两个约束:参与约束(Participation Constraint)和激励相容约束(Incentive Compatibility)。所谓参与约束,指的是如果要一个理性的代理人有兴趣接受委托人设计的机制(从而参与博弈)的话,那么,代理人在该机制下得到的期望效用必须不小于他在不接受这个机制时得到的最大期望效用。代理人在博弈之外能得到的最大期望效用称为代理人的保留效用。所谓激励相容约束,是指假定委托人不知道代理人类型的情况下,代理人在所设计的机制下必须有积极选择委托人希望他选择的行动。显然,只有当代理人选择委托人所希望的行动时得到的期望效用,不小于他选择他自行决定的行动时得到的期望效用时,代理人才有积极性选择委托人所希望的行动。激励相容约束与参与约束共同规定了在不对称信息前提下,所有让代理人努力的可行契约应当满足的条件。满足参与约束的机制称为可行机制;满足激励相容约束的机制称为可实施机制。如果一个机制满足参与约束和激励相容约束,那么,这个机制就是可行的可实施机制。委托人的问题就是选择(或者设计)一个可行的可实施机制,以最大化其期望效用。

具体而言,典型的机制设计是一个三阶段不完全信息博弈。在第一阶段,委托人设计一个"机制"(或"契约")、"激励方案"。这里,机制是一个博弈规则(或简称博弈)。根据这个规则,代理人发出信号,实现的信号决定配置结果。在第二阶段,代理人同时选择接受或不接受委托人设计的机制。如果代理人选择不接受,他得到外生的保留效用。在第三阶段,接受机制的代理人根据机制的规定进行博弈。

判断饭店管理公司的报酬优劣的关键在于,它是否具有对饭店管理公司的激励约束机制,从而实现各要素主体的利益最大化。饭店的生产经营活动十分繁杂,各项活动包括的知识和信息量也不相同,饭店中的每一个人在某种程度上都有选择其活动及努力的自由。如果饭店各要素主体目标各异,个人目标也就很难与企业的总体目标一致,低效率问题在所难免。饭店业主需要设计一个激励合同;饭店管理公司及其管理者也需要设计一个面向所有员工的激励合同,并根据观测到的工作成果对员工进行有效的激励和惩罚。

四、基于合同法和公司法的管理合同模式应用机制设计

要在饭店业主与管理公司之间设计一个很好的激励合同,并不是一件容易的事。经过研究,笔者认为,基于合同法和公司法来设计管理合同,也许更能体现公平、公正精神。

在饭店管理领域,管理合同的当事人双方是饭店业主和管理公司(或饭店集团)。根据双方协商结果,管理合同在形式上可以是由技术服务合同与委托合同组成的联立合同,也可以是单独的委托合同,并且即使是前者,合同双方关注的焦点也是委托合同部分。于是,在分析中可以省略不考虑技术合同部分,只对委托合同的双方权利、义务做辨析。同时,权利和义务是一对紧密的概念,对于双方的主体而言,一方的权利就构成另一方的义务,比如说,受托人管理公司的执行和决策权就要求委托方切实移交相应的权利,也就是真实地履行义务问题。

(一) 管理公司(受托人)的义务

在委托管理中,管理公司(受托人)的义务是考虑的首要问题。这些义务涉及如下9个方面:

1. 在委托人指示权限内处理受托事务的义务

我国《合同法》第397条规定:"委托人可以特别委托受托人处理一项或者数项事务,也可以概括委托受托人处理一切事务。"受托人在处理委托事务时,应以委托人指示的权限为准。以受托人权限范围为标准把委托划分为两大类,即特别委托和概括委托。划分特别委托与概括委托的意义在于,使受托人能够明确自己可以从事哪些代理活动,也使第三人知道受托人的身份和权限,使之有目的、有选择地订立民事合同,以防止因代理权限不明确而引起不必要的纠纷。如果发生纠纷,也便于根据代理权限确定当事人之间的相互责任。同时,受托人处理事务客观上就要求委托人赋予其真实的决策权和执行权,这些恰恰是通过双方的合同来实现的。

特别委托指的是双方当事人约定受托人为委托人处理一项或者数项事务的委托。特别委托一般有以下几种情况:①不动产出售、出租或者就不动产设定抵押权。②赠予。由于赠予属于无偿行为,所以需要有委托人的特别授权。③和解。在发生纠纷后,有关人员在处理问题时需要双方当事人彼此作一定的妥协与让步,以终止争执或者防止争执的协议,它包括民法上的和解或者诉讼法上的和解,以及破产法上的和解。④诉讼。当事人就有关事宜向法院提起诉讼,请求法

院依照法定程序进行审判的行为。⑤仲裁。仲裁是指当事人发生争执时,不诉请法院判决,而是提请仲裁机构判断,其效力同法院的判决一样。受托人接受特别委托时,对于委托事务的处理,可以采取一切为维护委托人的合法权益而必要的合法行为。管理合同约定的是以经营管理的总体委托与特别事项特别委托相结合的委托权限。饭店(委托人)可以与管理公司进一步协商确定特别委托事项和范围。

2. 报告义务

《合同法》第401条规定,受托人应当按照委托人的要求,报告委托事务的处理情况。委托合同终止时,受托人应当报告委托事务的结果。受托人在办理委托事务的过程中,应当根据委托人的要求,向委托人报告事务处理的进展情况、存在的问题,以使委托人及时了解事务的状况。如果委托合同约定了报告的时间,受托人应按时进行报告。这实际上体现了委托人的知情权和参与权。受托人的报告义务正是基于委托人的知情权而设置的。

委托合同终止时,受托人应就办理委托事务的情况,向委托人全面报告办理经过和结果,如处理委托事务的始末、各种账目、收支计算等,并要提交必要的书面材料和证明文件。然而,格式合同中却并未约定管理合同终止时,管理公司应就经营管理始末向饭店董事会作全面报告,包括各种账目、市场情况等。虽然这种缺漏可以由《合同法》来弥补,但在管理合同中可以进一步对管理合同终止时管理公司全面报告义务作具体明确的规定,包括报告事项、时间等。无论是合同履行中的定期报告,还是合同终止时的定期报告,管理公司均应对其出具的报告的真实性和准确性承担责任。因此给委托造成损失的,应负赔偿责任。

3. 亲自处理委托事务的义务

《合同法》第400条规定,受托人应当亲自处理委托事务。委托合同的订立和履行是以当事人双方之间的相互信任为基础,委托人选择受托人是以对其能力(业务能力、专门知识)和信誉的信赖为前提。合同的订立,既体现了委托人对于受托人的办事能力和信誉的信任,也表明受托人了解委托人和愿意为其办理委托事务的意志。这种彼此信任是委托合同赖以订立和存续的基础。因此,委托合同强调当事人的人身属性。这样就要求受托人应当亲自办理委托事务,受托人不得擅自将自己受托的委托事务转托他人处理。《合同法》对于转委托的情况作了如下规定:转委托须事先取得委托人的同意。法律上所以不许任意转委托,是恐妨害委托人的利益。但如果委托人同意转委托时,则法律就没有禁止的必要,因为合同是以双方当事人自愿为原则,当事人意思表示一致,受托人才可以再委托第三人代为处理委托事务。此种情况下,受托人只对第三人的选任承担责任,未经委托人同意擅自转委托的则对第三人行为承担连带责任。

4. 赔偿委托人损失的义务

《合同法》第406条规定,有偿的委托合同,因受托人的过错给委托人造成损失的,委托人可以要求赔偿损失。无偿的委托合同,因受托人的故意或者重大过失给委托人造成损失的,委托人可以要求赔偿损失。受托人超越权限给委托人造成损失的,应当赔偿损失。在有偿的委托合同中,受托人在处理委托事务时只要有过错,并给委托人造成损失的,就要承担赔偿责任。在无偿的委托合同中,受托人在一般过失下并不承担赔偿责任,只有在故意和重大过失的情况下,才对损害承担赔偿责任。所谓重大过失,是指一般人对该行为所产生的损害后果都能预见到,而行为人却因疏忽大意没有预见到,致使损害后果发生。由于无偿委托合同,受托人没有报酬,因此,其承担责任相比有偿委托合同要轻一些。受托人超越权限给委托人造成损失的,无论委托合同是否有偿,都应当赔偿损失。

5. 受托人继续处理委托事务的义务

管理公司继续处理委托事务义务有以下两种情况:第一,《合同法》第412条规定,因委托人死亡、丧失民事行为能力或者破产,致使委托合同终止将损害委托人利益的,在委托人的继承人、法定代理人或者清算组织承受委托事务之前,受托人应当继续处理委托事务。委托人出现死亡、丧失行为能力或者破产这三种法定事由时,一般来说,委托关系终止。但是,如果出现了本条规定的情况,委托合同不能终止,受托人还应当负有继续处理委托事务的义务,应当采取必要的措施保护对方当事人的利益,直至委托人的继承人、法定代理人或者清算组织承受了委托事务为止。受托人继续处理事务,如果委托合同是有偿的,则受托人仍得请求报酬。因此,对委托人来说,并未增加负担,对受托人的利益则起到防止损害发生的作用。受托人负有继续处理委托事务的义务,但是,继续处理委托事务应到何时为止? 一般认为,应继续到委托人或者其继承人或其法定代理人能接受时为止。企业经营管理是连贯性行为,假如作为委托人的饭店破产后,委托立即终止,则给饭店的接受者、债权人等带来新的损失,所以,经营管理的委托事务性质不允许管理公司在饭店破产时即行终止委托合同关系。在管理合同中,管理公司继续处理委托事务应到饭店的清算组织能接受为止,并且执掌经营管理的管理公司也有义务参与和配合清算组织对饭店的清算活动。第二,《合同法》第413条规定,因受托人死亡、丧失民事行为能力或者破产,致使委托合同终止的,受托人的继承人、法定代理人或者清算组织应当及时通知委托人。因委托合同终止将损害委托人利益的,在委托人作出善后处理之前,受托人的继承人、法定代理人或者清算组织应当采取必要的防范措施。

受托人的继承人、法定代理人或者清算组织负有两项义务:一是及时通知委托人的义务;二是委托合同终止将损害委托人利益的情况下,受托人的继承人、法定代理人或者清算组织应当采取必要的防范措施原则,将受托人的有关事宜妥善处理。同上,继续处理委托事务应到委托人能够接受时为止。委托人在知道受托人死亡、丧失民事行为能力或者破产,需要有一段时间进行善后处理,如需要找新的受托人代替前一受托人的工作,寻找的过程需要时间等,在委托人处理好以前,受托人的继承人、法定代理人或者清算组织有义务采取必要的、有效的措施,继续处理委托事务。

6. 利益转移义务

《合同法》第 404 条规定,受托人处理委托事务取得的财产,应当转交给委托人。由于管理公司所得管理费中的奖励管理费是根据毛利额制定的,所以作为委托人的饭店一方应注意在合同约定时,考虑计入饭店营业成本的项目列支。

7. 知识产权许可使用义务

作为管理公司的合同义务之一,管理公司应许可饭店使用其商标、商号、服务称号以及服务标志。这既是饭店业主关注的重点之一,同时也是管理公司赢得管理合同的重要支柱。

8. 勤勉义务

勤勉义务在大陆法系国家称之为"善良管理人的注意义务",亦称"注意义务"或"善管义务";在英美法系国家称为"勤勉、注意和技能义务"(Duty of Due Care)。勤勉义务,是指在没有利益冲突的场合,公司经营权行使主体必须勤勉、尽职地运用其经营决策权,不得鲁莽行事。它要求经理人在行使和履行职责时,应像普通谨慎人一样具备通常知识,在相似的环境下给予合理的注意,机智慎重,尽责地管理公司事务。美国的《示范公司法》就善良管理人的注意义务之标准规定,董事经理义务之履行必须为:①善意:以处于相似地位的普通谨慎人在类似情形下所应尽到的注意;②以其合理相信的符合公司最佳利益的方式。之所以采取客观性标准,是因为如果法律对善管义务标准不作规定,那将导致法官在审理案件时无所适从,更重要的是,没有客观性标准,董事经理履行职责就缺乏最低标准约束,不利于督促董事的行为。与董事的善管义务密切联系并作为善管义务重要补充的另一项规则是,美国法院在长期司法实践中逐步发展起来的商业判断原则(Business Judgment Rule)。商业判断原则,是指董事经理如果符合以下三个条件则法院不认为他违反"勤勉义务":①董事经理在其决策事项上没有自我表现利益存在;②对决策事项做了足够的调查;③在当时环境下他的决策是合理的。商业判断准则的实质是不能仅因错误的商业决定而要求董事承担责任。当然,商业判断规则的适用范围也是有限的,如果董事经理因违反忠实义务,如欺诈、自我交易,以及重大过失将不能受到此规则的保护。当然,受托人的勤勉与否其实是很难观察的,因此,委托人有必要通过相应的机制设计,对管理方的绩效进行评估,只有建立在业绩考评的基础上,才能更好地维护双方的利益。

9. 忠实义务

忠实义务也称为忠诚义务、受任义务(Duty of Due Loyalty),是指公司董事经理在履行职责时,必须为了实现公司的最大利益,而不得使自己的利益与其承担的义务发生冲突,不得作出有损于公司利益的行为。从实质上说,忠实义务实是为公司董事经理设置的一条"道德标准"。这一义务是民法的诚信原则在公司法领域中的具体表现。其核心思想是确保经营权行使主体行为的公平、道德、诚实。忠实义务要求董事经理必须为公司的整体利益而行使经营权,必须将公司的利益放在任何其他人的利益之上,不得恶意地实施损害公司利益的行为。同时,要求公司董事经理必须为适当目的,即公司经营权行使主体在代表公司行使自己的职权时,不仅应承担善意为公司利益而作为的义务,而且还承担为实现适当的目的而行为的义务。忠实义务的内容主要包括:①自我交易禁止之义务。董事经理与公司的交易,不管是直接或间接的,都隐含着与公司间的利益冲突,因此,交易行为一般都被禁止。但自我交易的禁止并非绝对的,而是说除了公司章程规定或股东会、董事会同意外,董事经理不得同本公司订立合同或进行交易。根据惯常的做法,允许自我交易存在或者自我交易具有效力的条件是:第一,自我交易的利害关系人必须首先向公司披露这种交易的性质以及自己在此项交易中所享有的利益;第二,必须由股东会或者经营权行使主体会中的非利害关系人批准;第三,这种交易对公司必须是公正的。②禁止利用或篡夺公司的机会。公司机会是董事经理忠实义务的一个重要部分。其含义是指,公司的经营权行使主体不得将公司正期待的机会或理应属于公司的机会予以篡夺自用。公司机会对于公司来说等同于公司的财产,由于董事经理基于其地位可以接触到大量的商业信息,因此,在经营权行使主体的地位和诚信原则的要求下,董事经理不能为了非公司的利益篡夺公司机会,否则将构成忠实义务的违反。③禁止滥用公司财产之义务。这一规定要求公司董事经理有义务去保护公司资产的完整。主要表现为:禁止挪用公司资金或将公司资金借贷给他人,禁止将公司财产以个人名义或他人名义开立账户存储,禁止以公司财产为他人提供担保等,其旨在保护公司利益,维护交易之安全。④禁止泄露公司秘密义务。此处之"公司秘密"泛指公司采取了适当手段加以保密的技术秘密、商业秘密、管理诀窍、财务秘密、各种内部文件和决定等,尤其需要指出的是忠实义务中的"自我交易禁止义务"。饭店管理公司(集团)一般都发展了与饭店管理相配套的义务,如成立酒店用品公司、旅游公司。管理方不但收取合同规定管理费,还在与酒店自我交易中赚取额外利润。如只引用合同法、民法通则相关规定,如民事代理制度关于自我代理禁止的规定,则不能合理地对管理方进行规制。因为饭店集团一般都将旅游公司、饭店用品公司等分别设立为下属子公司,在法律关系上是相互独立的,它们之间的交易不能被认定为自我代理,同理,也不属公司法规制的"自我交易"。饭店需要有效地合理地控制管理方与酒店的交易。饭店方也可以在合同中进行此项约定,并要求管理方就其关联交易的必要性、合理性作出说明。

(二)饭店(业主)的义务

在委托管理中,饭店(业主)的义务也很重要,这些义务涉及如下三大方面的内容:

1. 支付报酬的义务

管理公司的报酬由基本管理费和奖励管理费两部分组成。其中,饭店应注意的是奖励管理费计算方式的约定。这必须通过双方正式签订的合同来约定。而这种对于业主(委托人)而言的义务恰恰是受托方(管理者)的权利。所以,管理合同模式当中,双方权利和义务可以说是一一对应的。

2. 支付受托人开展委托事务的必要费用

《合同法》第398条规定,委托人应当预付处理委托事务的费用。受托人为处理委托事务垫付的必要费用,委托人应当偿还该费用及其利息。

受托人在处理事务过程中往往需要花费一定的费用,无论委托合同是否有偿,委托人都有义务事先提供处理委托事务的费用和补偿受托人为处理委托事务所垫付的必要的费用。①委托人预付费用的义务。由于委托合同的特点是受托人用委托人的费用处理委托事务,因此,受托人对于费用没有垫付的义务,预付费用可以说是委托人的义务。因为费用是为了委托人的利益而需要支出的,它与合同约定的报酬不是一个概念。②委托人偿还受托人支出必要费用的义务。由于受托人处理委托事务应当由委托人事先预付费用,受托人就没有垫付费用的义务,但如果垫付了,则有请求偿还的权利,即受托人为处理委托事务所垫付的费用,委托人应当偿还。应当把委托人支付报酬与偿还处理委托事务所应负担的费用相区别。偿还处理委托事务的费用不是对价关系。所谓必要费用,比如差旅费用、有关财产的运输费、仓储费、交通费、邮费等。受托人处理事务所支出的费用,不仅会有金钱支出,有时也会有物的消耗。至于判断费用的支出是否必要,应当依据所委托事物的性质及处理时的具体情况而定。何为"必要",其标准是什么,一般认为,支出费用的合理原则应从三个方面考虑:第一,直接性原则。受托人支出的费用应与所处理的事务有直接联系。第二,有益性原则。受托人支出的必要费用应有利于委托人,目的是使委托人受益。第三,经济性原则。受托人在直接支出费用时,应尽善良人的行为,采用尽量节约、适当的方法处理事务。也就是说,必须是客观上确有必要,才可以请求偿还,以防其滥用。不能以受托人主观上是否认为支出为必要为标准,而应以受托人实施行为时的客观状态作为标准。

3. 承担委托代理产生的后果

管理合同奠定了酒店与管理公司之间的委托代理关系,管理公司因管理合同授权而取得代理权。此种建立在委托授权基础上的代理即是委托代理。根据《民法通则》第63条规定,代理,是指代理人以被代理人(又称本人)的名义,在代理权限内与第三人的法律行为,其法律后果直接由被代理人承受的民事法律制度。代理的法律特征包括:①代理行为是能够引起民事法律后果的民事法律行为。也就是说,通过代理人所为的代理行为,能够在被代理人与第三人之间产生、变更或消灭某种民事法律关系,如代订合同而建立了买卖关系、代为履行债务而消灭了债权债务关系,这表明代理行为具有法律上的意义,同样是以意思表示作为构成要素。②代理人一般应以被代理人的名义从事代理活动。我国《民法通则》第63条第2款规定:"代理人在代理权限内,以被代理人的名义实施民事法律行为。"在代理关系中,代理人是代替被代理人从事法律行为,以实施被代理人所追求的民事法律后果。显然,基于代理行为所产生的民事法律关系的主体应是被代理人,故代理人一般应用被代理人的名义从事代理行为。但是,根据我国《合同法》第402条和第403条的规定,受托人以自己的名义,在委托人授予权限范围内与第三人订立的合同也对委托人产生约束力。由此可见,我国立法既在原则上确认显名代理,也在法定条件下承认隐名代理。③代理人在代理权限范围内独立意思表示。这一特征有两方面含义:一是代理人有权独立为意思表示。二是为了切实保障被代理人的利益,法律要求代理人必须在代理权限范围内独立为意思表示。所以,代理人在代理权限范围内作出的意思表示才符合被代理人的民事利益。正是在此种意义上,代理人在实施代理行为过程中超过代理权限范围所作出的意思表示就是不真实的,其代理行为依法应视为无效或被撤销、被变更。④代理行为的法律后果直接归属于被代理人。既然代理行为的目的是实现被代理人追求的民事法律后果。所以,代理人的代理行为在法律上视为被代理人的行为,其效力直接及于被代理人,从而《民法通则》第62条第2款规定:"被代理人对代理人的代理行为,承担民事责任。"可见,代理人是代理行为的实施者,而被代理人则是法律后果的承受者。

五、饭店业主在管理合同中的退出机制

管理合同一旦签订,任何一方要提前终止合同是否可能?

按照合同约定执行,这是制订合同法的基本目的之一。问题是合同双方有一方想提前终止合同,这样就出现了提前终止合同的问题。从合同法本身来说,提前的退出机制是不存在的。但在实际运行中,往往是饭店业主想提前终止合同,在合同期限未到的情况下,如何才有可能提前终止合同?

早在20世纪90年代,国外研究者弗雷德等人(L. Fred, et al.,1994)[1]通过分析司法判例,对酒店业主有权单方立即提前终止酒店管理合同、事后再由法院裁定这种终止是否正确的做法及其影响进行了探讨。辛德勒(Michael C. Shindler,1997)通过对万豪、凯悦等三个酒店司法判例的分析,阐述了这些判例对酒店业主与酒店运营商关系的潜在影响,认为利益的天平正在向酒店业主一方倾斜。在他们的案例研究中,往往是由于管理公司的缘故导致饭店业主提前终止合同。或者说,管理公司在管理中有未尽职之处,导致饭店业主提出提前终止合同。在实际的司法判例中,提前终止合同的饭店业主的实际利益得到了司法的保障。但是,这种保障是在管理公司管理有缺陷的情况下作出的。

在实际的饭店委托管理合同运行中,为了回避饭店业主的行为,管理公司也为了自身利益,总是希望能在合同期内保持其受托经营管理行为的一贯性,避免饭店(资产或股权)被出售、收购或被抵押,免得面对合同主体易位而导致合同解除或重新谈判,以及饭店业主提前终止合同。于是,管理公司总是希望与饭店业主签订管理合同并在合同中对饭店业主对资产或股权转让设置诸多限制。这是其一。其二,采用按利润或营业额的一定比例来支付管理公司管理费,以刺激饭店业主的长期委托管理兴趣。在按比例收取或支付管理费时,饭店所有者与管理者都成了饭店剩余利润的索取者。在这一运行模式中,不管产出多少,双方都因对方的努力而获利,都因对方的偷懒而损失。但是,对于彼此对对方所造成的损失的分歧很大。饭店业主对饭店的维护和经营管理的热情远高于管理公司,而管理公司却不会像经营自己公司的直营店时那么努力。在这种情况下,有何种措施能促使管理公司不懈努力?有学者认为,接管市场被看作是过去20多年里英、美公司治理的有效的、简单的一般方法。但是,这种方法对于一般企业也许有效,对

---

[1] Fred L, et al. Owners have power to cancel contracts[J]. Cornell Hotel and Restaurant Administration Quarterly,1994.

于饭店经营效果如何,还很难定论。在实际案例中,很少看到受托方的饭店管理公司收购了它所管理的饭店的例子,而是饭店业主收回了饭店再自行组建管理团队。

第三节　选择管理合同模式需要注意的几个问题

通过对世界知名饭店集团采用管理合同模式所进行的分析,结合我国饭店发展实际,笔者认为,以下四个方面是考虑实施这一管理模式时需要注意的关键因素。

一、饭店自身条件分析

选择什么样的饭店管理公司来管理饭店,并不决定于饭店管理公司,而是取决于饭店自身的条件。

首先,准确把握饭店市场定位。衡量饭店条件是否良好的标准,首先是饭店定位与当地市场需求的吻合度。对于准备建设的委托管理饭店而言,为了保证建设后的饭店具有较高可塑性,需要在饭店建造前就对饭店进行专业的市场分析。由于饭店业的市场化程度相对较高,如果一家饭店在没有进行前期市场评估的情况下,盲目追求较大的饭店规模,不考虑与之相匹配的客源支持能力,最后的经营绩效难以保证,结果可能会是业绩不佳。对于已经建设完成的饭店,也需要业主对自己饭店现有的经营条件和市场状况进行全面评估,包括饭店的地理位置、饭店所处地域的经济发展情况、当地的客源市场环境以及当地饭店业市场的竞争状况等,从而保证饭店的建设档次和定位符合当地的经济发展需求。

其次,严格控制饭店硬件质量。饭店的基础设施条件不仅仅指饭店的设备设施档次,还包括饭店的硬件设施的使用功能和布局。饭店的硬件设施是提高饭店产品质量和饭店整体形象的基础。如果单纯追求装修设计的富丽堂皇,不注重饭店的使用功能,饭店的使用价值也将大打折扣。硬件水准建设不到位,设施设备功能布局不规范,饭店基础建设条件薄弱,单凭专业化的管理团队也不可能使饭店起死回生。因此,业主应考虑让管理公司尽早介入饭店的筹建或改造工作,贯彻管理公司的经营标准,确保饭店的基础设施质量。

再次,尽量尊重管理公司意见。对于正在建设的饭店而言,在选择好管理公司后,最好能让管理公司在饭店建设初期就介入到饭店的筹建过程中。这样不仅可以就饭店的建设与管理者进行深入的沟通,了解其经营思想,还能使管理公司为饭店的筹建提出建设性的意见,如:选址、规划等。这些将有益于日后管理公司外派人员的经营管理,从而使业主获得更多的经济效益。同时,通过让管理公司尽早进入饭店,可以使管理者发现饭店在设计和建设过程中存在的问题并及时处理,以解决日后经营管理的后顾之忧。对于已经建成的饭店,饭店业主也需要对饭店设计施工中的不良问题征询管理公司的意见,对有能力改变的设施设备在功能和布局上的问题应听取管理公司的意见予以纠正。由于饭店经营的专业性很高,只有专业的管理人员才能根据其经营需要充分考虑到饭店的特点。由于饭店的各部分装修设计也都有自己显著的特点,只有各尽所能才能发挥设施设备的功能,否则,不良的设施将严重影响饭店日常的经营运作。

二、选择合适的饭店管理公司

"门当户对"是一种传统的婚姻观,用这种婚姻观来指导选择合适的饭店管理公司也许是可取的。郎才女貌,什么女儿配什么郎,也许婚姻才会稳定。作为饭店业主来讲,根据饭店自身的条件来决定并委托管理饭店也是合适的。

首先,客观评估管理公司与单体饭店的适合程度并作出准确的选择,在单体饭店委托管理过程中起着至关重要的作用。对饭店业主而言,对管理公司信誉、规模、管理经验、管理模式、饭店品牌等实际情况的评估,将是衡量管理公司是否符合业主委托经营饭店要求的依据。由于在对委托管理公司进行选择的这一过程中,业主处于信息不对称的状态;同时,在选择过程中业主也可能将个人的主观因素作为选择的主要依据和评判标准,这些都会给饭店未来的经营带来风险。只有通过认真、客观考核管理公司所具有的资源能力,才能保证管理公司对饭店的经营管理能够实现业主的利益需要。

其次,对于饭店委托管理的实施过程而言,起到最重要影响作用的是管理公司对合同的实施情况,即管理公司外派人员的实际经营管理表现。通过准确选择管理公司,将确保管理公司能够派出具有较高能力及丰富管理经验的专业管理团队。因此,业主应该从多方面考核管理公司的经营能力,确保饭店委托管理达致预期的目标。具体而言,业主可从以下几方面对管理公司进行评估:第一,饭店委托管理经验。考察饭店管理公司是否具有同地区饭店管理的成功经验,尤其是在相近档次、相近规模饭店方面的经营管理经验。第二,饭店管理模式考评。对管理公司管理模式的考察,可以通过亲自入住饭店,对管理公司所管理饭店进行体验,评估管理公司的饭店经营水平。一般而言,具有较成熟管理模式的饭店管理公司,在其所管理的饭店中,可以感受到统一的操作流程、统一的经营标准所带来的规范化服务。除了对管理模式的科学性进行评估外,还需要对管理模式的"可复制"程度进行考核,因为如果输出管理的过程中,管理公司不能根据当地实际情况以及业主的背景进行改变和创新,即使管理模式是科学与规范的,也将导致管理模式与饭店不适应,影响日后饭店的经营。第三,考察高素质且具有经验的管理人员的储备情况。饭店委托管理往往是采取跨地区经营。因此,需要一支职业化的、训练有素、理论与实践经验丰富的专业管理队伍。这也是饭店输出管理成功的关键因素之一。通常情况下,外派团队的实际管理素质,通常是在外派团队进驻饭店后通过其日常经营才可能考验出来。因此,业主在选择管理公司时,应该对管理公司拥有的人员储备情况进行认真考核。一般而言,集团饭店管理公司具有系统化的人才与培训、选拔、考核、淘汰机制和市场化的人才流动机制。同时,又拥有基地饭店,才能保证人才的储备,进而保证输出管理的质量。第四,考核财务运营能力。饭店管理公司是否具有财务实力,在委托管理其他饭店的时候是否获得成功的财务运营记录。第五,考察客源销售网络。业主可以根据自身的资金实力和对饭店发展的定位,对在同类饭店市场上有较好表现的饭店管理公司进行筛选,充分利用管理公司在同类饭店市场成熟的销售网络,增加自己的饭店客源占有额。如,对于高星级饭店来说,经济发达地区、区域中心城市或旅游城市能提供相对充足的客源,饭店处于这一地区的业主,就可以考虑引入国外知名饭店管理公司。第六,企业信誉和品牌考察。饭店管理公司在委托管理市场上的声誉是饭店管理公司值得信赖的基础保证。品牌蕴含着国际知名度、商业信誉、顾客信任度、经营管理经验与模式、垄断客源市场等巨大商业价值[1],品牌还可以为饭店带来更多的客源。业主可以通过调查饭店管理公司所管理饭店的顾客口碑和市场认知程度,了解饭店管理公司的整体管理水平和对饭店管理项目的控制能力。在对管理公司选择的过程中,业主需要充分考虑管理公司的各方面条件。

选择好经营管理者,业主才有可能在未来的经营中获得尽可能多的利润,取得最大的经济效益和社会效益。同时,业主也要注意,选择是双向的。业主在对

---

[1] 陈勇.国外酒店管理合同研究新进展探析[J].外国经济与管理,2006,12:57.

众多承接经营者进行筛选的同时,也应该向管理公司提供饭店方面的相关信息,给饭店管理公司一个了解饭店、选择自己的机会。对于不了解饭店业市场情况,同时没有很多精力和时间对管理公司进行考核的业主,可以考虑向行业协会或专业顾问公司进行咨询。

三、签订细致合理的管理合同

管理合同是委托管理双方行使权利、维护利益的基本依据和准则,也是影响委托管理经营利润的主要因素。合同谈判和合同签订期是委托管理双方表明各自需求,获得尽可能多的利益的最好机会。一份全面而合理的管理合同,将明确业主和管理公司在委托管理过程中各自的权利、责任和义务,保障业主在委托管理期间获得最大程度的权益。同时,保证管理公司对饭店的日常经营能够获得物质上的奖励,激励其完成业主的利益目标,使饭店经营管理得到较好的绩效。在合同谈判过程中,业主需要注意以下6个方面的问题:

(1)明确双方利益要求。通过与管理公司交换意见,业主应该让管理公司了解自己经营投资饭店的目的以及对管理公司的要求;同时,业主也应该了解管理公司选择饭店实施委托管理的需要,并注意把双方的需要清楚而完整地列入管理合同中。

(2)拟定管理合同条款。委托管理具有极强的专业性要求,管理合同的文本中的具体内容和条款在饭店业内已经有一些通用的格式。但对于单体饭店而言,具体的经营环境、市场状况、业主要求、对管理公司的要求都存在很大差异。因此,在管理合同的拟订上,通常没有固定的模式,可以由管理公司拟订合同文本,业主再与管理公司就合同中的每一项条款进行具体的商讨。

(3)平等划分权责利。管理合同中对业主与管理公司双方的权利、责任和利益的分配,应该以平等为原则,任何一方得到的利益应与其支付给对方的代价相平衡。对于业主而言,利益需要自己争取。这就需要注意合同谈判的技巧。这些谈判应包括:对于管理公司经营管理权限的设定,对于管理合同期限以及延期的说明,对于饭店管理公司经营回报要求的设置,对于管理公司受限经营范围的界定,对于饭店员工任用的权限的说明等。每一项具体的内容都需要业主与管理公司充分协商,没有歧义地写入管理合同中。

(4)明确饭店管理费用及结构。业主应该与管理公司就管理费用的设定以及结构划分安排进行详细的协商。明确管理费用的提取情况,以及提取奖励费用的结构安排。通过协商明确管理费用,从而充分反映双方的利益需要。

(5) 明确饭店经营业绩考核指标。在谈判的过程中,需要明确管理公司的经营业绩考核指标设定方法和具体指标要求。将它们明确写入管理合同中,以此作为日后出现矛盾以及意外情况下的依据和保障。

(6) 达成共识签订合同。对于合同的签订应该认真地对待,通过签订合同,可以避免业主在日后经营中处于不利的地位。由于业主不具备饭店委托管理的专业知识,对管理公司提出的实际经营管理过程中的费用要求,如运营者总部的投资要求,更换设施所需要的资金储备等,需要业主与管理公司进行充分的沟通,明确管理公司所要求的费用的具体使用目的,从而争取修改对自己不利的苛刻的条款,增加自己的利益保护条款。最后通过商议对饭店管理合同的各项条款达成一致,再签订合同。

总之,业主应该重视谈判过程,通过管理合同合理地表达自己的利益目标,并且通过合同条款反映自己的利益需要。借助管理合同约束双方行为,并通过谈判对合同条款达成共识,建立双方合作共赢关系。

四、建立有效的激励机制

管理公司对合同有效实施是饭店委托管理成功最为关键的影响因素。饭店委托管理中,业主与管理公司之间是典型的委托代理关系。因此,作为委托人的业主就需要采用有效的激励和约束机制来防止代理人——饭店管理公司的"道德风险"和"逆向选择"问题,通过激励机制和监督机制确保饭店委托管理的实施效果。

对于委托管理而言,设置科学合理的激励机制非常重要。

通过对世界知名饭店集团及其与饭店业主的关系考察,我们发现,管理费和业绩奖励提成是激励约束机制的两种主要方法。如何确定费用定额和提成比例是饭店业主与管理公司激励机制设计的核心问题。

(一)设置科学的管理费定额

管理费定额是饭店业主与管理公司之间讨价还价的核心。如果管理费定额水平较低,饭店管理公司可能不签订合同,或者签了合同但工作的努力度不足。但是,随着定额的增加,饭店管理公司可能对获得超过定额后的提成不感兴趣,工作的努力程度不一定会逐步提高。也就是说,当定额超过一定的限度后,管理公司感觉到获得提成无望时,他们的努力程度会再次下降,激励变成了无效。由此可见,确定有效的管理费定额很重要。

从饭店业主的角度讲,管理费定额的设置要尽可能的低,以减轻企业的负担,以增加企业的利润;另一方面,完成定额后的提成应足够高,以激发饭店管理公司的努力度,但又必须尽量减少企业的成本负担。

在信息不对称情况下,为了激励管理公司真实付出自己的能力,笔者提出,饭店业主应制定一个管理公司可以在其中选择最适合自身的定额,由管理公司根据自己的情况选择,将其视为一种"自我选择约束",即建立有效的自我选择约束机制。不过,在实际的运行过程中,饭店管理公司宁愿讨价还价,也不愿自我约束。

(二)选择科学的业绩奖励提成方案

笔者根据现有研究总结出的业绩奖励提成激励性方案有6种:

1. 单一激励比率方案

单一激励比率方案是所有激励方案中最简单的。单一激励比率方案表现为与业绩对应的百分比或者每一个单位业绩的固定给付额。这种激励方案重点非常突出,激励力非常强。但是,这种方法可能导致管理公司不计成本地提高经营业绩,以便提高奖励提成。

2. 多激励比率方案

多激励比率方案包含两个或者两个以上的激励比率。根据不同的组合情况,分为组合激励比率方案和可变激励比率方案。所谓组合激励比率方案是指当管理公司的工作成果可以用单一的业绩指标来衡量的时候,可以采用组合的激励比率方案。该方案包含两个及以上的激励比率,对不同业绩区间给予不同的激励比率,形成组合的激励方案。我们把激励比率发生变换的点叫作临界点。在达到临界点之前,管理公司的激励性报酬按前一激励比率给付;达到临界点之后,管理公司的激励性报酬按后一激励比率给付。所谓可变激励比率方案是指,当管理公司的工作成果必须由两个及以上的业绩指标来衡量的时候,采用可变激励比率方案。最常见的形式是对不同种类的饭店产品支付不同比率的激励报酬。该方案通过激励比率上的变化引导管理公司获得最佳业绩,从而实现饭店业主的目标。

3. 梯式激励性报酬方案

该方案将管理公司的业绩划分为若干区间,每一区间内的业绩对应唯一的激励性报酬金额。当管理公司的工作成果可以用一种业绩指标衡量,且对业绩的认可范围较宽时,可以采用梯式激励性报酬方案。

4. 计算点数的激励性报酬方案

计算点数的激励性报酬方案比较先进。它是通过为多个不同的绩效指标制定不同的对应点数,然后根据管理公司的实际业绩,计算总点数。总点数乘以点数转换比率,得到管理公司的激励性报酬金额。这种方案非常灵活,当经营业绩目标涵盖多个绩效评价指标时尤为适用。

5. 关联激励性报酬方案

关联激励性报酬方案又叫连锁方案,是能够设计出的最先进的报酬方案之一。当对管理公司的工作业绩的评估需要两个或者更多绩效评价指标来衡量,而且任何一个绩效评估的结果都对管理公司的最终激励性报酬收入产生影响时,可以采用关联激励性报酬方案。它把一个绩效评估的报酬给付与另一个绩效评估的绩效表现联系了起来。虽然关联方案对管理公司的要求更高,但是它对所有达到经营目标的行为给予了充分的肯定和奖励。

6. 分享方案

这种方案是指经营业绩是由一个管理公司所派出的管理团队与饭店管理公司总部之间的相互支持、共同协作下完成的。那么,饭店业主就需要提高业绩奖励提成比例。

虽然有了述 6 种方案,也不能简单地得出哪一种方案最适合衡量饭店管理的业绩奖励提成。在实际运作中,由于饭店管理公司占尽优势与先机,在信息不对称的情况下,天平很难向饭店业主倾斜。不过,在饭店管理公司越来越多,市场竞争和饭店经营压力越来越大的情况下,选择科学的业绩奖励提成也不是一件容易的事。

五、实施明确的监督机制

对饭店管理公司的监督,建议在建立科学的评价指标的基础上,从财务预算控制和日常监督管理两方面进行。在日常的管理经营中,业主应该对管理公司外派人员的工作给予适度的配合和参与,在财务预算控制之外的经营管理范围内充分放权给管理公司。

(一)建立完善的评价体系

激励机制设计的最终成果就是针对代理人的一套考核评价体系和与之相适应的激励方式。管理公司的业绩奖励提成的基本特征是其收入与业绩相挂钩,这就客观上要求饭店业主设计一套科学有效的业绩考评体系。这个考核体系须包括:选择什么样的激励指标才能恰当地评价管理公司的"不可观察性"投入,全面、客观地反映其业绩及其指标体系,制定可以实施和操作的考评原则和程序及其指标体系。

(二)财务预算控制

饭店委托管理的基本要求是管理公司全权掌握饭店的经营管理权。因此,业主就需要通过年终经营报表和月度报表等经营数据,了解饭店的具体的运营状况,可以考虑采用预算作为保证饭店运行质量的监督手段。预算管理通过将企业的目标及其资源的配置方式以预算方式加以量化,使企业的经营目标得以实现。[1] 大多数饭店企业的预算是由总经理组织编制,报董事会批准后实施。由于信息不对称,董事会不可能对预算提出实质性意见,因此,业主在审批预算计划时,应注意计划的科学性和合理性。对于管理公司的财务控制应该不仅仅需要以保护业主资产安全目标和查弊纠错为目标,更要注意目标的效率性,从而保证饭店经营的效益、保证业主营运目标的实现。预算编制可以由管理公司根据饭店的实际经营目标,设定年度市场销售计划(确定收入目标)、年度经营费用预算(确定成本目标)以及资本更新计划(解决固定资产更新改造问题)。合同中有必要约定说明每年业主与管理公司一起商讨预算、定期听取管理公司的经营业绩汇报等,以此保证管理公司对饭店的经营管理没有偏离业主的利益要求,从而保证管理公司可以通过对饭店的经营管理实现效益目标。一般来说,在董事会审批了管理者的三个预算计划后,就应该放手让管理公司在预算的框架里运作,以免干扰管理公司的正常经营。董事会可以每一年开两次,下半年审批来年预算,上半年检查当年预算执行情况,这样可以及时发现管理者经营中存在的问题,为调整方案、解决问题提供充足的时间。

(三)日常监督管理

饭店日常经营过程中,对于业主需要把握的饭店工作,可以考虑通过在饭店内部委派数位饭店管理领域的专业人员,代表自己对饭店行使管理和监督职责。对于业主来说,聘用饭店管理公司最迫切需要的是管理公司为饭店创造经营效益,提升饭店的品牌。同时也希望可以借助管理公司外派团队的力量,通过学习,保证自己可以拥有一支专业的饭店管理队伍,从节约投资角度和发展角度来说,这对饭店业主大有裨益。因此,业主在向饭店外派人员时应明确自己的目的,一方面通过外派人员代表自己与管理公司实时沟通交流并对管理工作予以适度的监督;另一方面,也可以使外派的管理者有效地学习掌握饭店管理技能。具体来

---

[1] Collis D J. A resource-based analysis of global competition: the case of the bearings industry[J]. Strategic Management,1991(12):49 – 68.

说,业主及其外派管理人员在参与饭店经营工作时应该注意以下几点:首先,应该遵循规范的工作程序,业主需要事先与管理公司协商,征得管理公司的同意,由管理公司聘任外派人员担任职务。其次,在饭店的日常工作中,业主方的管理者,应该严格遵循饭店的规章制度,按照自身的职务行使权力,不能因为自己是业主方人员就超越职权开展工作。再次,业主方的管理者应该按照正常的管理程序汇报工作,对于管理公司权限范围的工作,不越级请示和汇报;业主也要注意,不对这一类的问题随意发表意见。第四,业主方管理者需要注意与管理公司的实时沟通,代表业主的利益与管理公司对饭店的经营进行协商,尊重管理公司在管理水平上的专业性,及时处理不同的意见。

当然,饭店业主与管理公司之间的复杂关系,远远不止于上述所论。从根本上讲,还是需要规范合同文本,并从激励约束机制入手加以完善。

第四章
战略联盟

战略联盟是饭店集团化发展中一种较为新型的发展模式。从集团化的发展条件看,这种发展模式的生存条件比较苛刻,不一定所有的战略联盟都能生存并得以延续。即便是诸如最佳西方国际这样知名的饭店集团,在发展过程中,除了采取战略联盟模式外,也辅以特许经营等其他模式。本章将以最佳西方国际为例,在评价分析最佳西方国际的战略联盟模式的基础上,重点探讨战略联盟如何才能得以生存延续的问题。

第一节 最佳西方国际的发展

最佳西方国际酒店拥有60多年的历史,是世界单一品牌的最大国际酒店联盟,它的成功运营,给我们研究国际酒店战略联盟提供了一个很好的案例。

一、最佳西方国际简介

美国最佳西方国际集团(Best Western International, Inc.)是全球单一品牌最大的酒店连锁集团,拥有4100多家成员酒店,酒店分布在88个国家和地区,在美国、加拿大及欧洲具有广泛的影响。

1946年,拥有23年管理经验的旅游业主古尔汀(M. K. Guertin)建立了最佳西方汽车旅馆。经过60年的发展,"最佳西方"采取建立战略联盟的方式,在全球建立经营网点,通过其全球预订系统和灵活多样的服务项目,把各个成员饭店联合起来,迅速成为世界第一大的饭店品牌。

1963年,"最佳西方"拥有699个成员饭店,35 201间客房,成为饭店行业最大的汽车旅馆连锁店。

1964年,加拿大加入该系统,标志着"最佳西方"向全球扩张跨出第一步。

1966年,"最佳西方"的"七人董事会"成立,董事会成员是由成员酒店逐级推选产生的。这一年"最佳西方"将总部由加利福尼亚州迁到了美国亚利桑那州菲尼克斯。

1968 年,"最佳西方"开通了统一号码的电话预订系统。

1970 年,"最佳西方"启用正式的酒店质量监控体系,代替了以往采用的成员酒店相互间的质量检测。

1976 年,"最佳西方"加速其在国外的扩张,与墨西哥、澳大利亚和新西兰的411 个饭店签订了加入协议,进一步确立其国际影响。

1988 年,"最佳西方"建立了常客奖励制式。

1996 年,"最佳西方"启动全新的中央预订 LYNX 系统。

2001 年,"最佳西方"建立了成员酒店专用的网站。

2002 年,"最佳西方"开始拓展中国酒店业市场。

2005 年 4 月 18 日,"最佳西方"网站(www.bestwestern.com)推出 8 个语种服务。"最佳西方"网站正式推出非英语预订网页,语种包括英语、法语、德语、意大利语、西班牙语、汉语、日语、韩语,可以预订"最佳西方"在澳大利亚、夏威夷、孟加拉、印度、新西兰和巴基斯坦等的所有成员酒店。

现在,"最佳西方"已发展成为全球单一品牌最大的酒店连锁集团,除在美国和加拿大外,"最佳西方"在法国、意大利、英国和德国也已成为了当地规模最大的酒店集团。经中国旅游饭店协会的统计显示,最佳西方也已成为中国酒店业的十强之一。全世界每天有超过 25 万人下榻"最佳西方"旗下的酒店。

最佳西方国际是一家由会员组成的联盟组织。最佳西方国际为酒店成员提供广泛的会员服务,包括国内和国际的预订系统、国际行销、品牌创建、质量保证以及各种其他相关服务。提供这些服务的资金完全来自于成员的会费。最佳西方国际还为成员酒店提供一些单独收费的额外服务,包括集中采购、经常性项目、电子预订、行销和无线电通信网络项目,这些项目被称为自费项目。

全球最佳西方酒店继续致力于帮助顾客享受旅游体验。2005 年最佳西方国际全面更新其销售计划,包括促销增进友好合作伙伴关系,加强了消费者的网站建设,大大丰富了服务项目,加大服务项目的忠诚度。2006 年开始致力于引领业界高端客户服务。目前,优秀人才遍布于最佳西方国际的各地各级。最佳西方国际要让当代的全球旅游者重新发现它是最佳的西方酒店品牌。

二、最佳西方国际的发展特征

在当今世界饭店业处于激烈竞争的时代,最佳西方国际饭店集团在 50 多年的时间里迅速成长为世界第一大的饭店品牌,是因为它具有其他饭店所无可比拟的独特优势。这些独特优势具体体现为以下几个方面:第一,遍布全球的经营网点。第二,最佳西方国际饭店的经营运作。饭店联号的费用一般包括四项:初始费、特许费、市场营销费及客房预订费。第三,灵活多样的服务项目。最佳西方新近的服务项目主要包括:金王冠俱乐部和航空公司合伙,家庭欢乐计划,政府/军事旅游,55+旅游者,团队,会议,欧洲旅游者。第四,最佳西方的组织构成及人事现状。作为饭店联合体的"最佳西方"的组织结构,不同于一般盈利型的法人结构。它的最高决策机构是选举产生的董事会。第五,最佳西方的财政情况。最佳西方是唯一只拥有成员而不拥有特许经营者的饭店品牌。每个最佳西方饭店业主作为成员都可以对品牌的主要事情进行投票。

最佳西方主要采取的是一种建立战略联盟的方式,通过其全球预订系统,把各个成员饭店联合起来。

最佳西方国际的成功不是偶然的,在组织结体系、市场营销体系、信息支持体系和质量保证体系等方面,都有其独到之处。具体分析如下:

(一) 系统的组织体系

为了保证联盟的正常运转和聚合效应的发挥,最佳西方国际组织设计了一整套完整的组织结构以提高联合运作的效率。最佳西方战略联盟的机构主要分为:信息部、财政部、市场营销部、品牌质量与成员服务部、综合业务部、全球销售部、国际业务部、企划供给部以及北美发展部。理事大会基本由全体理事单位组成,由7个代理区的成员共同构成常务理事会,每个代理区都选出1名代表构成常务理事会,这些代表都在所辖区拥有自己的成员酒店。这7个代理区的常务理事成员每年由本地区选举产生。如2005年的7个代理区常务理事成员分别来自美国的亚利桑那、蒙大拿、卡罗来纳、得克萨斯、加利福尼亚、弗吉尼亚和加拿大。最佳西方国际的组织机构如图4-1所示。

其中包括:

信息部:负责各类信息的收集与利用,确保决策层得到的信息是准确的,保证联盟信息流畅。

市场营销部:负责策划和实施中长期及年度营销计划、各成员单位营销信息的统筹与利用,以及联盟组织各类专项活动的筹划与实施。

财政部:负责联盟组织的财务管理及财政审核。

品牌质量与成员服务部:负责成员准入资格审查、成员年度资格评审、标准化的建立与实施、推行可识别服务标准和形象符号。

国际业务部:负责联盟组织预订系统的建立与国际国内系统连接。研究酒店设计

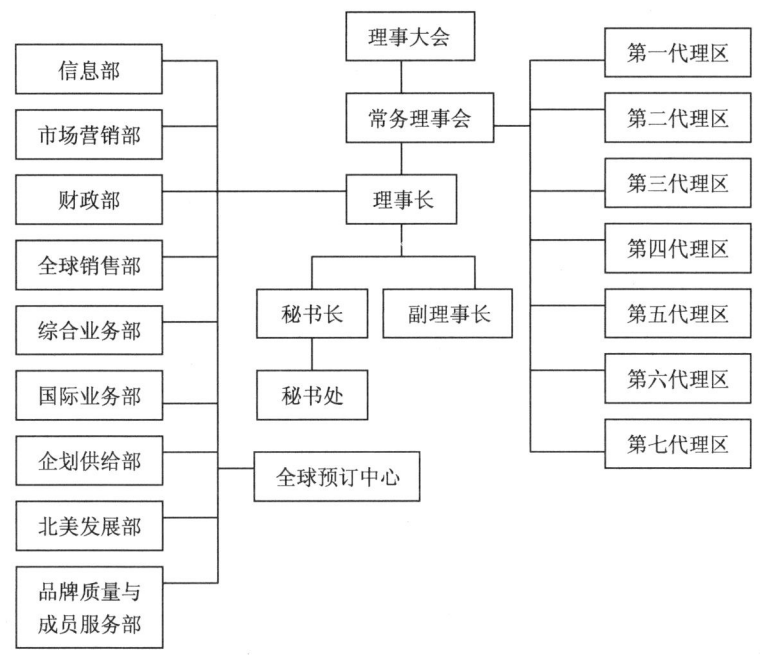

图 4-1 最佳西方国际的组织机构图

理念新趋势并指导成员的工程技术合作,以及工程专项技术的研究和指导。

北美发展部:负责联盟组织在北美的注册,研究联盟组织在北美的发展模式和竞争力建议、资产结构和融资渠道、运作机制等其他战略问题。

综合业务部:组织和利用成员人力资源信息,推动专业人员和特种人员在成员间的交流,负责成员酒店的人才培训及会议的召开。

全球销售部:负责全球销售事务。

企划供给部:负责企划和供给支持。

从其组织结构可以看出,最佳西方国际战略联盟的管理模式是一种系统化的管理,在该系统中,管理行为通过不同的决策层实现,这些决策层包括联盟理事会、指导委员会、执行委员会、联盟管理人员及各种项目委员会。最佳西方国际各管理层具有明确的权利与责任,能够避免引起内部的冲突和决策的缓慢以及相互之间的责任推诿,从而实现该联盟组织管理的有效性和迅速反应性,增强联盟组织的稳定性。

(二)庞大的市场营销体系

最佳西方国际得以生存的最强有力的武器是其独特的市场营销体系。这个体系包括以下内容:

1. 庞大的营销系统

面对市场上的同类产品的竞争与威胁,"最佳西方"战略联盟组织构建了一个庞大的市场营销系统,以建立消费者对酒店产品的信赖,及时抢占市场份额。作为全球最大的酒店联盟组织,最佳西方国际非常了解中高档酒店市场的潜力,它定位于为全球中高档酒店提供分销、预订和全方位营销支持,它的成员酒店为世界各类商务或休闲旅游者提供最优质的服务。为了取得这两大市场的成功,最佳西方国际在营销方面作了如下工作。

第一,品牌营销。最佳西方国际组织通过对其品牌(包括品牌认知、品牌质量、品牌联想和品牌忠诚度等)的传播、管理和积累,加强消费者对联盟组织及各成员酒店的认知,增加产品的附加值,促进消费者的优先选择,从而扩大市场占有率,不断提高联盟组织及各成员酒店的知名度、美誉度和忠诚度。作为酒店的品牌,首先必须是一个得到普遍认同的形象符号。最佳西方国际的品牌形象设计简洁,以红、黄、蓝三色作为主色,色彩非常鲜明,具有很强的吸引力,容易被消费者作为一个标志留在脑海中,加深消费者对品牌的认知度。"最佳西方"作为一个国际品牌,在不同的国家和地区统一了14项最基本的产品服务质量标准,能够从最基本的服务上给消费者产生较强的信任感,从而培养品牌的美誉度和忠诚度。

第二,产品营销。作为国际战略联盟组织,"最佳西方"把产品营销作为一条生命线,成员酒店选择跟其合作的主要原因,也是因为最佳西方国际组织拥有规模庞大的营销系统,能够给酒店带来直接的收益。

第三,方便快捷的预订系统。"最佳西方"在美国亚利桑那州的菲尼克斯市、意大利米兰和菲律宾马尼拉有使用多种语言并且统一的预订中心。如800人工预订系统。在非人工预订系统方面,采用了互联网系统和GDS系统[①]。顾客可以通过最佳西方国际的网址(www.bestwestern.com)来预订。在网上,所有酒店成员都有专供旅游者参考的完整的酒店指南。例如,早在2006年夏天,旅游旺季到来之际,在www.bestwestern.com预订的消费者,可以看到在美国、加拿大和加勒比地区的每个最佳西方酒店的5种不同的虚拟导游。每个酒店将其外部特征进

---

① 关于GDS全球分销系统将单独说明。

行360度的展示,包括标准客房,豪华房间/套房,除此之外还有游泳池、会议室或者餐厅等。

第四,内部相互订房系统。联盟组织大力拓展数据库营销,实现客户资源共享。这种内部成员间相互订房系统在北美和欧洲市场发挥了相当大的作用。有数据统计,内部成员的预订可以达到酒店客户预订的5%。传统单体酒店,协议客户的增加,一般通过各酒店自身销售部与客户进行接洽。因此,协议单位数量的增加受到了人力资源、区域跨度、时间跨度、财力支持、受惠范围等诸多因素的限制。现在,只要一家成员酒店与一位客户签订协议,就相当于所有成员酒店同时与这位客户签订了协议。这个系统在联盟组织的成员酒店间发挥了很好的作用。

2. 全面的促销活动

最佳西方国际联盟除了充分利用其遍布世界的销售处积极地从事直接电话销售和参与各种大型的展销会之外,还举办各种各样的促销活动。这些促销包括:

(1)金王冠俱乐部(GCCI)。这是旨在吸引经常外出的旅游者的一项促销活动。参加俱乐部的人无须交纳会员费。俱乐部的会员,根据在最佳西方饭店的花费和住宿的次数、夜数来计分。客人赚的分数可以兑换美国储蓄券、美国汽车协会会员证、礼品券以及免费住宿的奖励。最佳西方国际饭店对俱乐部成员在住宿等级、价格、预订等方面还可以给予优惠。

(2)公路图与旅行指南。每年最佳西方国际饭店联合体印刷与分发400多万册公路与旅行指南。这些小册子有详细的公路图、旅馆位置地图、旅馆的彩色照片、设施价格,十分受驾车旅游者的欢迎。另外,还专门负责制作旅游代理商版,通过邮寄、销售拜访和展销会送给3万多个旅游代理商。每年联合体花费在印制分发小册子的开支大约1000万美元。

(3)公共关系。联合体公司联络部与各国新闻界和旅游、旅馆出版部门保持密切的联系,向它们提供新闻稿,介绍联合体的各项活动,举办新闻发布会、采访与专访,提供新闻信息与出版物,配合促销。"最佳西方国际"还与旅游团队和会议的组织者合作,向他们定期提供《团体价格手册》、《会议设施指南》等专业信息和帮助,并和航空公司、旅游经销商、旅游代理商和汽车出租公司合作,制定包括最佳西方饭店在内的包价旅游团。为了方便海外旅游代理商,还制定出直接以当地货币支付佣金的方案,简化了手续,降低了代理商的成本。

(4)常客奖励计划。GCCI的另一个项目,又叫作常客奖励计划,是一项专门为全美汽车比赛协会(NASCAR)的赛车爱好者定制的忠诚项目。成员可以获得有奖励的积分,可以获得印有 NASCAR 商标的商品(如夹克和帽子)、与比赛有关的物品(如戴在头上的耳机或听筒以及驾驶体验证书等),会员还可免费获得世界各地的夜间住宿,以及用餐、购物券,并且还为获奖会员提供比赛奖金或者奖品。随着 2006 年 1 月新奖励制度的推出,GCCI 会员每消费 100 美元(或其他等值外币)将获得 10 个积分的回报。另外,即将为白金和钻石精英客户推出其他特色奖励,包括提供更多的奖金以及为北美俱乐部会员推出"无期限积分规则"等。

3. 强大的合作伙伴

"最佳西方"在品牌行销方面还特别强化合作伙伴,对合作伙伴给予强大的关注。公司的主要销售伙伴有全美汽车比赛协会(NASCAR)、迈克尔·沃尔特普(Michael Waltrip)的司机、美国汽车协会/加拿汽车协会(AAA/CAA)、美国退休人员协会和万事达信用卡会员。

航空公司合作伙伴对品牌的成功也是至关重要的。最佳西方的合作伙伴包括全球很多大的航空公司,如:柏林航空、加拿大航空、阿拉斯加航空、意大利航空、美西航空公司、美洲航空、亚洲航空公司、中国南方、大陆航空、捷克航空、德尔塔航空、智利航空、美国西北航空、苏格兰航空、泰国航空及美洲航空等。

(三)强大的信息支持体系

强大的信息共享和沟通渠道是最佳西方国际的成功纽带。在这方面,最佳西方国际借用 GDS 全球分销系统,使之发挥着巨大的作用。

延伸阅读

美国 Sabre 股份有限公司于 1960 年创立 GDS 全球行销预订系统。Sabre 是美国航空公司的直属企业,至今已经有 40 多年历史。GDS 包含 Amadeus、Calileo/Apollo、Sabre、Worldspan 四大系统。Sabre 股份有限公司是美国股票上市公司,全球员工约 1 万人,是全球旅游业和运输业信息技术的领导者。每年通过 Sabre 系统成交的旅游订单金额超过 750 亿美元,欧美及其他国家的旅行社均通过此平台预订机票、酒店。在欧美国家,它是旅行社必备的工具之一,其重要性如同电话、传真、电脑一样。通过 Sabre 电子预订系统完成的预订,约占全世界预订总额的 40%。

大约在 40 年前,Sabre 公司直属于美国航空公司,其创建的 GDS 系统是用来帮助旅行社预订空中旅行的。在 Internet 问世之前,GDS 是全球最早通过电脑进行机票、酒店预订的。随着机票的预订带来住宿需求的增长,同时完成酒店预订,从而将旅游行业带入了一个新领域。Sabre 公司 2000 年收入 26 亿美元,在美国德州总部拥有 6000 名工作人员。

GDS 的四大预订系统提供全球 45 个国家连线使用,全球 50 万家旅行社及 5.3 万家旅馆(一直处于增加当中)成为该公司的会员。公司提供了 450 家航空公司航线、8 家游艇航线、33 条铁路运输,而且还拥有全球最大的旅游网站(Travelocity.com),并与世界著名的雅虎(Yahoo)、美国在线(AOL)、捷迅(Expedia)等网站合作提供酒店预订、机票预订、游轮预订及租车等诸多服务。

Travelocity.com 为美国股票上市公司,它还提供 B2B、B2C 平台,网站会员达 2700 万,早在 2000 年通过此网站预订达成的交易就达到 25 亿美元。为了服务于欧洲德语系国家的旅游业,还提供其他语言版本。

GDS 的成功在于:第一,GDS 是第一个在全球国际旅游行业使用的预订系统,并且是全球旅游行业主要的预订系统,因此全球旅游行业的酒店预订 GDS 的占有率为 50%,加入 GDS 等于直接与全球 50 万家旅行社签订了订房合作协议。第二,GDS 市场占有(包含)Amadeus、Calileo/Apollo、Sabre、Worldspan 四大系统。第三,随着科技的进步,GDS 为了更进一步地提供服务及提升服务水平,开发了网络订房,提供一般散客预订市场,并提供旅游信息服务。通过整合 Travelocity.com[①]、航空公司与运输公司的服务,GDS 具有了更为强大的信息支持能力。

GDS 系统与普通网络订房之间有很大的区别。现在的很多酒店已经开始建立自己的订房系统,但大都属于网络订房。网络订房之所以能被广泛应用,主要是因为网络订房(投资)成本较低。然而,那些真正关注酒店长远发展的领导者、决策者以及国际连锁型的酒店管理集团,更愿意加入到 GDS 系统中来提高自己的订房效率,因为一般网络订房大多数局限于国内旅客,且是酒店与一般散客通过 Internet 的随机接触或通过订房中心打电话预订,旅客预订不到的情况比较普遍,且这部分客人的消费能力相对较低。而 GDS 系统在一般网络订房的基础上,通过多年培育的全球 50 万家旅行社,将酒店预订与机票、租车、游轮预订等业务联成一体。加入该系统的酒店将获得更大范围、更为紧密的客户群,特别是能够保证旅客的入住,因为旅客通过 GDS 向酒店订房,提供入住旅客住宿信息及信用卡信息向酒店订房,可以为旅客提供有保证的订房。当然,通过此平台,游客也可以通过全球知名网站查找到酒店的所有信息,客人也可直接与酒店预订。其实,

---

① Travelocity.com 仅次于 Amazon.com 和 eBay,是全球排名第三的商业网站,也是全球最大的旅游网站。

网络订房与 GDS 最主要的不同在于,GDS 平台全球性的推广作用,它能在无形中提高酒店在游客心目中的地位,并与境外旅行社建立合作关系。

与此同时,酒店还建设了 iHotelier 强而有力的酒店管理系统。iHotelier 为美国多家著名酒店编写酒店管理系统,并与 GDS 系统直接接入。由 iHotelier 公司设计的全方位的酒店管理系统包含如下内容:①市场分析管理。分析各预订系统所进入的预订份额。②客源分析系统。分析旅客来源,以确定今后的宣传方向。③客源统计系统、房价管理系统、房态管理系统、会议管理系统等。提供 24 小时的系统管理服务,散客直接网络订房服务,多语言的网络预订平台。只要加入由 ASM 公司代理的 GDS,即能立即获得美国著名酒店所使用的酒店管理系统。

从发展的趋势看,加入 ASM 代理之 GDS 全球分销系统,还是有相当的优势。

首先,与全球 50 多万家旅行社建立合作关系。GDS 全球预订系统的旅行社用户有 50 万家,当酒店加入 GDS 全球分销系统的同时,就如同与全球 50 万家的旅行社用户签订合作协议。

其次,提高了酒店的全球知名度。酒店一旦加入 GDS 全球行销系统时,全球 50 万家旅行社就能容易地查询到该酒店信息,一般散客也能通过网络方便地查询到酒店信息,因为 GDS 与各大门户网站有合作。

再次,获得全方位的酒店管理系统。加入 ASM 公司所代理的 GDS 全球行销系统,能获得由 iHotelier 公司所设计的酒店管理系统的使用权,此套系统在美国被许多著名的酒店所使用。

最佳西方国际在使用 GDS 全球行销系统的基础上,作为一种战略联盟,其信息优势体现为在以下方面:

(1)在线联络系统发达。为使联盟组织和成员酒店取得各方面的联系及各成员间信息的交流,各成员酒店都必须使用国际互联网系统,以保证信息的通畅、及时。

(2)建立会议机制。最佳西方联盟组织内部的互促提高,表现在合理的会议机制。每年,最佳西方联盟组织都有三种会议。在这三种会议的举办地,会员及联盟的管理人员因为教育和采购的机会而聚在一起。会议的定期召开促进了人员的交流,会议既交流经验又凝聚感情。同时,还举办共同培训。最佳西方联盟组织邀请旅游主管部门和资深专家给参与酒店的高层负责人授课,培训中的接触和交流加深了彼此之间的信任。这些会议包括:①年会。会议包括一个拥有超过 300 家参展商的交易展、众多的专题研讨会和研习会。参加会议的有演讲嘉宾,可获得来自董事会主席、总裁、首席执行官和高级员工的最新信息。②春季教育（正式的地区性）会议。会议分为东部和西部两个会场。在那里，与会者有幸参加一个拥有超过60多家参展商的小型交易会，并接收来自董事会主席、总裁、首席执行官、高级员工和几场专题研讨会和研习会的最新信息。③主管会议。一个由前任主管和总监参加的会议。与会者常常参与各种各样的课题讨论，并为董事会和高级职员提供协会发展的意见。

（四）完善的质量保证体系

这一质量体系包括制定严格的标准和严厉的质量控制。

在制定标准方面，确定了14项国际标准化设施和服务。最佳西方国际以满足顾客的普遍需求为基本点，在全球各成员酒店统一14项质量标准（北美17项标准）。这14项标准也是最基本的标准，这些标准包括：接入免费高速互联网，欧式早餐或者丰盛的早餐，免费本地电话（30分钟）及长途接入，数据端口连接所有客房，提供熨斗和烫衣板、电吹风、煮咖啡或泡茶的工具，50%的客房为指定的非吸烟房间（国际上定为20%），免费赠送可用的日用品（剃刀、牙膏、面霜、缝纫工具包），在指定位置有瓶装或罐装水，在办公时间可以复印图片，至少10%的房间有国王标准的床（国际上要求女王标准的床），所有的客房有钟表、房间音乐、加量的洗发香波和至少一个国际英语电视频道。另外，最佳西方国际要求成员酒店坚持国际性的卫生标准；为解决国际顾客语言方面的障碍，最佳西方国际要求旗下的酒店在语言方面达到相当的水平；在安全方面，要求成员酒店为顾客办理相关的人身责任险。

在质量控制方面，采取了如下3项措施：

(1) 对产品的质量控制。为所有的成员酒店提供质量手册，质量手册有一个统一的评分标准，满分是1000分，800分为通过分。重点是酒店的卫生、酒店的设备完好率和酒店的服务水平（包括服务态度、语言水平等方面），将满足国际顾客的普遍要求作为衡量标准。

(2) 质量检查程序。最佳西方国际设立了专门的质量检查部门，它是一个完全独立运作的机构，有独立向上的统一报告程序。在每一个区域，或者是成员数量较多的国家都有持证的质量检查员。检查员每年都必须参加一次专业性的培训，而且经过考试合格才可获得质量检查证。

(3) 进行自我检查。"最佳西方"的质量保证措施，还要求成员酒店经常性地自行检查。另外，加强预防性的维护及更新，对陈旧破损的设备设施进行及时的维护、更新和改造。

(五) 严格的成员酒店入选标准

成员酒店的正确选择,对于任何一个酒店联盟组织来说都是至关重要的,它关系到以后合作的成功与否。酒店联盟组织内部之间既有竞争又有合作的本质,给其管理带来了不同于一般企业管理的压力。当成员酒店之间战略不一致时,合作的激励和意愿就会降低,从而就会降低酒店联盟组织的效率,对联盟组织的稳定构成威胁。

最佳西方战略联盟是一个松散型的战略联盟,缺少像酒店集团那样对成员酒店有力的行政手段,同时也不对成员酒店负有法律上的连带责任。要促进成员之间良好合作的展开,只有依靠成员酒店之间的信任程度及自身条件来进行。所以,仅凭合作意愿是远远不够的。联盟组织必须要根据自身市场定位对成员饭店的选择,制定出一个详细严格的标准。如果仅仅依靠市场力量进行成员的优胜劣汰,将不可避免地大大提高联合体运行的机会成本。因此,最佳西方战略联盟组织规定,任何谋求加入本联盟组织的酒店必须填写申请加入表,因为"最佳西方"并不会盲目地主动谋求任何酒店的加入。谋求加入的酒店,必须与业内"三星级"以上中高档酒店的经营风格适应并能被广泛接受和理解。申请加入的酒店,要经最佳西方国际联盟组织质量保证委员会对酒店资产、设施以及宾客服务进行严格的匿名检查:申请加入的酒店的资产、住宿、服务以及酒店特色等服务标准必须与最佳西方联盟组织的标准一致,最后由执行委员会成员表决决定接受还是拒绝加入,并形成检查报告。

最佳西方的成员酒店要保证遵循组织的全球 14 项基本的服务标准,并且每年都要接受定期检查。质量检查员对检查结果将做一个全面的酒店检查报告,这份检查报告就成为日后培训的标准和检查的依据。

在常任理事酒店的选择方面,"最佳西方"常任理事的选派,由欧洲和亚洲能提供更高水平的设施、服务和具有特色的酒店来确定。为限制"最佳西方"的常任理事的选派,酒店必须申请并且受制于一种特别的设计和质量检查。目前,在 17 个国家有 81 家"最佳西方"常任理事酒店,每家酒店要比全球其他最佳西方酒店提供 27 种或更多的额外设施及服务。最佳西方常任理事酒店的标准包括这些服务项目:迎宾服务、娱乐设施、酒吧/休闲室或室内迷你酒吧、免费赠送报纸及提供全套服务的定点餐厅,这一餐厅要求距离酒店 150 米(500 英尺)。

三、最佳西方国际的战略联盟属性

(一)战略联盟的定义

战略联盟源于生产制造业。随着知识进步和技术更新速度的加快,没有任何一个企业可以依靠自己的力量来向顾客提供最高水平的价值。在可预见的未来,企业已经认清了这样一个事实:它们需要竞争对手,更需要合作伙伴。联盟成为企业保持竞争优势和持续竞争优势的重要战略。最显著的例子就是汽车工业之间的联盟,如20世纪90年代初德国的戴姆勒·奔驰集团与日本三菱集团的战略合作,其目的在于,最大限度地调动企业自身经营资源来实现世界规模的竞争和协调,特别是与三菱开展战略联盟对促进奔驰集团的技术创新有重要意义。近年来,其他产业也纷纷采取战略联盟的形式,如航空业、信息业、家电业、金融业、文化业等。

战略联盟的概念最早由美国DEC总裁简·霍兰德(J. Hopland)和管理学家罗杰·耐格尔(R. Nigel)提出。他们认为,战略联盟是由两个或两个以上有着共同战略利益的企业(或特定的事业和职能部门),出于对整个市场的预期和企业自身总体经营目标、经营风险的考虑,为达到共同拥有市场、共同使用资源等战略目标,通过契约而结成的优势相长、风险共担、要素双向或多向流动的松散型网络组织。

在战略联盟随后的20多年的发展进程中,学者们对什么是战略联盟有着多种看法。关于战略联盟的概念的界定,学术界至今尚无统一的定义。但是概括来说,战略联盟的定义有广义和狭义两种观点。持广义观点的学者认为,所有的企业间合作形式都属于战略联盟,其联盟形式包括合资、参股式战略联盟、联合研发、联合生产、联合营销、供应合作协议、分销协议、许可经营等。持狭义观点的学者则从不同的角度对战略联盟进行了定义。如从战略管理的角度,多斯(Doz)等(1998)认为,战略联盟是两个或两个以上的伙伴企业为了实现资源共享、优势互补等战略目标而进行的以承诺和信任为特征的合作活动[1];从资源整合的角度,斯图尔特(Stuart,1998)认为,战略联盟是参与企业根据自己有资源的异质性,本着互惠互利的原则,利用资源互补来追求共同利益的行为[2];从合作竞争的角度,

---

[1] Doz Y L, Hamel G. Alliance advantage[M]. Harvard Business School Press, 1998:283.

[2] Stuart Toby E. Network positions and propensities to collaborate: an investigation of strategic alliance formation in a high-technology industry[J]. Administrative Science Quarterly, 1998, 43:668.

谢拉(Sierra,1995)认为,战略联盟是由很强的平时本来是竞争对手的公司之间组成的合作伙伴关系,是竞争性联盟①;从组织的角度,林杞则等(2001)认为,战略联盟是企业双方或多方为获取某种互补型创新资源而采取的非市场导向的交易方式②;等等。

根据国内外学者对战略联盟的解释,可以发现战略联盟一般具有以下特征:

(1)目标的明确性。战略联盟构建的根本目的是,通过在战略环节的合作以提升企业自身的竞争力。但具体来讲,其合作目的又是多样的,如开拓新市场、降低战略成本、提升产品附加值等。

(2)组织的灵活性。战略联盟是一个动态、开放的体系,一种公司间的松散的一体化组织形式。联盟企业之间是一种合作伙伴关系,不存在控制与被控制的隶属关系,在密切合作的同时保持着各自企业的独立性与平等性。所以,战略联盟存在着较低的进入壁垒及较强的可退出性。

(3)合作的平等性。战略联盟是联盟各方在资源共享、优势互补、相互信任、相互独立的基础上,通过事先达成协议结成的一种平等关系。

(4)合作的互利性。基本上是互相利用、提升竞争能力的合作伙伴关系,希望通过合作获取利益。

(5)竞争的根本性。合作是为了更好地竞争,竞争是联盟的根本属性。通过相互合作提升自身竞争力,以便更好地在市场上获取竞争优势。在联盟内是合作关系,在联盟外则可能是竞争关系。

(6)行为的战略性。战略联盟是一种战略性的合作行为,旨在为企业创造长期竞争优势,属于公司层面战略的长期性安排,以此可以区别短期的企业合作行为。

根据大多数学者对战略联盟的解释,几乎可以得出这样的定义:战略联盟是指由两个或两个以上有着对等实力或者互补资源的企业之间,出于对整个市场的预期和企业总体经营目标的考虑,为达到共同拥有市场、合作研究与开发、共享资源和增强竞争能力等目标,通过各种协议而结成的优势互补、风险共担的合作竞争组织。在本书中,把这种战略联盟限定在饭店与饭店之间的联盟,把通过特许经营和委托管理形式发展的模式排除在战略联盟之外,目的在于方便分析。可见,战略联盟是指两个或两个以上的饭店企业,为实现特定战略目标,在保持各自独立性的前提下,通过契约关系而建立的以资源共享为基础、以共同实施活动为

---

① 何畔.战略联盟——现代企业的竞争模式[M].广州:广东经济出版社,2000:50.
② 林杞则,陈松.战略联盟——技术导入的一种重要方式[J].中外科技信息,1998,(10).

表征的松散型组织。当然,饭店除了可以与其他饭店结成联盟,还可以与非饭店企业结成联盟,如饭店与银行(如中国信用卡酒店网络销售联盟等)、饭店与餐厅如双树(Doubletree)、饭店集团与美国知名餐饮企业"纽约餐饮集团"(New York Restaurant Group)、饭店与航空公司(如"最佳西方"与南方航空明珠俱乐部开展全球范围的联盟合作)、饭店与其供应商(如万豪酒店与全球最大的家具制造商 Steelcase 公司的联盟)等。此外,饭店战略联盟也可以由不同饭店集团组成,如亚洲酒店联盟由五大知名连锁饭店集团[台湾丽致(Landis)、泰国杜狮(Dusit)、香港马可·波罗(Marco Polo)、新加坡君华(Meritus)及日本新欧塔尼(New Otani)]组成。

由于酒店行业中两个或两个以上的企业出于特定的战略考虑,基于共同的利益基础,通过某种协议规范而结成优势相长、风险共担、要素双向或多向流动的契约式松散的合作竞争网络组织,这样单体酒店可以在不扩大企业边界的前提下,达到扩展酒店的市场边界的目的。

(二)饭店战略联盟、饭店集团、饭店联合体的联系与区别

为了更好地理解饭店战略联盟的内涵,这里将饭店战略联盟与饭店集团、饭店联合体的联系与区别作一番对比分析。

饭店集团化发展的实质是集约化和规模化。从产权角度看,饭店集团化可以分为以产权关系为联结纽带的母子公司制集团化(这种模式本书称为直营连锁)以及以非产权关系为纽带的联盟制集团化。前者即饭店集团(Hotel Group),后者即饭店联合体(Hotel Consortium)。这里的产权关系是作为区分饭店集团和饭店联合体的一个基本标准,虽然也有人把两者都作为饭店集团化经营的两种基本形式。饭店集团主要通过兼并和收购实现扩张;饭店联合体可以通过特许经营、委托管理方式实现扩张,也可以通过契约式的联盟来建立。为了厘清概念,本书明确把特许经营、委托管理和战略联盟区分开。

饭店集团、战略联盟与饭店联合体三者之间的异同,其实还是很容易区别的。

从战略目的看,饭店集团与饭店战略联盟都是为了提升自身的竞争力以实现饭店价值最大化,但它们之间存在很大差异。第一,从结构模式看。饭店集团是通过兼并、收购的股权形式把若干企业联合在一起,集团的成员企业进入和退出集团都有较高的壁垒;饭店战略联盟通过股权或契约形式进行合作,是一个松散型组织,具有较大的灵活性,联盟的组建和解散没有太大的壁垒。第二,从组织结构看。饭店集团往往以母公司为核心形成多层次的内部组织机构,是一种纵向的层级制;战略联盟是一种网络结构,一般没有组织机构,有关合作事宜是通过双方协商进行的。第三,从成员间的关系看。饭店集团内的企业没有完全的独立性,与母公司是被控制与控制的关系;战略联盟合作伙伴之间彼此独立,共同主导联盟的发展。第四,从合作范围看,饭店集团内部实行全方位、多层次的分工协作,并拥有统一的发展战略目标;饭店战略联盟则仅限于在协定的领域内合作,在其他领域可能又相互竞争,双方进行有限的合作是为了更有利于实现各自的战略目标。饭店集团与饭店联盟的区别详见表4-1所示。

表4-1 饭店集团与饭店战略联盟的比较

比较内容	饭店集团	饭店战略联盟
结构模式	股权关系(兼并或收购)	契约关系
组织结构	纵向的层级制	网络结构
是否设置母公司	设置	一般没有
成员之间的关系	母公司与子公司是控制与被控制的关系,子公司间相互争夺资源	彼此独立,资源共享,战略相互协调
合作范围	全方位、多层次的分工协作	仅在协定的领域内合作

实质上,国际酒店企业战略联盟是一种较普遍的模式,很多酒店集团都是通过战略联盟的形式发展壮大起来的,它们并不强调联盟伙伴之间在各方面的相容性,所重视的是相互之间某些经营资源的共同运用,其相容性是有选择的,不同的选择构成了不同形式的联盟。美国的精品国际酒店公司(Choice Hotels International)1998年与欧洲酒店公司、1999年与旗帜国际有限公司结成战略联盟。美国的天天酒店(Days Inn)和最佳西方国际酒店(Best Western International)等都是以战略联盟作为其扩张和发展的经营策略的。[①] 酒店企业战略联盟和酒店集团均属通过股权或契约联结的经济联合体。酒店集团是一种经营的方式,即把单个酒店组织起来,以规模、品牌、管理模式和网络为主要标志的生产经营和资本经营相结合的手段,使得某类品牌的酒店达到市场价值的最大化。它一般以一个或若干个实力雄厚的大型酒店为中心,以资本联结为主要纽带,并以酒店经营的各个层面的合作,包括产品、技术、资金等,把多个酒店企业联结在一起,形成具有多层次结构的,以母子酒店企业为主体的,在经济上统一控制的、法律上各自独立的多法人一体化酒店联合体。

---

① 谷慧敏,秦宇.世界知名饭店集团管理精要[M].沈阳:辽宁科学技术出版社,2001.

(三)饭店战略联盟的特征

有一种观点认为,具有股权式特征的饭店集团也是战略联盟,这种股权式酒店联盟的特征如下:

股权式酒店联盟是指联盟中的伙伴企业以共享资产的形式进行合作,建立一个具有独立法律地位的实体或者是通过股权投资、相互持股的方式进行联盟。例如,联盟伙伴建立合资企业或共同向某个企业进行战略性参股投资。从其定义中可以看出,股权式酒店联盟有以下特点:①约束性。联盟中合作伙伴作为投资者与新实体产权清晰,这有效地制约了合作伙伴作为投资者占用、挪用合资企业的资产的机会主义行为,从而降低了交易成本。由于建立新合资酒店过程中存在资产专用性约束,建立合资酒店一般有较高的成本。因此,当联盟解散,合资酒店终止时的退出成本较高。②控制性。在以产权为主导的联盟中,联盟伙伴都会向新成立的实体派出董事以行使剩余控制权。通过参与董事会,联盟伙伴可以直接观察和监督管理者的决策,也可以独立审核子公司的财务状况,还可以比较方便地监督其他合作伙伴的行为,这些优势都是契约式联盟所无法比拟的。③低效性。由于合资酒店是共享产权、共同控制、共同管理,合资酒店在处理突发事件时的反应速度和灵活性较差。

实际上,笔者从一开始就不把具有股权关系的饭店集团作为战略联盟,只把契约式酒店联盟作为战略联盟,同时也排除通过特许经营和委托管理模式发展的饭店联合体作为战略联盟。这是因为,本书的研究目的就在于要详细区分特许经营、委托管理和战略联盟之间的差异,研究采用这三种不同发展模式的饭店集团的发展规律,倘若混为一谈,岂不失其研究意义与价值。

因此,明确契约式酒店联盟的联盟特征就变得非常之重要。契约式酒店联盟,是指两家或两家以上独立拥有、独立经营的单个酒店企业为了共同拥有市场、共同使用资源等战略目标,通过契约形式联合在一起对等合作,实现生产要素多向流动的松散型的合作组织。酒店联盟组织通过契约的形式联结,不涉及产权关系的变更,是一种复杂的社会经济组织形态,充分体现出统一兼独立的经营模式。具体表现出以下特点:①平等性。酒店联盟内部的各参与酒店,在资源共享、优势相长、相互信任基础上,通过事先达成的条款或协议结成平等关系,这不同于按照出资数量多少决定控制权分配的企业集团的形式,参与酒店在平等的基础上相互合作实现资源和知识的多向流动。②松散性。联盟成员酒店合作各方的关系十分松散,主要是通过协商的方式解决各种问题。联盟的协议往往看上去更像"谅解备忘录",一般只阐明共同拥有市场、日常经营中彼此交流经验等基本目标,强调协商,从而创造出一种弹性机制。联盟组织的松散性使联盟企业在履行"共享价值活动"的义务和职责时,仍保持着较强的灵活性和应变能力,这也将有效避免共享过程中僵化成本的产生。③高效性。联盟组织的实力是单个酒店是无法比拟的,它可以综合各方面的资源优势来完成单个酒店难以胜任的各项经营任务,尤其是预订系统的创建更超出单体酒店能力之外,联盟具有提升单体酒店竞争力、分担风险、扩张市场以及获得规模经济效应等高效功能。

那么,股权式与契约式联盟之间的关系如何呢?应当说,股权式集团与契约式联盟之间的差异很明显。相对于股权式集团而言,契约式联盟由于更强调相关企业的协调与默契,从而更具有联盟的本质特征。契约式联盟在经营的灵活性、自主权和经济效益等方面,比股权式战略联盟有更大的优越性:①股权式战略联盟要求组成具有法人地位的经济实体,对资源配置、出资比例、管理结构和利益分配均有严格规定;而契约式战略联盟无须组成经济实体和固定的组织机构,结构比较松散,协议本身在某种意义上只是无限制性的"意向备忘录"。②股权式战略联盟各方按出资比例有主次之分,且对各方的资金、技术水平、市场规模、人员配备等有明确规定,股权大小决定发言权的大小;而契约式战略联盟各方一般都处于平等和相互依赖的地位,相对保持经营上的独立性。③在利益分配上,股权式战略联盟按出资比例分成,合资各方的利益体现在最后的分配上;而契约式战略联盟中各方可以根据自己的情况,在各自承担的工作环节上进行经营活动,取得自己的利益。④股权式战略联盟的初始投入较大,转置成本较高,难撤离,灵活性差,风险大,政府的政策限制也很严格,而契约式战略联盟则可避开这些问题。

当然,股权式集团与契约式联盟之间也具有某些同质性。酒店股权式联盟与契约式联盟的同质性如下:①共享性。单体酒店加入酒店联盟组织可以共享合作伙伴和联盟组织带来的种种优势,例如,销售渠道的扩大、学习的便利和企业知名度的提高等,这也是酒店加入联盟组织的出发点。共享的前提是参与酒店必须履行相应的义务。②统一性。酒店联盟作为一个有自身宗旨和目标的酒店之间的合作组织,对参与酒店存在一定的约束,体现在联盟组织共同的章程和行为准则上。作为集体合作创造收益的制度安排,很多酒店联盟拥有自己的品牌,对外树立统一的市场形象。例如,世界金钥匙酒店联盟要求联盟各成员酒店服务理念统一、品牌标识统一、服务标准统一、人力资源统一和营销网络统一。③战略性。酒店联盟的建立并不仅仅是参与酒店的应急举措,而是酒店在既有竞争条件下对未来的一种长远和整体的谋划。随着市场环境的不确定性和激烈竞争的进一步加大,联盟组织的目的不仅是获取更多的利润,更包含着对改善竞争环境和经营条件以使酒店能够持续发展的思考。④广泛性。战略联盟可以产生于企业价值链的各个环节(从研究开发到售后服务),涉及众多行业。在产生方式上,战略联盟可以通过技术转移、相互特许、中间产品联营、合作生产、管理协议或市场协议等各种方式形成,因而范围相当广泛。

通过上述分析可以发现,股权式集团与契约式联盟之间的同质性是就其外在意义而言的。

在性质上,饭店集团是一种非竞争性关系,而饭店战略联盟则是竞争性联盟与非竞争性联盟并存。

饭店与饭店结成的战略联盟,是一种横向联盟,因为联盟企业具有相同的价值链位置,提供相同或相似的产品或服务。一般认为,横向战略联盟是典型的竞争性联盟,因为联盟企业提供产品相同,相互之间具有替代效应。[①] 但是,饭店战略联盟的情况则比较特殊。饭店具有地域性特征和不可移动性特征,住宿供给的竞争性质只能是区域性的竞争,一般不认为夏威夷的豪华饭店与青藏高原上的小旅馆会有直接竞争关系。因此,由跨区域饭店组成的战略联盟,联盟饭店之间没有直接竞争关系或是没有竞争关系;但同地区饭店组成的战略联盟则是竞争性联盟,在联盟内是合作伙伴,在联盟外则是竞争对手。

(四)饭店战略联盟的类别

战略联盟的分类与战略联盟的范围相关,范围界定的不同,联盟的分类也会不同。对战略联盟的范围的划分中,很多学者提出了不同的观点。美国因佛耐特公司的服务董事长乔·柯莱矣认为,战略联盟主要有交易联盟、职能联盟和动态联盟三种形式。美国学者赛蒙因依据股权参与和合伙人的数量这两个标准提出了五种主要的战略联盟,即契约性协议、非正式合作、合资、股权参与、国际联合;国内的学者倾向于将战略联盟分为横向战略联盟、纵向战略联盟和跨国战略联盟三种。

为了较为完整地表述这一问题,笔者把各种形式的酒店企业战略联盟形式都作一番介绍。

1. 纵向和横向联盟

从产业供应链的角度来看,国际酒店战略联盟可分为纵向联盟和横向联盟。

(1)纵向联盟。

国际酒店纵向联盟主要包括以下3种形式:①同航空公司之间的协议合作;

---

① 陈耀.联盟优势[M].北京:民族出版社,2003.

②同银行联合使用信用卡进行的分销和交叉营销；③与供应商伙伴的联盟。前两种联盟形式，也被称为顾客伙伴型联盟。顾客伙伴型联盟主要体现在提供的传统服务与延伸服务的多少及服务的个性化、特殊化方面，它不同于一般意义上的买卖关系，旨在培育饭店的忠诚顾客。这种联盟形式以全方位、立体式的一条龙服务要素来组织服务流程，将"服务营销"的内涵延伸到每个环节，向顾客提供超空间、超区域、跨产业的个性化超值服务，同时也为自身创造更大的服务空间。目前，顾客伙伴型联盟已在世界范围内取得了长足的发展。比如，希尔顿饭店公司在1995年9月率先与美国捷运公司联合发行一种无费用、品牌联合的信用卡，捷运公司的希尔顿信用卡给持卡人以最丰厚的回报，是其他种类旅行卡所不能比拟的：它无须交纳年费，而且所开立的信用卡利率低。再比如，香格里拉与航空公司联合推出飞行积分计划，只要以公司协议价或非折扣价格住宿香格里拉，并在登记入住时展示飞行积分会员卡，就可以免费取得更多旅程点数或公里数，每次住宿都可以得到一定积分。这两种联盟合作方式的不足之处在于容易被复制和模仿，于是很快被各酒店集团所仿效，甚至成为对客服务的必选项目，如2003年世界排名前10位的酒店集团旗下不同的品牌酒店，都已采取不同形式与航空公司或银行联合推出相关旨在为客人提供的增值服务。

酒店企业为了保证产品的质量以及降低成本，采用与供应商伙伴的联盟形式。通过与不同供应商企业的联盟，酒店企业获得从家具、地毯、窗帘、床单、床罩，到墙纸、装饰物、带镜框的风景画等所需要的一切。

(2) 横向联盟。

横向联盟，指的是酒店之间所建立的市场营销和预订系统，以获得一定地区的市场份额。这也是酒店竞争对手的联盟。这种联盟形式主要是由酒店企业组成的基于一定资源联合所形成的联盟形式，这种联盟比较符合经典战略联盟理论的内涵，这在当前也是值得酒店业界、学界关注的现象。一般而言，酒店与酒店之间是一种竞争关系。但实际上，酒店之间不仅存在竞争，而且也存在合作的可能。有时，通过加强合作更有利于酒店营销目标的实现。如有利于巩固已有的市场地位，有利于开辟新市场，有助于多元化经营战略的展开，有利于减少无益竞争，达到共存共荣的目的等。每个酒店都有其长处，也有其短处，取长补短永远是增强酒店竞争力的有效法宝，而善于发现和利用外在的有利条件，是关系酒店营销成败的重要因素。竞争对手联盟形式可以发挥整体资源优势，还可以促进成员单位之间的横向联合，开展各种形式的技术交流、信息交流、产品置换等活动。通过建立竞争对手联盟，可以在各成员单位平等互利的基础上，集中资源优势，追求组织整体利益和成员个体利益，打造统一的酒店品牌。

成立于1928年的世界一流酒店组织(Leading Hotels of the World),最初由38位富有远见的欧洲酒店管理者发起。该组织将世界上最佳旅馆吸收为成员,促进世界各地一流酒店提高和保持其卓越地位、一流服务和优良传统;每年通过召开年会的形式交流经验,相互学习,相互促进;实现组织成员之间的客源共享。如今这种联盟形式在国外已取得了较为成功的发展。

横向酒店战略联盟组织最大的特点是一种单体酒店联盟(Independent Hotel Alliance)。该联盟通过使用基于互联网的CRS系统同GDS设施的无缝连接,确立形成自己固定的客源结构,采用先进的技术手段使酒店能自己进入系统,及时调整房源、价格及其他信息。采取不同于联号酒店集团的品牌发展方式——被业界誉为"软"品牌联盟(Soft-brand Alliance),即加入联盟所支付的费用要远远小于加入某个特许经营联号系统,而且酒店自身的品牌不必发生改变,可以保持相当的独立性,并且拥有和国际连锁酒店一样的全球销售及营销机构和国际知名度,赢得了更大的竞争空间。从酒店企业的实践来看,对于特许经营、管理合同等经营形式,比较公认的看法是应该排除在战略联盟之外,而被认为是一种集团化经营的方式。

2. 契约式联盟

有学者从产业组织结构的角度出发,把国际酒店战略联盟分为股权式联盟和契约式联盟。[1] 为了避免混乱,本书把饭店业的股权式联盟直接作为饭店集团来表述。这样一来,契约式联盟就是一种最基本的表述。

契约式联盟是一种合作联盟,不需要建立法律实体,分为传统契约和非传统契约两种类型。非传统契约下的合作联盟通常参与范围和时间有限,是一种便利的结合,解散比较容易,任何一方都可轻易退出。主要形式有:[2]

联合研究开发体。在酒店企业包括共同研究开发新技术,如电脑技术、新的设备设施、共同的人力资源开发、共同的市场营销技术等。

营销联合体。这是目前采用比较广泛的联盟形式。在联合体内,各成员酒店在资源的基础上,根据协商开展联合广告宣传、推进共同的营销产品、建立共同的销售网络等。如"世界一流饭店组织"所进行的联合促销,其影响之广,已为世人瞩目。

技术交换联盟(Technology Exchange)。酒店之间可以交换其领先技术,以加

---

[1] 任剑新.企业战略联盟研究———一个新型产业组织的典型分析[M].北京:中国财政经济出版社,2003.

[2] 吴绪永.中国饭店企业战略联盟的模式与构建研究[D].厦门:厦门大学优秀硕博论文,2003.

快实现各自的技术进步。

平衡投资(Equity Investment)。集团酒店采取少量股权参与,这种参与通常与某项技术研究合同相联系。

供应合同(Customer-supplier Relationships)。酒店联合起来与供应商建立供货关系。

(1)按酒店档次分类。

作为一种战略联盟,各种档次的酒店都有成功实施战略联盟的例子。有人据此分为豪华高档酒店联盟、中档酒店联盟和小酒店联盟。

所谓豪华高档酒店联盟是指这种联盟的成员均为经营优良的豪华酒店,这种联盟也以高品质著称,比较有代表性的有世界最受欢迎酒店组织(Preferred Hotels Worldwide,简称 PHW)、世界一流酒店组织(The Leading Hotels of the World,简称 LHW)、中国名酒店组织(China Famous Hotels Corporation,简称 CHFC)等。其中,PHW 的成员中有在世界最佳酒店排名榜上有名的香港半岛酒店、法国巴黎的里兹酒店和布里斯托尔酒店、瑞士的里奇蒙酒店以及美国的贝尔艾尔酒店。而 LHW 则自诩不主动寻找成员,欲加入者须自己提出申请。当然,两者均须经严格的现场调查,董事会投票表决等程序,一旦加入,则得到高品质的认可和荣誉。中国的广州白天鹅宾馆和北京贵宾楼酒店成为 LHW 的成员,而北京王府饭店则是 PHW 的成员。CHFC 的成员包括中国主要城市的知名高星级酒店及知名相关旅游企业。

中档酒店联盟中,最为典型的是美国的最佳西方国际酒店集团(Best Western International),它虽不比 PHW 和 LHW 那样豪华高档,但规模实力却丝毫不逊。"最佳西方"作为一个战略联盟而存在,它的每个酒店都是独自拥有并经营的,成员酒店每月交纳会费以使用最佳西方名称和标识,同时公司为成员提供营销、广告、设计、供应、质量和公共关系的服务。说"最佳西方"是非盈利的,主要是指其总部是非盈利的,所有的收入被用于公司经营运作,而其成员酒店的经营则是盈利性的。①

小酒店联盟是将小酒店联合起来,发挥特色经营的优势,并在预订、促销方面集中力量与大酒店连锁竞争,以谋得一席生存空间,如瑞士的小酒店协会。

联盟的具体形式多种多样,从灵活的、非正式的并需要最低投资的形式到受法律约束的、需要大量投资并难以解体的形式。正确选择酒店企业战略联盟形式

---

① 谷慧敏,秦宇.世界知名饭店集团管理精要[M].沈阳:辽宁科学技术出版社,2001.

的基础,在于企业的战略目标、企业产品和行业的性质、企业的资源和所在国家的要求,以及双方进行合作的意愿和灵活性。

(2)按酒店联盟结构模式和合作内容不同分类。

也有学者根据联盟结构模式和合作内容的不同,将饭店战略联盟分为结构模式和基于合作内容的战略联盟两大类。

第一类是基于结构模式的战略联盟。

根据联盟结构模式的不同,可分为股权式饭店战略联盟和契约式饭店战略联盟。

股权式联盟涉及权益的创造或转移,可分为合资式联盟和参股式联盟。合资式联盟是指联盟饭店共同出资成立一家独立的企业,合作各方共同拥有这家独立企业的股权。例如,2001年12月,法国雅高饭店集团与北京首都旅游集团签订协议,成立一家合资饭店管理公司,雅高与首旅在合资公司中各占50%的股份,实行合资式战略联盟。参股式联盟则指联盟饭店通过长期的相互持有对方少量的股份来建立联盟合作关系,各联盟饭店所持的股份数不足以达到控制对方的程度。

在契约式联盟中,联盟饭店之间通过签订契约型协议而不是股权参与的形式来进行合作,主要有特许经营、管理合同和其他功能性协议。本书第二章与第三章已经分别就特许经营与管理合同作了介绍,这里不再赘述。其他功能性协议主要有合作研发协议、技术转让协议、联盟采购协议、联合营销协议、销售代理协议等。

第二种类型是基于饭店合作内容的战略联盟。

按联盟饭店合作的内容,可分为管理联盟、采购联盟、研发联盟、营销联盟等。联盟饭店间可能不仅仅就单项业务活动进行合作,这里仅就合作内容的重点划分各类联盟。

管理联盟指就饭店综合性管理进行联盟合作,包括采用特许经营和管理合同模式的联合体,这种饭店联合体也可视为一种联盟。

采购联盟是饭店与饭店之间进行联合采购,如希尔顿、雅高和福泰(Forte)集团共同开发网络采购系统进行联合采购。

研发联盟是饭店与饭店共同研究开发某项技术,如中央预订系统、ERP软件、管理信息系统等,如希尔顿、雅高、喜达屋和福泰集团共同开发网络分销系统。

营销联盟即饭店与饭店进行联合营销。联合营销根据营销活动的内容,又可分为联合品牌、联合宣传促销、联合分销、联合定价、营销资源共享等。

把上述两种类型的战略联盟可以用表格进行归类(见表4-2)。

表4-2 饭店战略联盟的类型与实例

分类标准	类	别	内 容	实 例
结构模式	股权式	合资式	共同出资成立新企业	雅高与首旅合资成立饭店管理公司
		参股式	相互持有股份	假日与布里斯托结盟,假日持有布里斯托1/3股权,布里斯托成为假日最大的特许转让方
	契约式	特许经营	跨国饭店管理集团将具有知识产权性质的国际品牌出售给饭店业主	洲际饭店、圣达特、雅高、万豪
		管理合同	饭店所有者雇用饭店管理公司作为代理人全权负责饭店的管理业务	假日、希尔顿、洲际饭店
		其他功能性协议	合作研发协议、联合采购协议、技术转让协议、联合营销协议等	中国饭店全球营销联盟
合作内容	管理联盟		就饭店综合性管理进行联盟合作	详见本书第二章与第三章
	采购联盟		联合采购	希尔顿、雅高和福泰(Forte)饭店集团的联合采购联盟
	研发联盟		饭店与其他企业共同开发某种技术或项目	希尔顿、雅高、喜达屋和福泰(Forte)饭店集团共同开发网络分销系统
	营销联盟	联合品牌		全球小型豪华酒店组织
		联合宣传促销		广西酒店长话联盟
		联合分销		圣达特、万豪、喜达屋和希尔顿的"HonestBroker.com"网络预订联盟
		联合定价		
		营销资源共享		世界一流酒店组织(Leading Hotels of the World)与罗莱夏朵(Relais & Chateaux)饭店集团共享客户数据库资源

从上述的战略联盟分类看,除了在档次上把最佳西方国际列入中档酒店联盟外,在属性上显然不能简单地归属于上述所列的哪一种战略联盟。然而,如果从其主要功能看,最佳西方国际主要属于营销联盟,因为它具有联合品牌、联合促

销、营销资源共享等特征;在实施过程中,又有某些特许经营的特征;在运营过程中,又是以契约来建立起合作关系的。但又不完全是。

从研究的角度看,正是由于最佳西方国际战略联盟属性的相对复杂性,加之它又是世界上最大的饭店战略联盟,所以它的研究价值无疑是最大的。

第二节 饭店战略联盟的合作与共赢、协同效应与合作剩余

饭店之间为什么要合作?合作能实现共赢吗?饭店之间合作能否产生协同效应?合作是否有剩余?这些问题是回答饭店战略联盟之所以形成的最基本问题。

一、以合作求共赢的合作竞争

合作竞争(Co-opetition)一词,首次出现在美国哈佛商学院的亚当·布拉顿伯格(Adam Brandenburger)教授和耶鲁大学商学院巴里·纳尔巴夫(Barry Nalebuff)教授合著的《合作竞争》(*Co-opetition*)(1996)一书中。该词即将"合作(cooperation)"与"竞争(competition)"合二为一,形成合作竞争(Co-opetition)。合作竞争指企业为提高竞争能力、获取最大战略利益,而与其利益相关群成员进行的各种合作行为。这两位教授认为,当今的企业家应当摒弃立足于打垮对手、抢夺市场、锁定顾客的"竞争第一"的传统经营思想,应当从竞争第一战略中解脱出来,更多关注企业间的合作,将合作经营作为企业的经营战略来加以应用,通过合作,而不仅仅是竞争达到自己的经营目的。

合作竞争理念的提出和实践是竞争理论的重大发展。合作竞争对于竞争对手分析的重要意义在于:企业不仅要关注竞争者,同时也要关注互补者;企业不仅关注"你死我活"的竞争,也要寻求把市场做大,开展我赢你也赢的"共赢"合作。这种在开拓市场时合作、在瓜分市场时采取竞争的理念,为竞争对手分析提供创

新的思路和视角。① 竞争与合作具有如下主要特征(见表4-3)：

表4-3 竞争与合作的主要特征

竞争	合作
孤立	相互联系
小团体各自为战	相互依赖
独占	共享
面向局部	面向全球
工作重点一成不变	具有灵活性
维持	发展

资料来源：[美]伊夫多·兹加,里哈·默尔.联盟优势[M].郭旭力,鲜红霞,译.北京：机械工业出版社,2004:229.

将合作与竞争这两个对立概念进行完美整合的是经济学的博弈论。博弈论(Game Theory),又称对策论、游戏论,是运筹学的分支。它是运用数学方法来研究有利害冲突的双方在竞争性活动中是否存在自己制胜对方的最优策略,以及如何制定这些策略等问题。用博弈论的观点看,战略联盟就是一种合作竞争组织,是企业为了实现共同利益最大化的有效选择,是一种以合作求共赢的竞争策略。

长期以来,人们认为企业间的竞争是一种"零和博弈"关系,即一方所得必定意味着另一方等量损失。而"非零和合作博弈"的理论给企业以十分有益的启示：合作在一定情况下可以带来比单纯竞争更高的效益。博弈论认为,竞争与合作是企业应关注的两个重要方面。合作博弈实际上就是一种共赢策略,它通常能获得较高的效率或效益。对局者可以从合作产生的双赢结果中受益,替代了竞争导致的要么赢、要么输的结果。组织与组织间的合作已不再仅仅是权宜之计,基于共有利益的长远合作更有意义和价值,因为合作可能使大家得到更多的收益,因为如果不合作,各自的损失将会更大。因此,通过合作博弈所能得到的利益大于不合作所得到的利益,这正是战略联盟形成的基础。

---

① 包昌火.竞争对手分析[M].北京：华夏出版社,2003.

二、饭店战略联盟的博弈分析——以价格联盟为例

每个饭店都在追求个体的利益最大化。参与饭店战略联盟的决策依据是能否通过合作达到其自身利益最大化的目标。以下通过一个简单的饭店价格联盟的博弈模型,分析如何在实现集体利益最大化的同时实现个体利益最大化,以实现共赢。

假设某地区有两家饭店甲和乙,甲和乙饭店提供的产品完全没差异,假设在相同价格水平下,顾客选择入住甲或乙的概率是相同的。在一定时期内该地区的饭店产品需求量一定,需求量为2。甲、乙最初的客房定价均为3。这时由于顾客入住甲或乙的概率相同,甲、乙均获得收益3(2/2×3=3),甲和乙的总收益为6。如果甲、乙合作,结成价格联盟,把价格提高到5,这时甲、乙均获得收益5(2/2×5=5),甲和乙的总收益为10。在价格联盟中,如果其中一方背叛另一方,暗地报出比联盟价格低的价格4,这时背叛方获得收入8(2×4=8),被背叛方由于价格较高而没有顾客入住收益为0,这时甲和乙的总收益为8。因此,双方可有四种行为策略组合,见甲、乙博弈模型得益矩阵表(表4-4):

表4-4 甲、乙博弈模型得益矩阵

		乙饭店	
		合作	不合作
甲饭店	合作	5, 5	0, 8
	不合作	8, 0	3, 3

在这一得益矩阵表中,当一方不合作而另一方合作时,不合作的一方不仅获得比合作方高的收益(8>0),而且由于不合作一方在对方合作的同时,还利用对方的合作谋取了额外的收益(8-5)。这时,不合作方所攫取的收益实际上来自于合作伙伴收益的减少,即出现"一赢一输"的状况;如果合作的一方由于采取了不合作行为,当对方不合作时,导致自己利益受损。所以,不管甲或乙选择什么策略,都会担心对方出现背叛行为而使自己的利益受损。对自身利益的理性考虑导致甲、乙产生强烈的不合作动机。很显然,甲或乙都更希望得到以下结局,即自己不合作而另一方合作的结局,但实际上并非如此。如果甲、乙之间的交易仅限于一次,根据博弈理论的经济人假设和信息完全假设,双方都从各自利益出发,若考

虑不合作者所受到的惩罚太小,那么甲、乙均不会选择(合作,合作)的策略组合,最终导致出现(不合作,不合作)的状况。尽管这一策略组合是纳什均衡①(总收益为6),但并没有达到帕累托最优②,没有实现双方的利益最大化(总收益为10),最终结果只能是"共输"。甲、乙共同策略共同作用的最终结果是,试图作出"最佳"决策却带来"最坏"的结果。

然而,在现实经济社会中,经济人的理性假设是有限的,且由于不完全信息的存在,使无限重复博弈成为可能。甲、乙双方可能再次相遇,同样的或类似的情形将再次出现在双方未来的博弈中。但如果有一方在某一阶段选择了不合作策略,从下一阶段开始的以后所有阶段中,对方肯定也选择不合作策略,双方只能以不合作策略应对对方的不合作策略。对未来的这种期望或担心意味着现在作出的选择不仅决定当前的博弈结果,而且还影响着甲、乙未来的选择。因此,未来影响当前博弈的局势,只要甲、乙看重未来收益,看重合作能给双方带来较大的收益,当前合作就成为可能。也就是说,如果博弈重复多次,甲、乙为了长远利益而牺牲眼前利益从而选择不同的均衡策略,使得在一次性博弈中往往不可能存在的合作成为可能,实现帕累托最优均衡(总收益为10),出现"共赢"局面。

饭店战略联盟之所以出现,就在于饭店战略联盟具有行为的战略性,是饭店为了提升自身竞争优势而采取的战略行为。联盟内各饭店注重长期的未来收益。未来的预期收益使饭店当前作出合作策略的选择,以合作求共赢。

三、协同效应与合作剩余

协同(Synergy)的概念源自系统科学中的协同学理论。协同学是研究开放系统在保证与外界有物质、能量和信息交换的条件下,如何自发地从无序到有序转变的共同规律的理论。协同学认为,协同是指在复杂大系统内,各子系统的协同行为产生出的超越各要素自身的单独作用,从而形成整个系统的统一作用和联合

---

① 纳什均衡是指这样一种均衡:在这一均衡中,每个博弈参与人都确信,在给定其他参与人战略决策的情况下,他选择最优战略以回应对手的战略。纳什均衡是一种最常见的,也是最重要的博弈均衡。它是美国数学家纳什在1950年提出来的。纳什巧妙运用数学技巧,证明了如下定理:对于任何一个n人参与的非合作博弈(零和或非零和),如果每个参与者的策略是有限的,那么一定存在至少一个纳什均衡解集。

② 这个概念最早由意大利经济学家维尔佛莱多·帕累托(Vilfredo Pareto)提出。帕累托是福利经济学的创始人,他在20世纪初即认为,"如果不存在使某些人获益同时又不使其他人利益减少的其他可行方案,那么,当前的资源配置方案就是最优的",即达到帕累托最优。

作用。① 虽然各种系统千差万别,性质不同,但它们从无序到有序转变的机制是类似的,即在一定的外界条件下,系统从无序到有序都是系统内部各要素、子系统之间的协同作用。正是这种协同作用,才使得开放系统能形成具有一定共同规律的、形式各异的有序结构。

管理学上的"协同效应"(Synergetic Effect,也被译为协同作用),最早出现于对企业多元化投资(Diversification)的研究。美国学者伊戈尔·安索夫(Igor Ansoff)于20世纪60年代首次提出了协同效应的概念。② 他认为,协同效应是公司与被收购公司之间匹配关系的理想状态,即一家公司通过收购另一家公司,使得公司整体业绩高于两个公司原来的业绩总和,用公式表示为"2+2>5"。安索夫对协同的观点是建立在企业不同经营单元之间的相互适合的基础上,既包括规模经济效益,也包括对诸如专长、企业形象等无形资产的共享,并强调企业的整体价值。也有学者认为,协同效应是由于相关联的业务之间存在有形和无形资源共享而得到的企业价值的增加。坎贝尔·卢克斯认为,所谓协同就是各个独立组成部分汇总后产生的"共同效应"(Joint Effects)③,他强调协同要素之间相互配合的重要性。实质上,所谓协同就是"1+1>2"的现象,即相对于各独立的组成部分进行简单的加总而形成的业务表现而言,群体业务的业绩表现要大于简单加总的表现。跨国公司战略联盟的协同,就是联盟群体的总体表现与在联盟结成之前各跨国公司个体表现的简单加总的差异。④

合作剩余(Residual Interest of Cooperation),最早产生于古典经济学。亚当·斯密的分工理论强调劳动分工可以提高劳动生产率,认为效率的提高来源于分工后每个人从事简单生产过程的熟能生巧和便于效率更高的机器的发明与采用从而带来合作剩余。马克思认为,合作功能不是单个要素的简单相加,而是众多的单个要素资本聚合而产生的一种倍增效应,实现生产力的集体创造。亚当·斯密和马克思将企业视为要素所有者为分享合作剩余而缔结的特别合约。只要合作的这种特别利益大于由于合作产生的各项费用之和,即存在合作剩余,企业就得以产生。而这种合作剩余源于生产成本与交易成本的节约,以及个人生产力的提高和获得集体生产力。

古典经济学将合作剩余置于企业内部进行研究,我国学者也尝试从该研究角

---

① 许国志. 系统科学[M]. 上海:上海科技教育出版社,2000.
② 王琛,赵英军,刘涛. 协同效应及其获取的方式与途径[J]. 学术交流,2004,(127):47-50.
③ [英]坎贝尔·卢克斯. 战略协同[M]. 任海通等,译. 北京:机械工业出版社,2000.
④ 赵昌平,王方华,葛卫华. 战略联盟形成的协同机制研究[J]. 上海交通大学学报,2003,38(3):417-421.

度分析合作剩余的产生。连建辉、赵林认为,合作剩余的创造与分配是企业契约的核心内容。在市场经济条件下,要素所有者采取合作或不合作的策略,是因为这种策略会给他带来收益。而行为人到底选择何种方式,关键是看哪一种方式能够为他们带来更大的收益,即进行单干收入 D_i 与协作收入 X_i 之间的比较。要素所有者之所以会选择合作,就是 $X_i - D_i > 0$ 的结果。在这之中,合作收入之所以能够大于单干收入,是因为建立在分工基础上的合作能够产生"协作力"、"集体力"从而产生"合作剩余"的结果。合作剩余的源泉在于,合作可以提高资源互补或提高资源配置的合理程度。①

随着企业间合作行为的日益普遍,研究者开始从企业间合作的角度分析合作剩余。有人认为,合作剩余是指合作者通过合作所得到的纯收益(R_1),即扣除合作成本后的收益(包括减少的损失额),与如果不合作或竞争所能得到的纯收益(R_2),即扣除竞争成本后的收益(也包括减少的损失额)之间的差额(R_3),即 $R_3 = R_1 - R_2$。对于任何一个合作主体而言,必须 $R_3 > 0$,否则各方就没有参与合作的动机。② 企业合作的目的就是资源互补或提高资源配置的合理程度,从而为企业提供了合作剩余的源泉。

四、协同效应、合作剩余与饭店的联盟动机

由上分析可见,"协同效应"和"合作剩余"是从不同的角度研究合作所产生的"额外收益"。协同效应强调的是合作对结果的"影响",合作剩余强调的是合作的最终"结果"。协同学认为,企业间进行协同合作是因为联合效果大于各单独作用之和,即 $1 + 1 > 2$,这种"$1 + 1 - 2 > 0$"的"额外收益"的产生是协同的结果。合作剩余理论强调个体从合作中所得到的效益,合作使个体得到比单干或不合作更大的效益是企业进行合作的原因,这种合作剩余则是上述"额外收益"分配的结果。

企业的行为模式主要有 3 种:市场交易、内部化(兼并、收购和内部发展)和联盟。饭店需要开展某项业务活动时,可以在市场中通过交易由其他公司完成,也可以由饭店自己完成,还可以通过联盟与合作伙伴共同完成。饭店之所以选择与

---

① 连建辉,赵林."企业性质"重探——合作剩余创造和分配的市场性关系契约[J]. 当代经济研究,2004,1:56-61.
② 黄少安. 经济学研究重心的转移与"合作"经济学构想——对创建"中国经济学"的思考[J]. 经济研究,2000,5:60-67.

其他饭店甚至是与有直接竞争关系的饭店进行联盟合作,其根本原因是因为联盟合作能带来比不联盟更大的效益。从联盟整体看,协同可以"把蛋糕做大",使联盟整体效益大于各饭店联盟个体效益的简单加总;从联盟饭店个体看,变大了的蛋糕可瓜分到更大的蛋糕块,获得比不联盟更大的效益,即合作剩余。所以,在经济利益驱动下,饭店与饭店之间通过资源共享、成本与风险共担、优势互补,进行协同合作,实现联盟整体效益最大化,在此基础上获得各自最大化的"合作剩余"。①

五、饭店战略联盟的协同效应

饭店通过联盟合作获得的协同效应主要有:管理协同效应、营销协同效应、财务协同效应、企业发展协同效应以及学习协同效应。

(一)管理协同效应

管理协同效应,是指管理能力有差异的饭店结成战略联盟以后表现出大于联盟饭店单独管理能力总和的现象,其本质是一种合理配置管理资源的效应。

企业的管理能力一般被认为是由组织经验和组织资本组成。当企业组织经验和组织资本结合之后,就形成了企业管理能力。组织经验是企业内部通过学习而带来的技巧和能力的提高。根据所适用的管理领域,组织经验可分为:①一般性管理的组织经验。它适用于一般性的管理活动,也就是在各行业中都存在的大体一样的一般性管理经验。②行业专属性管理的组织经验。它是与某种特定的行业生产、经营的管理特征密切相关联的。③非管理性质的组织经验。它适用于非管理性质的劳动投入要素领域。组织资本是指企业特有的信息资产,它随时间而积累,可以提高企业的生产效率。组织资本也可以分为三类:①体现在员工身上的组织资本。企业的员工通过在工作中对企业的生产特点、工作安排、管理控制机制等不断了解,从而获得一定的信息。②员工与工作的匹配信息。主要是指通过了解工人的相关信息,从而安排工人进行与其特长、能力等相匹配的工作。③员工与员工的匹配信息。企业由众多个体组成,个体之间存在着间接和直接的合作关系,当个体之间的了解加深后,他们之间的匹配程度也就会提高。

---

① 这里有几点需要注意:第一,本文所提到的联盟效益指纯效益,即扣除联盟成本后的效益;第二,联盟效益不仅指财务性收益,还包括其他非财务收益,这点下文将有所论述;第三,协同效应和合作剩余都有"正"有"负",为便于论述,文中"协同效应"和"合作剩余"均指"正"的"协同效应"及"合作剩余"。

饭店战略联盟就是通过将不同饭店的组织经验和组织资本集聚、重组,不同种类的管理能力得到互补,使管理能力结构更趋合理,从而提高管理效率。例如,法国雅高饭店集团与北京首都旅游集团签订协议,成立一家合资饭店管理公司。雅高是跨国饭店集团,拥有先进的饭店管理经验;而首旅则熟悉中国文化,拥有本地管理经验,这两种管理能力互补,一般而言就能从中产生协同效应。这种管理协同主要来源于雅高的饭店专属性管理的组织经验与首旅的本地化组织资本的结合。另外,饭店特许经营、委托管理等管理协同也是来源于饭店自身的组织资本与授权方、被委托方的组织经验的重新配置。

(二)营销协同效应

追求营销协同效应是饭店构建战略联盟的重要原因。单个饭店往往难以承担开拓市场的高额费用,也难以形成品牌优势,饭店自建的预订网站难以吸引顾客浏览就是最好的证明。通过联盟饭店之间营销资源的组合,其营销优势将会得到"叠加"和互补,从而形成单个饭店难以形成的营销能力。

这种协同效应主要体现在以下4个方面:

(1)同档次的或具有某种相同产品特色的饭店结成联盟,以群体的力量打造"共有品牌"。"共有品牌"营销可以提高营销费用的利用率,使单个饭店的营销费用大幅度降低;另外,依靠"共有品牌"的品牌优势,可提升联盟饭店自身的营销效果。例如,全球小型豪华酒店组织、金钥匙饭店联盟、中国经济酒店联盟、三亚家庭旅馆联盟、广西酒店长话联盟(住店客人打长途电话免费)等,这些饭店联盟都是以相似的市场定位来培育"共有品牌"的。

(2)知名品牌饭店结成联盟,形成"品牌互动效应"。例如,五大知名连锁饭店集团——台湾丽致(Landis)、泰国杜狮(Dusit)、香港马可·波罗(Marco Polo)、新加坡君华(Meritus)及日本新欧塔尼(New Otani)共同创建"亚洲酒店联盟";联盟饭店进行统一营销、统一预订、互相推荐联盟饭店,联盟饭店自身的知名度不仅使"亚洲酒店联盟"品牌获得较高的认知度,联盟饭店之间还形成了一种互动宣传效应——联盟饭店的品牌优势因其他成员的知名度而得到加强,是一种典型的"强强联合"。

(3)联盟饭店通过共享营销资源、扩展营销网络,提升市场开发效率。例如,世界一流酒店组织(Leading Hotels of the World)与罗莱夏朵(Relais & Chateaux)饭店集团建立营销联盟共享客户数据库资源,不仅可以使联盟饭店双方了解对方的客户情况,还可据此研究市场发展动向从而制定营销策略。中国信用卡酒店网络销售联盟提出"分享1000、共享50万"的营销策略,凡联盟酒店可共享联盟内其他所有酒店的协议客户资源,使50万的协议客户资源真正成为酒店自身的协议客户,从而迅速扩增酒店自身的协议客户群体,并突破地区及所有制的限制,整合加盟酒店客户资源的优势。

(4)单体饭店或区域饭店加入跨国联盟,有利于其开拓单靠自身力量难以进入的市场。加盟跨国饭店战略联盟,联盟饭店即可纳入世界级的媒体宣传,进入全球分销系统,依靠联盟的国际品牌将自身品牌推向国际,从而开拓国际市场。如北京贵宾楼饭店于1990年加入世界一流酒店组织,于1999年加入世界小型豪华酒店组织,通过加盟这些国际知名饭店联盟,更有利于吸引外国游客,塑造国际品牌。

(三)财务协同效应

饭店战略联盟的财务协同效应主要体现在成本费用的降低,主要体现在以下两个方面:

(1)通过"成本共担"降低成本。联盟饭店"成本共担"主要体现在合作研究开发某种技术,如中央预订系统、在线预订系统、ERP软件等。饭店通过建立战略联盟,可以进行技术优势互补,共同承担高额的研发费用及研发风险,最后共享研发成果。例如,艾美(Le Meridian)饭店集团和日高(Nikko)饭店集团共同开发一个叫"one-stop"的全球预订系统。

(2)通过"规模经济"降低成本。饭店客房产品由于存在固定的最大供应量,一般不能像生产性企业那样通过与别的企业联合生产获取规模经济效应,但饭店联盟可以在某些业务环节实现规模经济。例如,相邻近的几家饭店共用一个维修部门、一个清洁部门、一个洗衣部门等。希尔顿、雅高和福泰(Forte)饭店集团共同开发了一个网络采购系统,实施联合采购,该联盟不仅降低了各饭店的采购业务费用,"批量采购"还提高了它们的议价能力,从而降低了采购品的成本费用。

(四)企业发展协同效应

企业发展协同,是指通过联盟饭店获得通过自身努力难以获得的发展机会。

(1)形成"行业标准"。具有某种产品特色的饭店组成的战略联盟,除了可以获得协同品牌效应以外,随着品牌知名度的提升和规模的扩大,其饭店产品标准或服务规范得到越来越多顾客的认可,逐渐演变成某种"行业标准",不仅提高了顾客忠诚度,还可形成结构性进入壁垒,巩固了联盟饭店的竞争地位。例如,每当顾客希望入住小型的独具风格的豪华酒店时,首先想到的应该是"全球小型豪华酒店组织"的成员饭店。全球小型豪华酒店组织由近60个国家的360多家独立经营、风格独特、管理完善的高级酒店组成,由于入盟标准和审批程序相当严格,从而保证了所有联盟酒店都符合"小型豪华酒店"的标准。再如,罗莱夏朵(Relais & Chateaux)酒店组织的成员大部分是由欧洲具有历史意义的古典城堡改建而成的酒店,成员酒店规模小(客房一般不超过30间)、环境优美,并且都以美食著称。罗莱夏朵(Relais & Chateaux)也就成为城堡酒店和美食的代名词。

(2)抑制过度竞争。饭店行业的过度竞争是指过多的饭店竞争者和不规范的竞争行为。由具有竞争关系的饭店组成的联盟,因联盟饭店都希望通过遵循联盟的约束条件而保证自己的利益,所以在一定程度上可抑制过度竞争以保证全行业的利润。

除了抑制行业内的过度竞争,饭店构建战略联盟还可以以集体的力量抵制关联行业的竞争。最典型的是饭店与预订中介商的抗衡。随着信息技术、电子商务的发展,大大小小的在线预订中介商如雨后春笋,以预订服务费的形式瓜分饭店的利润。相应的,饭店也组成了自己的预订联盟与中介商抗衡。① 例如,圣达特、万豪、喜达屋和希尔顿组成了网络预订联盟(该联盟叫"HonestBroker.com"),该联盟构建的初衷是为了应对在线旅游中介商的快速成长,如Expedia、Travelocity、Lastminute.com等。实际上,饭店营销联盟一般都有自己的网络预订平台,并以自己的联盟名称作为网络域名,除了进行统一网络营销,最主要的目的是进行统一分销。与预订中介商不同的是,联盟饭店不需要向联盟缴纳预订服务费,而是每年以金钱或其他形式(如"中国名酒店组织"的联盟饭店,每年以向订房中心提供免费客房的形式作为成员酒店的年费)向联盟缴纳一定的"会员管理费"。

(3)风险共担,提高投资效率。经营环境的复杂多变增加了饭店的经营风险,如技术风险、市场风险、财务风险、政治风险等。联盟合作可让联盟饭店一起分担这些风险,这有助于饭店实施一些自身难以承担风险或担心承担过大风险的活动。例如,希尔顿、雅高和福泰(Forte)饭店集团共同开发网络采购系统,三家饭店集团一起分担研发费用也一起分担由此带来的技术风险;雅高饭店集团与北京首都旅游集团签订协议,成立一家合资饭店管理公司,各占合资公司50%的股份,该联盟合作可降低雅高在中国市场经营的市场风险和政治风险。

(五)学习协同效应

战略联盟不仅帮助联盟饭店集聚互补性资源,而且为饭店提供了一个独特的

---

① 这里要注意的是,饭店加盟预订中介商是饭店与预订中介商之间的一种合作关系,如饭店加盟携程旅游网、Expedia等;只有饭店与饭店组建的网络预订平台,才是本文所研究的"饭店战略联盟"的组成形式。

学习机会。不同饭店有着不同的知识与经验,通过合作学习可以使饭店从联盟伙伴那里获取新的创新性技术、市场开发和管理的技能,以及存在于组织内个人的专业技能、团体的特殊关系和特别的规范、信息等。这些知识可以分为两类,一是显性知识,如信息;二是隐性知识,如专有技能。显性知识易编码,能被复制和传递,且不丧失完整性。而隐性知识不易编码,这类知识通常蕴涵在组织实践和文化之中,具有高度的黏性,无法用简单的语言进行描述,只有通过面对面的自由交流,在一种没有沟通限制和障碍的工作关系中才能共享这类知识。例如,中国名酒店组织成员互派员工到伙伴饭店实习、学习,这种组织间员工个体的密切交互作用是通过联盟界面学习隐性知识的一种有效机制。而不同知识经验的共享与互补,也可以促进联盟创造出新的能力和技术,从而提高饭店战略联盟的竞争能力。

从以上分析可见,通过联盟合作,联盟饭店间实现同类资源共享和异类资源互补,从而提高资源配置效率,避免资源的不合理浪费;联盟饭店间实现核心能力的融合互补,形成新的竞争能力。这就是饭店战略联盟协同效应形成的重要机理。

联盟饭店通过管理协同,获得管理能力提升;通过营销协同,获得营业收益、品牌效益、营销网络扩展、市场开拓能力提升;通过财务协同,获得各种成本费用降低;通过发展协同,获得有利的竞争地位,降低各种风险;通过学习协同,获得技术诀窍、知识经验等。因此,饭店通过联盟合作获得的合作剩余包括了各种有形的和无形的效益;而这些将转化为饭店的竞争能力,最终实现饭店企业价值的提升。

第三节 饭店战略联盟的稳定性问题

随着全球经济一体化和科技进步的日新月异,建立战略联盟正日益成为企业提高竞争力的重要手段和途径。尤其是近 20 年来,战略联盟已经日益成为企业经营活动中竞争模式的主流。然而,现实经济活动中企业战略联盟的成功率并不理想,战略联盟的高失败率也是一个显著的问题。企业战略联盟的发展存在着不稳定,即建立企业联盟的很多,但联盟持续的时间不长,失败的企业联盟也很多。

调查表明,全部联盟中有一半以上是失败的①②③,达斯和腾冰盛(Das 和 Teng)详细地分析了联盟失败和成功的资料,结果显示联盟的不稳定率为30%~50%④,乔尔·比利克(Joel Bleeke)和戴维·恩斯特(David Ernst)长期的跟踪调查也显示出了相同的结果⑤。比如,跨国战略联盟在1989年只有860个,到了1995年则多达9000个,但是在1999年则降为4400个。⑥ 斯皮克曼等(1996)、库克和威德曼(1997)以及达塞因和海特(1997)认为,战略联盟的失败率为60%,威德曼(1998)甚至给出了70%的更高失败率的估计。而库柏和利伯约德(1998)、布鲁塞斯等(1993)人则预测战略联盟失败率为50%。尽管对联盟失败率的估计各不同,但从总体上看,战略联盟确实存在着一个高失败率问题,其失败率大致在50%~60%之间。⑦

那么,为什么联盟会有这么高的失败率?能否挽救联盟走向失败的命运?世界上是否有不失败的案例?不失败的联盟又是如何发展的?所有这些问题都是值得研究和探讨的。

一、何谓战略联盟的稳定性

要研究国际酒店战略联盟的稳定性,就应该理解稳定性的内涵。目前的研究主要集中在战略联盟不稳定性上。联盟的稳定性研究主要是针对不稳定而言的,保持稳定性就是要避免联盟的不稳定。因此,作为稳定性的对立面,需要对联盟的不稳定性作出准确的界定,这样将为稳定性的研究打下良好的基础。

从统计数据和跟踪研究看,战略联盟的不稳定约占50%~60%。那么,什么是不稳定呢?

---

① Beamish P W. The characteristics of joint ventures in developed and developing countries[J]. Columbia Journal World Business,1985,20(3)13-19.
② Kogut B. Joint ventures: theoretical and empirical perspective[J]. Strategic Management,1988,9:319-332.
③ Park S H,Ungson G R. The effect of national culture,organizational complement arity,and economic motivation on joint venture dissolution[J]. Academy of Management,1997,40:270-307.
④ Das T K,Teng Bing-Sheng. Instabilities of strategic alliances: an internal tensions perspective. [J]. Organization Science,2000,January-February,11(1):77-101.
⑤ Bleeke J,Ernst D. Collaborating to compete: using strategic alliances and acquisitions in the global marketplace[M]. NewYork: Wiley,1993.
⑥ 林季红. 跨国战略联盟与中国企业竞争战略[J]. 中国经济问题,2002(5):19-22.
⑦ 蒋国平. 企业战略联盟高失败率原因分析及其成功之路[J]. 现代财经,2001,(1):23-25.

战略联盟作为一种面向长远发展,并以联盟关系连接起来的企业组织形态,由于对其成员组织缺乏建立在合并关系之上的强有力的行政和经济控制手段,因而极易发生组织成员背叛合作承诺的不利情况,造成联盟的不稳定。在早期的研究中,一般将联盟的不稳定定义为联盟的解体或者清算,但是随着联盟过程性特征越来越受到学者的重视,这种定义已经不能满足研究的需要。目前一般将战略联盟的不稳定性定义为:战略联盟的不稳定性是指联盟中的巨大变化和解体,并且这些变化和解体从合作伙伴的角度出发是没有预料到的。[1]

随着国际竞争的不断加剧,许多公司采用联盟的形式进入新市场、获取新知识、分散风险和分享资源。尽管这种形式很普遍,但国际联盟常常被看成是具有内在不稳定性的组织形式。著名的战略管理学家、美国哈佛大学教授迈克尔·波特(Michael Porter)认为,由于要协调两个独立实体的目标,避免联盟内部形成新的竞争者,联盟在协作方面的成本很高。因此,波特认为联盟只是一种过渡的形式,不能成为创造竞争优势的可持续的手段。也有学者认为,大多数联盟,即使是成功的联盟,也是会终止的。有学者把联盟描述成"学习的竞赛",合伙人中谁学得最快,谁就会主导联盟关系。这样一来,联盟中也就存在着明显的赢家和输家。也有学者对战略联盟中的合资企业的不稳定性作出了解释。有人认为,当母公司掌握了合资企业50%~75%的股权并要出售部分股份或要清算合资企业时,合资企业就被视为不稳定;或者,合资企业控制权的转移以及合资企业的终止都意味着不稳定。还有一些学者对"不稳定"的定义更为狭窄。比如,有人把合资企业的终止作为不稳定的唯一指标。当然,不能仅仅因为合资企业的寿命短就认为它不稳定,公司的各种矛盾都会危及合作的基础,有时合资企业的终止是计划之中的。母公司的股权或管理发生变化的时候,终止合资企业可能是一种政策选择。当然,如果结束合资这种关系很困难,维持合资企业的存在而不去终止它,也是有可能的。[2] 有鉴于此,不稳定性还可以界定为联盟中的巨大变化和解体,并且这些变化和解体从合作伙伴的角度出发是没有预料到的。这样的定义更为科学、合理。

什么是战略联盟的稳定性?

虽然战略联盟的不稳定性能够用来解释联盟的稳定性,但是应该对联盟的稳定性的内涵做出进一步的论释,以便于更好的研究联盟的稳定性。从系统论的观点看,几乎所有的经济系统都存在稳定性的问题,战略联盟也是一样。稳定性是

---

[1] 张健,韩茂祥.战略联盟的形成机理及其稳定性研究[J].现代管理科学,2004,(4):8-9.
[2] 吴海滨,李垣,等.战略联盟不稳定性的研究现状与展望[J].科研管理,2004,25(5):48-51.

系统整体的不变性,尽管战略联盟内部随时都处于运动、变化、矛盾和冲突之中,但稳定联盟的基本形态不变。战略联盟的稳定性反映了系统内部平衡状态与外部环境变化之间的关系,是系统中的一种深刻的内在性质。

从系统论的角度来看,国际酒店战略联盟的稳定性也可以从外部和内部两个方面来考虑。国际酒店战略联盟作为一个经济组织形式,所有经济行为都发生在市场中,市场环境的变化对联盟的影响是巨大的,这些影响有些是积极的,有些是消极的,而一个稳定的国际酒店战略联盟必须对外部环境迅速反应并具有应对能力,这就引出了国际酒店战略联盟稳定性的第一层涵义——外部适应性。它一般是指对宏观经济形势的适应,比如国家政策的改变(这种改变对跨国性质的联盟比较重要),遵守国家和地区有关政策、法规,与同业竞争对手的融合,以及对于不同文化背景下经营理念、思维方式和生活习惯等的认同。另一方面,国际酒店战略联盟内部成员企业在密切合作的同时,彼此也有摩擦和碰撞,将这些矛盾控制在一定范围内,是联盟稳定性的第二层涵义——内部可控性。它是指联盟伙伴能通过自身努力来协调各方关系,追求共同目标,在优势互补前提下,相互依存,互相吸引。它一般通过合约、章程等,依靠联盟各方合作诚意和管理艺术实现,联盟伙伴之间保持的一种长期的合作关系。战略联盟的稳定性就是通过对外部环境的适应和内部环境的控制来实现的。

联盟中的企业为实现组建战略联盟的目标,需要在一定时期内保持联盟的稳定,联盟成员之间始终处于一种竞争与合作的关系,而且外部的环境也在时刻的变化中,因此,这种稳定是一种动态的稳定。

二、战略联盟的风险

战略联盟的稳定性,是指联盟组织对外部环境的适应性和对内部环境的可控性。而战略联盟组织内、外部环境的不确定性、复杂性也会导致联盟成员企业发生损失的可能性,即战略联盟产生了风险。风险是指损失的可能性和不确定性,风险是预期收益与实际收益的偏差。[①] 它可能发生也可能不发生,这完全取决于人们无法掌握的纷繁复杂的自然、社会因素的相互作用的过程,其发生的可能或不可能形成了不确定性。然而,根据以往总结的经验,人们能大致确定风险发生的概率,这给人们驾驭风险提供了可能。

---

① 陈佳贵.企业风险管理[M].广州:广东经济出版社,1999:61-74.

联盟在运营过程中,随时会遇到风险,如果对风险处理不当,则将导致联盟运营的失败。这就意味着战略联盟的风险将会影响战略联盟的稳定性。从联盟组织的内、外环境来看,影响战略联盟稳定性的风险主要包括战略联盟内单一企业风险和合作的风险。

(一) 单一企业风险

就战略联盟内单一企业风险问题看,按照风险的含义,战略联盟的风险是指由于外部环境的不确定性、生产经营以及合作关系的复杂性和联盟整体能力的有限性,而使联盟组织及其成员企业面临的风险。事实上,对于联盟组织而言,除了要面对传统单一企业所需要面对的一般风险,还要面对一些与其组织形式相对应的其他风险。这些风险主要包括以下几方面:

(1) 自然风险。主要是指自然力的不规则变化引起的种种物理化学现象所导致的物质损失。一般情况下,自然风险是只有损失机会而无获利可能的纯粹风险。

(2) 政治风险。主要是指由于企业所在国家政治局面的变动、战争或者国家政策的变化,导致投资环境的恶化,造成企业生产经营活动的被动,进而蒙受种种损失的风险。这种风险往往也是事先难以预测的。

(3) 市场风险。一般是指宏观经济环境变化、市场波动较大、需求不足等原因引起经济损失的风险。它是一种不可分散的风险,对市场上所有的企业都有造成经济损失的可能性。

(4) 管理风险。主要是指管理人员在管理活动过程中由于自身素质、工作经验或处理问题能力的限制导致在规章制度制订、执行及具体事务处理中出现偏差,从而给企业造成损失的可能性。

(5) 技术风险。主要是指由于科学技术的发展给企业带来损失的可能性。

(6) 财务风险。主要是指由于全部资本中债务资本比率过高或企业固定性资金偏多造成的企业流动资金紧张,使企业陷入可用资金困境的风险。

(7) 经营风险。主要是指在经营过程中,由于企业对市场预测不准、产品成本波动较大或者制订营销策略不当等原因,致使企业受损的可能性。

(二) 合作风险

就战略联盟合作的风险看,除了联盟内单一企业面临的风险以外,联盟体在运作过程中还面临着伙伴选择失误、信息不对称、契约不完备、成员目标冲突、文化融合困难、信任危机、企业败德、协调管理复杂等诸多新的风险问题。

（1）伙伴选择失误风险。选择和确定联盟伙伴是构建战略联盟的关键问题。由于信息不对称等诸多原因，对伙伴能力、合作目的以及合作的协同性等了解较少，造成动态联盟的伙伴选择失误，从而给联盟的运营带来隐患，导致联盟运作不畅，效率低下，甚至导致中途解体，并有可能给联盟造成经济上的损失。因此，联盟伙伴选择实际上蕴含着较高的风险。

（2）契约不完备。战略联盟是基于一系列的契约规范而组建的一种不稳定的、松散型的企业组织形式，在缺乏由深厚历史积淀的企业文化所带来的凝聚力的情况下，契约成为战略联盟构建运行的重要核心纲领。由于信息的不完备性、成员各自的参与动机、价值标准、利益评价、风险偏好等不同，以及合作过程中存在不确定性等，都可能导致契约制定条款上的不完备，从而降低对各成员企业的约束和制约，引发一系列风险问题。

（3）管理/协作风险。战略联盟中的伙伴企业通常面临不同的技术标准和硬件环境，不同的企业文化和管理模式等，这些因素大大增加了管理/协作风险，并可能直接导致管理失控。例如，伙伴企业在合作中可能出现的项目延期、质量缺乏保证、激励不足问题等，都可能造成联盟关系的破裂，给企业造成不可挽回的损失。

（4）文化冲突面临的风险。企业文化既包括企业风貌、行为准则，也包括企业的精神内涵。在联盟运行中，联盟成员企业可能会因风格与惯例、不同价值观和经营观念上的不和谐，造成联盟的运行绩效下降，甚至导致失败。文化冲突的来源是伙伴选择所带来的问题，因而要在伙伴选择时就应考虑成员之间的文化融合问题。

（5）目标冲突风险。联盟各成员企业中都存在着追求各自利润最大化的动机，因此，各个成员之间不可避免地会发生目标冲突与行为摩擦。此外，各成员在参与战略联盟时，还存在多重目的，如有的企业是为了利用剩余资源，有的企业是为了获得技术转移，而有的企业则为了进入一个新的市场，这样，一旦某种目标达成，则有的企业就会选择不同的合作策略。

（6）机会主义行为。机会主义行为指市场主体出于自利动机，用种种投机取巧的办法来实现自我利益，包括说谎、窃取、蒙骗等。各成员企业作为独立的市场主体，各自都有不同的利益取向，相互之间又缺乏有效的监督机制，为了保持自己的竞争优势，有意隐藏自己的信息资源，甚至向对方提供歪曲的信息，以便在适宜的时候实施自己的机会主义行为，造成风险问题发生。

（7）信任风险。信任对于战略联盟是非常重要的，信任能够加强战略联盟的稳定性，可以提高对伙伴行为的宽容程度而避免冲突，同时还可以提高伙伴之间的沟通水平,便于发现及处理合作过程中可能出现的不协调。但信任又是脆弱的,任何一方的投机行为都可能造成信任的全盘崩溃。企业战略联盟的伙伴间主要是以契约形式联系起来的,同时也建立在相互信任的基础上,但由于信息不对称,不排除个别成员出现单方面违约,或弄虚作假、欺骗伙伴,或将商业机密和技术机密泄露给竞争对手、另起炉灶等各种败德行为,给联盟体带来无法挽回的损失。

三、影响饭店战略联盟稳定性的因素

(一)学术界的视域

应当说,关于影响饭店战略联盟稳定性的因素,学术界有过一些研究,观点不多,争论更谈不上。这些观点大致有如下4点:

(1)以先天性和后天性影响因素来划分。张健、韩茂祥将影响战略联盟稳定性的因素大致分为两类:先天性影响因素和后天性影响因素。先天性影响因素是指那些在战略联盟未正式形成之前就已经决定了联盟的稳定性的因素,包括联盟的选择以及联盟的类型。只要联盟的成员给定,联盟的结构类型已知,就基本决定了联盟的稳定程度。可以从联盟的本质特征即竞争和合作两方面将战略联盟分为四类:第一类,合作是主要的,没有竞争。这类联盟稳定性强,持续时间也长。第二类,合作是主要的,有少许竞争。这种联盟存续期间稳定,但联盟往往在新产品开发完成即告结束。第三类,竞争是主要的,合作程度很低。第四类,竞争性很强,几乎没有合作。这种联盟易于走向两个极端,即要么合并要么破裂,这类联盟的稳定性最差。① 吴海滨、李垣等认为,由于联盟的类型和目的具有多样性,不同形式的联盟面临的不稳定的因素也有很大的差异,针对特定联盟形式的研究会更有现实意义。在对战略联盟的研究中,合资企业(Joint Venture)、学习型联盟(Learning Alliance)最受他们的关注。② 后天性影响因素指那些战略联盟形成之后决定战略联盟稳定性的因素,包括联盟的管理与沟通。一般而言,由于战略联盟的目标多样性以及组织文化和价值观的相异性,使得组织的管理和沟通更加复杂化。

(2)也有学者认为资源因素很重要。阿西诺和朗纲提出,战略联盟必须能够满足以下条件才能够存在并稳定:①两个或多个企业联合致力于一系列目标(纵

---

① 张健,韩茂祥.战略联盟的形成机理及其稳定性研究[J].现代管理科学,2004,(4):8-9.
② 吴海滨,李垣,等.战略联盟不稳定性的研究现状与展望[J].科研管理,2004,25(5):48-51.

向垄断租金的最大化);②各方在联盟后保持独立性;③合作企业分享联盟的垄断租金并控制特定业务的绩效;④合作企业拥有一个或多个核心资源,如技术、产品等,并利用这些资源为联盟持续作出贡献。蔡继荣、胡培认为,战略联盟的不稳定性与专有核心资源的共享及其溢出有关。在一个专业化理论模型中,专有核心资源共享和溢出能够带来专业化分工的经济性和成员核心竞争力的提升,这同时打破了事前的竞争力平衡状态,从而引发了成员间争夺和防护最大化溢出的合作冲突。在信息对称的情况下,战略联盟是一个"囚徒困境",不稳定性由这一博弈的均衡结果来反映;而在信息不对称时,最优溢出量的相应决策建立在对对方溢出量的预期和事先竞争力对比的基础上。由于联盟成员之间的激励不相容,当合作变成不可置信承诺以及市场价格波动时,联盟也就不稳定了。① 王向晖、胡继云等人提出,战略联盟企业投入资源的互补性是影响战略联盟稳定性的条件。但是,战略联盟失去稳定而解体并不意味着失败,联盟企业如果在联盟中没有取得提高自身竞争力的资源,无疑是没有达到联盟的真正意图。因此,在联盟中建立良好的学习机制以提高自己的能力,同时防备自身资源被联盟伙伴学习以提高联盟的稳定性,是联盟企业在联盟中关注的重点。②

(3)也有学者强调动态环境影响因素。本质上,战略联盟的稳定性是基于时间和绩效的。在同一时点上,绩效决定了联盟的稳定性;在不同时点上,环境的变化导致企业自身竞争地位的改变,从而影响联盟存在的基础。战略联盟是动态环境中的联盟,动态的环境是其产生的客观条件,考虑战略联盟的稳定性就必须考虑环境的变化,而环境是随时间的延续而变化的;同时决定联盟稳定的本质因素是联盟的绩效,绩效是联盟形成的前提和目标,因而考虑联盟的稳定性就不得不把联盟形成的前提、目标和绩效考虑进来。由此可见,联盟的稳定性是基于时间和绩效两个维度的。③

(4)心理预期对战略联盟也有影响。在现实中,企业联盟双方在合作过程中,对客观自然状态的认识或者说是联盟双方对客观自然状态的心理预期是不一致的和变化的。在不对称信息条件下,联盟双方对客观自然状态的心理预期不同,联盟双方在博弈的过程中,盟主会以心理预期作为判断盟友是否能达到他的要求以确定最优契约;在其他条件不变、当联盟双方对客观自然状态的心理预期存在差异时,就能引起企业战略联盟的解体。因此,企业间为了能长期合作,联盟

---

① 蔡继荣,胡培.基于合作溢出的战略联盟不稳定性研究[J].中国管理科学,2005,13(4):143-145.
② 王向晖,胡继云,等.战略联盟的稳定性初探[J].技术经济与管理研究,2001,(4):44-45.
③ 张健,韩茂祥.战略联盟的形成机理及其稳定性研究[J].现代管理科学,2004,(4):8-9.

双方就应加强沟通,以消除联盟双方对客观自然状态的心理预期的差异。[①]

前文已经多次提到,联盟各方仍然保持着原有企业的经营独立性。从统计数据看,战略联盟存在着高失败率已成为不争的事实。这意味着战略联盟并非十全十美,它存在的潜在不足已对战略联盟的稳定性造成了巨大的影响。随着市场的发展,国际饭店战略联盟的数量在不断增加,而联盟的不正常解体将给联盟伙伴带来巨大的损失,这样饭店组建战略联盟也就失去了意义。因此,探讨国际酒店战略联盟的稳定性就具有了现实的意义。

目前,学术界主要从先天性影响因素与后天性影响因素、心理预期、资源因素、动态环境中的时间与绩效等方面,对影响战略联盟稳定性的因素进行了研究。但笔者认为,国际饭店战略联盟稳定性包括两个层面的含义,即外部适应性和内部可控性。联盟组织内外环境的变化所带来的风险问题必然会影响到战略联盟的稳定性。考虑战略联盟的稳定性就必须用系统的思想对战略联盟所处的动态的内外环境进行系统的分析,这样才能够保证研究的整体性,以及研究结论具有普遍性。

因此,本书假设国际饭店战略联盟稳定性的诱因来自外部环境和内部环境。

(二)国际酒店战略联盟稳定性诱因分析

之所以假设国际饭店战略联盟稳定性的诱因来自外部环境和内部环境,主要是通过国际饭店战略联盟的内涵分析和推导,同时进行稳定性影响因素的识别。总的看来,影响国际酒店战略联盟稳定性的因素主要有外部环境诱因和内部环境诱因。

1. 外部环境诱因

外部环境诱因是主要因素。

联盟失败的一大原因是市场机遇发生了重大变化。尽管在组盟之前,盟主企业已经对所面临的市场机遇进行了分析,而且在联盟组建之初,也由联盟体对所面临的市场机遇进行了再次确认,但这个决策过程由于环境的不确定性和决策主体的有限理性,依然存在着稳定性的影响因素。如果宏观环境和行业环境的变化使得机遇的实现不再有利可图,联盟企业无法实现预期目标,则联盟解体的可能性将大大增加。环境变化主要表现在市场环境、金融环境和政治环境等方面。

---

① 黄深泽. 心理预期对战略联盟稳定性的影响[J]. 科技与管理,2005,4(32):67-68.

（1）关于市场环境。组建战略联盟的目的是为了响应市场需求,抓住市场机遇,快速研发,生产出满足市场需求的产品,及时占领市场。但是,由于当今市场竞争日益激烈,市场需求变化快,科技日新月异,这给企业带来市场机遇的同时,也增加了企业投资的风险,而这些风险并不会由于建立联盟而减少,只不过是这些市场风险由企业战略联盟中各盟员企业共同分担。市场风险的产生和作用贯穿于整个战略联盟从组建到解体的全过程。如果在这一过程中对市场风险的把握稍有疏忽,就可能导致战略联盟的失败。这些市场风险具体包括:第一,市场需求变动风险。由于各种因素的影响,消费者的需求发生变动或发生转移,预测信息和实际要求有偏差。联盟的组建一定是基于对消费者独特需要所产生的市场机遇的识别,但是在联盟运行中有可能由于各种因素导致消费者的需求发生变化,这时联盟的预期目的就有可能达不到。因此,需要联盟在运行过程中时刻洞察消费者需求变化倾向,及时对联盟的运行状况进行调整,使联盟的运行向着适应消费者需求的方向发展。第二,市场竞争风险。市场上同类或替代产品的竞争在联盟结成之初就已存在,并且永远不会消失。无论什么样的饭店企业都会面临这样的风险和威胁。面对同类产品的竞争,联盟体要根据自身的条件生产出与众不同或具有自己的品牌,或利用其他手段,诸如独特的市场营销方式等建立起消费者对自己产品的信赖;而对于替代产品的竞争,则需要联合本行业的其他企业共同抗击竞争。第三,溢出效益风险。战略联盟根据市场需求推出自己的产品时,也会面临其核心技术被其他企业模仿的风险。虽然战略联盟依靠自身的竞争优势建立了很高的模仿壁垒,但竞争对手仍然可以在一定程度上模仿,使其蒙受一定的损失。因此,要建立起独特竞争能力的模仿障碍,使竞争对手模仿付出高昂代价,或者需要花费很长的时间,如利用技术专利或者商标来保护核心技术。另外,还要有合理的制度来保证联盟的每一个成员都能主动地相互提供并保护整体的核心技术,而不是出卖或者相互保留。这种风险常常在联盟运行和解体阶段,也就是联盟推出的产品或服务推向市场以后,容易被竞争对手所模仿;一旦发生,将会影响联盟的收益,甚至使联盟的初期投入得不到回报。在国际知名的饭店战略联盟中,最佳西方国际之所以长盛不衰,关键的核心技术和品牌因素功不可没。

（2）关于金融环境。金融环境对饭店战略联盟的影响也很大。例如,利率的变动会导致联盟及成员企业对现金的使用方式及投资活动发生改变,这是潜在的不稳定因素。汇率的调整可能会增加联盟体的债务负担。另外,汇率的变动对于由不同国家成员企业组成的联盟体来说,还会带来很大的货币兑换风险。股市的大幅波动会影响企业融资活动,也可能会给上市公司带来恶意收购的危险。这些都会给企业战略联盟带来意想不到的打击。全球或地区性的金融危机:金融危机的出现可能会导致联盟筹资渠道的阻塞,致使企业正常运转的资金链断裂,也会导致人们消费的信心大幅度下降,造成市场萧条现象。

(3)关于政治环境。政治环境影响很大,特别是对于那些社会经济制度波动大的国家,加入战略联盟的饭店有可能莫名其妙地退出。这些影响包括以下几个方面:第一,法规和政策的变动。包括政府的宏观调控或体制改革而引起的政策方向、法律法规的调整,如反垄断法就可能为强强联合的战略联盟的组建带来麻烦。第二,社会的不稳定。罢工或暴动及恐怖主义活动等引起社会混乱的因素,往往会给战略联盟的正常运行带来巨大的冲击。第三,政府干预。政府出于宏观考虑或其他目的而采取强制干预手段,如政府机构实行的行政干预和束缚等。

对于国际饭店战略联盟组织而言,金融环境和政治环境等方面都属于完全不可控因素,这是联盟组织无法预防和控制的风险,即使通过饭店成员间的合作努力仍然无法控制解决。唯有市场环境,国际饭店战略联盟通过采取有效的措施来降低因市场环境的变化而带来的风险,增强联盟的稳定性是比较有把握的。

2. 内部环境诱因

内部环境诱因最难控。

内部环境是指联盟合作环境。战略联盟从成立之初到正常运行,内部成员企业的合作与竞争,彼此间的摩擦与碰撞,以及联盟组织管理艺术的实现,都将成为联盟组织内部环境稳定性的影响因素。可以归纳出如下几个方面的诱因:

(1)市场机遇识别错误。这种因素主要来源于在组建的时候没有进行充分的信息收集、资料整理和分析论证工作,对机遇的认识和未来的发展缺乏准确的把握,从而导致联盟以后运营的不确定性增加。

(2)合作伙伴选择。这种因素的产生往往是由于盟主企业在选择联盟成员时勉强将不太合格的企业选入联盟;或者是盟员企业为了加入联盟,提供虚假情报蒙蔽盟主企业,或者是盟主企业在选择盟员时,考察不够,仅重视了选择伙伴的能力而忽视了目标冲突、文化融合等因素。因此,对于饭店战略联盟而言,其是否具有严格的成员饭店入选标准,也将会影响到联盟组织的稳定性。

(3)责、权、利、险不对称。联盟合作的必须条件是公平的责权利险对等机制。公平指的是与付出相称的赢利,即付出越多,赢利越多。公平的需要对合作者之间的关系产生重大影响。依据公平的动机理论,感受遇到不公平待遇的一方将设法恢复公平。如果一个合作者感觉其他的合作者从联盟中获取了比自己多得多的赢利,他可能减少对自己的约束,甚至不顾自己的利益。联盟中的合作者在评估他们的关系时更多地看重公平而非效率。在战略联盟内部,有许多因素导致合作者期待不公平不赢利,甚至在联盟形成前。这些因素包括合作者的不匹配,合作的一方缺乏选择、不利的法律环境等。

(4)组织机构环境设置问题。主要是联盟管理机构和组织形式的有效性、快速反应性等存在问题。

(5)文化的融合问题。盟员企业的文化具有自己的个性,在组建联盟的时候有无考虑今后联盟成员企业之间的文化融合及所遵循的文化准则和指导思想也是影响联盟稳定性的重要因素。

(6)信息共享和沟通。信息共享是促使联盟高效运行的必要保障,但信息共享可能导致企业信息资源损失,核心技术及商业机密泄露,增加企业经营风险。各盟员企业处于自身利益考虑保护自己信息的行为,又使信息不对称问题更加突出,既而增加联盟运行风险。而各盟员企业借助网络沟通方式,又会因信息技术的不兼容,管理模式和文化的差异造成沟通障碍风险。

(7)道德风险。道德风险贯穿整个联盟的生命周期,包括加入联盟提供虚假信息。在联盟运行过程中,躲避或不履行承诺,窃取合作伙伴的机密,挖走关键性的人才,拖延付款和提供不合格产品,甚至中途退出联盟等。在战略联盟中,一般由盟主企业对整个战略联盟进行组织、协调和控制。但由于信息不对称,盟主企业很难掌握盟员企业的机会主义行为。

(8)信任风险。联盟成员间合作竞争的关系,使得联盟成员发生机会主义和败德行为的概率增加。一方的不合作行为将导致另一方的猜测和报复,从而导致联盟成员关系脆弱,产生信任危机。所以,信任风险的诱因之一是道德风险的发生。另外,合作伙伴间的地位不平等,对利益分配方案公平性的质疑也会导致成员企业间的互相猜忌,产生信任风险。

(9)协调风险。协调风险主要表现在三个方面:第一,管理协调的复杂性问题。由于联盟成员原有的组织结构、企业文化、管理机制各不相同,因此从联盟整体角度出发的管理协调工作就显得十分繁重复杂,稍有不慎就会出现矛盾和冲突。第二,管理协调的有效性问题。联盟成员通常具有相互独立的地位。不同成员的利益取向、行动取向与联盟整体的取向不尽相同,如果管理和协调的指令无法被有效地执行,那么往往会导致联盟的效率低下,工作混乱。第三,管理协调的可监控性问题。由于联盟成员具有地理位置分散的特性。因此,管理的指令下达往往无法得到有效的监控。管理指令是否被成员企业充分理解,是否能被正确执行,执行结果是否能够及时地反馈,这些都是联盟运营风险的潜在来源。由于联盟成员之间的沟通借助网络进行,当需要协调各方利益和行为时,可能会出现沟通层次和沟通渠道的不畅通,以及协调的复杂性和有效性问题。

(10)成员企业中途退出。成员企业自身经营遇到重大问题,甚至破产而造成中途退出。这种作用于联盟成员企业的因素,通过成员企业传递给整个联盟,也会造成联盟解体的危险。

(11)合同不完备。战略联盟通过契约对合作伙伴进行约束,由于不可能预见到合作过程中发生的所有可能情况,因此契约是不完备的,不可能包括所有例外情况的处理。

(12)联盟合作方案设计错误。这种因素主要源于对联盟合作过程及所需活动、合作内容与形式、合作任务及衔接关系的计划安排错误所致。

四、饭店战略联盟稳定性的风险评估模型

在联盟运营的过程中,联盟组织是处于一个由外部环境和内部环境构成的动态环境之中。环境因素是在不断变化的,环境因素的变化给联盟组织带来的风险必然会影响到战略联盟的稳定性。因此,对风险进行科学的评估是研究战略联盟稳定性的一种方法。

以往对风险的评估有两种基本方法:一种是风险等于其发生概率与可能造成损失之乘积,这是一种绝对风险评估方法;另一种是风险等于其发生概率、可能造成的损失和不可控程度这三者的乘积,这是一种绝对风险评估方法上考虑了风险不可控程度的方法变异。这两种风险评估方法都有弊端,第一种风险评估方法没有考虑风险是否可控;第二种风险评估方法尽管考虑了风险的不可控程度,却没有考虑是否对其防控,而且一旦防控,就有相应的费用发生。这里给出的综合考虑风险发生概率、可能造成的损失、预计防控费用支出和不可控程度的相对风险评估方法,将风险评估与所评具体对象是否需要防控、拟采取何种对策措施防控和预计的防控费用支出联系起来,突破了现有研究仅依据联盟风险来源分类便提出预控措施的做法,使之更具有科学性、普适性、实用性和符合风险评估的目的性。因此,联盟在评估风险大小时,既要评估绝对风险,又要评估相对风险,并根据绝对风险与相对风险的差值大小及其排序,选择需要重点管理的风险对象。相对风险评估方法程序如下:[①]

1. 估计每个风险发生的概率 $P_i(0 \leq P_i \leq 1)$

在估计风险发生概率时,可利用专家评估法,根据风险的类型和历史经验数

---

① 张青山,曹志安.企业动态联盟的风险评估[J].管理评论,2005,(12):56-58.

据来进行估计。亦可大体分以下几种情况来估计:风险不会发生;风险事件可能发生,但不太可能现在发生,或许将来某时发生,即轻度可能;风险事件已经发生过一次,但预计将来某一不确定时间还会发生,即中度可能;风险事件已规则地发生,并预计将来仍会规则地发生,即高度可能。

2. 估计每个风险发生后的可能损失 S_i

在估计风险发生后的损失大小时,无论该风险发生的可能性是高还是低,均要作出损失估计。有些风险发生的可能性低,但一旦发生造成的损失却很大;而有些风险虽然发生的可能性很高,但其一旦发生造成的损失很小。具体如图4-2分析。风险损失估计既包括直接的损失后果,也包括间接的损失后果大小。

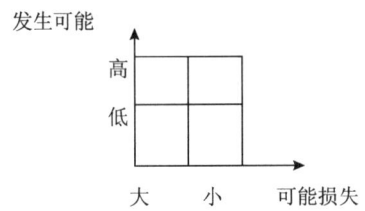

图4-2 风险发生可能性与损失大小组合关系图

3. 估计每个风险的可控程度 C_i [$0 \leq C_i \leq 1$,$C_i = 1$ 时完全可控,$C_i = 0$ 时为完全不可控;相应的不可控程度 $C_i' = (1 - C_i)$]

估计风险可控程度的大小,是与该风险是否可以防控、人们是否去防控而又如何去防控密切相关。对于战略联盟而言,其面临风险的可控与不可控程度大致有以下几种情况:一是企业战略联盟无法预防控制的风险,即使通过成员间的合作努力仍然无法控制解决,如联盟外部的政治风险、社会动荡等,这些风险的可控程度 $C_i = 0$;二是通过企业战略联盟努力可以减少风险发生的概率,但难以将发生的可能性降低到零的风险,如联盟的机遇识别风险、联盟的道德风险、成员中途退出风险,这类风险的可控程度通常为 $0 < C_i < 1$;三是通过有效的防控对策措施和联盟成员的共同努力,可以将发生的可能性降低为零的风险,如盟员企业的利益分配和损失分担风险,这类风险的可控程度 $C_i = 1$。

4. 估计每个风险的防控费用支出 L_i

风险的防控费用估计是客观地预算和反映联盟管理风险所要付出的成本。该费用的大小是与风险是否可以防控、要达到的可控程度和采取何种预防控制措施密切相关。其值的大小可以根据以往风险管理经验或通过类比的方法来估计,亦可根据拟采取的对策措施将发生的投入来计算获得。若风险一旦发生是完全不可控的,即当 $C_i = 0$ 时,如果联盟仍然执意对该风险进行防控,则风险防控费用支出 L_i 将会非常大,而且所获得的成效甚微,此时将风险转移是明智的选择;当转移风险时,L_i 即为风险转移的成本。

5. 综合评价战略联盟不稳定因素的风险大小

式一:计算绝对风险大小 $Z_i^1 = P_i S_i, i = 1, 2, 3, \cdots, n$ (1)

式二:计算相对风险大小 $Z_i^2 = P_i S_i C'_i + L_i, i = 1, 2, 3, \cdots, n$ (2)

因此,战略联盟整体绝对风险大小为 $Z_1 = \sum_{i=1}^{n} P_i S_i$,而战略联盟整体的相对风险大小为 $Z_2 = \sum_{i=1}^{n} (P_i S_i C'_i + L_i)$。计算两者之差,当战略联盟整体绝对风险大小大于相对风险大小时,即 $Z_1 - Z_2 > 0$ 时,表明对风险控制的损失小于对风险不控制的损失。此时对风险进行防控是有益的,表明此时的战略联盟处于稳定状态。当战略联盟整体绝对风险大小小于相对风险大小时,即 $Z_1 - Z_2 < 0$ 时,说明对风险进行防控可能带来的损失大于对风险不防控可能导致的损失。因此,此时对风险进行防控不如对风险不采取任何措施更合理,表明此时的战略联盟处于不稳定状态。当战略联盟整体绝对风险大小等于相对风险大小时,即 $Z_1 - Z_2 = 0$ 时,表明对风险控制的损失等于对风险不控制的损失,是否对风险进行防控取决于是否符合风险管理的绩效优先原则。此时,战略联盟则处于稳定的临界状态。

由 $Z_1 - Z_2 = 0 \Rightarrow \sum_{i=1}^{n} P_i S_i - \sum_{i=1}^{n} (P_i S_i C'_i + L_i) = 0$

$\Rightarrow \sum_{i=1}^{n} P_i S_i (1 - C'_i) - \sum_{i=1}^{n} L_i = 0$

$\Rightarrow \sum_{i=1}^{n} P_i S_i C_i \Big/ \sum_{i=1}^{n} L_i = 1$

因此,当 $\sum_{i=1}^{n} P_i S_i C_i \Big/ \sum_{i=1}^{n} L_i = 1$ 时,战略联盟处于稳定的临界状态;

当 $\sum_{i=1}^{n} P_i S_i C_i \Big/ \sum_{i=1}^{n} L_i > 1$ 时,战略联盟处于稳定状态;

当 $\sum_{i=1}^{n} P_i S_i C_i \Big/ \sum_{i=1}^{n} L_i < 1$ 时,战略联盟处于不稳定状态。

由此可见,此临界模型在实际运用中会受到很多客观条件的限制,因为不同类型的战略联盟的稳定性风险的大小、风险的概率、风险的可控程度、风险的防控费用等都存在不确定性,不同类型的战略联盟组织其值会有所不同。因此,在运用此模型时应当具体问题具体分析,切不可生搬硬套。另外,由于风险的大小可以根据以往风险管理经验或通过类比的方法来估计,亦可根据拟采取的对策措施将发生的投入来计算获得。

第四节 最佳西方国际的稳定性分析

最佳西方国际在60多年的时间里迅速而稳定地成长为世界第一大饭店品牌,人们把它的成功归功于其独特的运营模式——战略联盟。应当说,如果说世界上有最成功的战略联盟,无疑最佳西方国际是一家。自2011年以来,"最佳西方"的品牌作出了一些调整,其中"最佳西方"(Best Western)品牌旨在提供标准化而性价比较高的住宿服务,"最佳西方加"(Best Western Plus)品牌主要针对高端的商务与休闲顾客,"最佳西方精品"(Best Western Premier)品牌则主要提供个性化的定制服务,满足不同客人的个性化需求。最佳西方国际和所有的联盟组织一样,它的稳定性也同样受到外部环境和内部环境等各种动态因素的影响。

一、最佳西方国际外部环境的稳定性分析

外部环境主要由宏观环境和行业环境构成。外部环境的变化可能使得联盟成员饭店无法实现预期的目标,导致联盟解体的可能性增加。环境的变化主要表现在市场环境、金融环境、政治环境和自然环境等方面。对最佳西方国际战略联盟组织而言,金融环境、政治环境和自然环境等方面都属于完全不可控因素,这是联盟组织无法预防和控制的风险,即使通过饭店成员间的合作努力仍然无法控制解决。唯有市场环境,最佳西方战略联盟通过采取有效的措施来降低因市场环境的变化而带来的风险,增强联盟的稳定性。

最佳西方国际在营销方面运用市场营销组合理论,实行最优化组合营销策略。为了达到其营销目标,主要采用了以下策略:

首先,在产品方面,最佳西方国际尽可能进行服务的个性化。

社会在不断地发展前进,消费者的需求也在不断地发生变化或发生转移,提供传统服务与延伸服务以及服务的个性化和特殊化是最佳西方战略联盟区别于一般的订房中心的特征。最佳西方时刻洞察消费者需求变化倾向,加强个性化服务,使联盟的运行向着适应消费者需求的方向发展。例如,提供单身客房以满足全球范围内越来越多的单身顾客的需求;在酒店超市里面提供半成品或者成品食品,

食品的质量,不低于高档餐馆所提供的餐饮水平,以适应餐饮社会化的要求。

其次,进行品牌营销。

有关内容详见本章第一节"二、最佳西方国际的发展特征"下的论述。

再次,强化销售渠道。具体举措如下:

(1)提供了方便快捷的预订系统。

(2)建立内部相互订房系统。

(3)推广方便的结算系统。"最佳西方"为方便国际顾客的结算,发行了最佳西方旅行卡。"最佳西方"是最早在全球范围提供酒店预付旅行卡的中高档酒店联盟公司,客人用来支付住宿及相关杂费如客房服务和电话费,旅行卡可以在全球4200最佳西方酒店通用。它可使用美元、加拿大元、欧元以及其他各种货币,并提供25至1000美元/欧元(或其他等值外币)之间任何种类货币。在最佳西方酒店也可以用于其激励项目。最佳西方国际还会代理成员酒店的国际性结算。如成员酒店与GDS结算及互联网的结算,以及协助成员酒店处理顾客国际信用卡追账等问题。

(4)执行促销策略。

(5)执行公共关系策略。

二、最佳西方国际内部环境的稳定性分析

最佳西方国际主要采取的战略联盟方式,是通过其全球的系统,把各个成员饭店组成联合体的形式,各成员饭店向联盟组织交纳一定的加盟费,并且每年交纳一定的年费。成员企业在最佳西方联盟组织授权的情况下,可以使用其全球的预订系统,最佳西方联盟组织承担市场的开发、技术的更新、市场营销、广告和人才培训等事项,其费用从各成员的加盟费及年费中支出。最佳西方联盟组织与各成员饭店的协议中规定,各饭店要统一使用最佳西方国际的品牌名称,并对成员入盟的条件作出严格的规定。各盟员企业在经营的过程中保持各自的独立性和完整性,并且拥有独立的产权、经营权和管理权。成员饭店加入该类联盟后自身品牌不会消亡,改为自身品牌+联盟名号形式,如大连海景最佳西方精品酒店、澳门最佳西方新新酒店等。最佳西方国际是定位于中档酒店的联盟。因此,最佳西方国际酒店战略联盟的类型应属于区别于特许经营的契约式的中档酒店的联盟。

这种类型的联盟组织结构松散。联盟中各成员饭店的关系十分松散,主要通过协商的方式解决各种问题。联盟的这种松散性使联盟企业在履行"共享价值活动"的义务和职责的同时,仍保持着较强的灵活性和应变能力。因此,从这一点来

看,最佳西方联盟组织的稳定性不高。然而,这种契约式联盟还具有另外两个重要的特点,即平等性和战略性。平等性是指联盟的成员饭店在资源共享、优势相长、相互信任基础上通过事先达成的条款或协议结成平等关系。这种平等的关系能够降低联盟成员饭店间的道德风险和信任风险,增强联盟的稳定性。战略性是指各成员饭店出于在既有竞争条件下对未来的一种长远和整体的谋划,对改善竞争环境和经营条件以使饭店能够持续发展的思考,而不仅仅是出于对饭店眼前利益的考虑。因此,这种联盟的战略性特征也有利于联盟组织稳定性的增强。

为了强化联盟的稳定性,最佳西方国际采取了如下的一系列措施,从实际运行的效果看,应当说,这一系列措施是可行的。

第一,严格成员饭店入选标准。

第二,建立有效的组织机构。

第三,建立严格执行的质量保证体系。

第四,完善信息共享和沟通系统。主要有完善的在线联络系统以及建立会议机制。

第五,完善严格的财政审核制度。[①]

最佳西方联盟组织实行财务公开化,财务审核部门会将当年的财务年报在互联网上予以公开,财政年报包括上年11月30日至当年11月30日的统一财政平衡表及相应的收入和支出情况、净资产和现金流动的年度统一报表。"最佳西方国际"是按照美国广泛采用的会计准则来进行财务审核的,这些准则能够保证统一财政报告没有严重的误报。审核包括基本测试、支持金额的证据和统一财政报告中的公开性内容(包括所使用的会计评估准则和管理层作出的有效评估),同时核定整个财政报告的表现,并对最佳西方国际联盟组织及其成员酒店的财经形势和年度经营业绩及现金流动作出合理的分析。[②] 严格的财政审核制度有利于联盟组织管理者作出正确的决策,从而规避财务风险,增强联盟组织的稳定性。

三、最佳西方国际战略联盟的稳定性分析

最佳西方国际战略联盟组织的收入主要来自联盟成员的会费,所有收入被用于联盟的经营运作,而其成员酒店的经营则是自负盈亏的,这是最佳西方战略联盟最本质的特征。最佳西方联盟组织的财务状况能够反映联盟组织的经营业绩

---

① 有关内容详见本章第一节"二、最佳西方国际的发展特征"下的论述。
② http://www.bestwestern.com(2007 - 08 - 16)。

及其运营能力,而联盟成员的数量是影响联盟组织收入的主要因素。因此,最佳西方联盟组织的财务状况与联盟成员数量变化情况之间的平衡关系,将会直接影响到最佳西方国际联盟组织的稳定性。二者对最佳西方国际联盟组织稳定性的影响力度很难用具体的数量来计算。为了消除这两种因素各指标的单位不同而带来的难题,这里采取了无量纲化处理,即采用如下的公式进行处理:$Z_{ij} = y_{ij}/y_{jmax}$,其中 y_{ij} 表示第 i 个因素的第 j 个指标,y_{jmax} 表示在 i 个因素中第 j 个指标最大的那个值,Z_{ij} 表示经过无量纲化处理后的第 i 个因素的第 j 个指标,记作 Z 值,如下文中的 Z_{i1} 表示第 i 个因素的第一个指标(权益净利率)经无量纲化处理后的值,Z_{i2}、Z_{i3} 和 Z_{i4} 分别表示第二个指标(北美成员数量)、第三个指标(国际成员数量)、第四个指标(联盟成员总数的加权值)经无量纲化处理后的值。

(一)最佳西方战略联盟财务风险的量化分析

这里将采用杜邦分析法对最佳西方联盟组织的财务状况进行分析。杜邦分析法是利用各个主要财务比率之间的内在联系,建立财务比率分析的综合模型,来综合分析和评价企业财务状况和经营业绩的方法。采用杜邦分析图将有关分析指标按内在联系加以排列,从而直观地反映出企业的财务状况和经营成果的总体面貌,如图 4-3 所示。

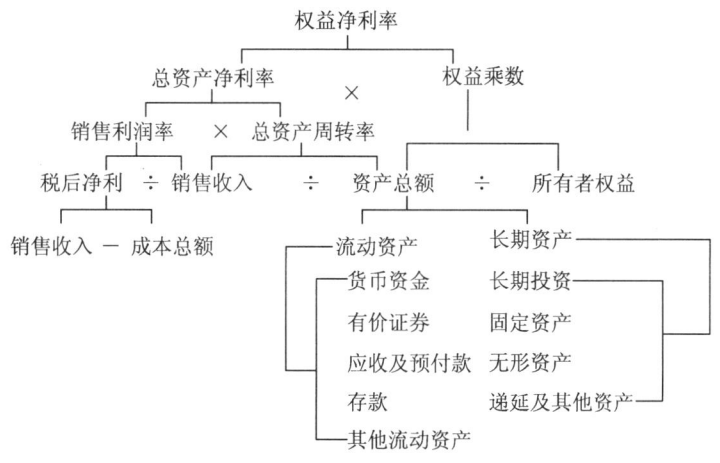

图 4-3 杜邦分析图

1. 图中各财务指标之间的关系

从图中各财务指标之间的关系可以看出,杜邦分析法实际上是从两个角度分析财务,一是进行内部管理因素分析,二是进行了资本结构和风险分析。

(1) 权益乘数 = 资产总额 ÷ 所有者权益

(2) 资产周转率 = 销售收入 ÷ 资产总额

(3) 销售利润率 = 税后净利 ÷ 销售收入

(4) 资产净利率 = 销售利润率 × 资产周转率

(5) 权益净利率 = 资产净利率 × 权益乘数

(6) 资产负债率 = 负债总额 ÷ 总资产

2. 杜邦图提供的主要信息

(1) 权益净利率。它是一个综合性很强的财务比率,是杜邦分析系统的核心,它反映所有者投入资本的获利能力,同时反映企业筹资、投资、资产运营等活动的效率,它的高低取决于总资产利润率和权益总资产率的水平。决定权益净利率高低的因素有三个方面——权益乘数、销售净利润和总资产周转率,权益乘数、销售净利率和总资产周转率三个比率分别反映了企业的负债比率、盈利能力比率和资产管理比率。

(2) 权益乘数。它主要受资产负债率的影响,负债比率越大,权益乘数越高,说明企业有较高的负债程度,给企业带来较多的杠杆利益,同时也给企业带来了较多的风险。资产净利率是一个综合性的指标,同时受到销售净利率和资产周转率的影响。

(3) 资产净利率。它也是一个重要的财务比率,综合性也较强,它是销售净利率和总资产周转率的乘积,因此,可以进一步地从销售成果和资产效能两方面来分析[1]。

本书的样本数据以1999至2008年的原始财务数据(见表4-5)为对象进行分析,由于2006年及2009—2012年的数据缺失,笔者仅能通过更新2007—2008年间的财务数据进行分析。根据杜邦分析法可得出最佳西方国际联盟组织各项财务比率情况(见表4-6)。

表4-5 1999—2005年最佳西方国际财务指标

单位:美元

年度	总收入	成本总额	税后净利	资产总额	所有者权益	负债总额
1999	154 678 500	150 306 582	2 040 733	61 741 387	12 237 603	49 503 784
2000	156 966 889	152 649 060	1 236 055	61 313 427	13 473 658	47 839 769
2001	157 176 369	156 771 166	405 203	51 385 487	13 878 861	37 506 626

---

[1] 罗荣华. 杜邦财务分析法及应用实例[J]. 中国科技信息, 2005, (12): 106-107.

续表

年度	总收入	成本总额	税后净利	资产总额	所有者权益	负债总额
2002	165 383 541	165 072 111	311 430	60 627 614	14 190 291	46 437 323
2003	178 568 193	174 525 142	4 043 051	68 912 772	18 233 342	50 679 430
2004	190 125 718	193 606 998	-3 481 280	70 332 544	14 752 062	55 580 482
2005	198 841 942	200 167 904	-1 325 962	83 714 257	13 426 100	70 288 157
2007	220 911 366	223 472 075	-2 983 397	89 774 162	12 948 724	76 825 438
2008	231 638 356	233.963 343	-2 992 987	104 270 876	11 291 737	92 979 139

资料来源：最佳西方网站[http://www.bestwestern.com(2013-08-01)]，经作者整理成表。

从表4-6中可以看出，该联盟的权益净利率在1999—2008年间出现了一定程度的下降，分别从1999年的0.167下降到2008年的-0.265。我们可以将权益净利率分解为权益乘数和资产净利率，以找出问题产生的原因。通过分解发现，该联盟权益净利率的变动在于资本结构（权益乘数）变动和资产利用效果（资产净利率）变动两方面共同作用的结果，而该联盟的资产净利率太低，显示出很差的资产利用效果。

表4-6 1999—2005年最佳西方国际财务比率情况

单位：%

年度	权益净利率	权益乘数	资产净利率	销售净利率	资产周转率	资产负债率
1999	0.167	5.045	0.033	0.013	2.505	0.802
2000	0.091	4.551	0.020	0.008	2.560	0.780
2001	0.033	3.702	0.009	0.003	3.059	0.729
2002	0.021	4.273	0.005	0.002	2.728	0.766
2003	0.223	3.779	0.059	0.023	2.591	0.735
2004	-0.234	4.768	-0.049	-0.018	2.703	0.790
2005	-0.106	6.235	-0.017	-0.007	2.375	0.839
2007	-0.236	6.933	-0.034	-0.014	2.461	0.856
2008	-0.268	9.234	-0.029	-0.013	2.222	0.892

导致权益净利率小的主要原因是全部成本过大,也正是因为全部成本大幅度提高,净利润提高不大,而销售收入大幅度增加,就引起了销售净利率的减少,显示出该联盟盈利能力降低。资产净利率的提高归功于总资产周转率的提高,销售净利率的减少却起到了阻碍的作用。

权益乘数下降,说明最佳西方战略联盟的资本结构发生了变动,权益乘数越小,企业负债程度越低,偿债能力越强,财务风险程度越低。这个指标同时也反映了财务杠杆对利润水平的影响。财务杠杆具有正反两方面的作用;在收益较好的年度,它可以使潜在报酬增加,但却要承担因负债增加而引起的风险;收益不好的年度,则可能使潜在的报酬下降。

通过运用杜邦分析法进行分析,可以知道权益净利率指标是衡量利用资产获取利润能力的指标,权益净利率充分考虑了筹资方式对企业获利能力的影响。因此,它所反映的获利能力是企业经营能力、财务决策和筹资方式等各种因素综合作用的结果。由此,我们可以认为最佳西方战略联盟组织的财务指标"权益净利率"可以从侧面反映联盟组织遇见的财务风险的大小。"权益净利率"经无量纲化,其计算结果如表 4-7 所示。

表 4-7 1999—2005 年最佳西方战略联盟权益净利率无量纲化分析表

年度	权益净利率	Z_{i1}
1999	0.167	0.75
2000	0.091	0.41
2001	0.033	0.15
2002	0.021	0.09
2003	0.223	1.00
2004	-0.234	-1.05
2005	-0.106	-0.48
2007	-0.236	-1.06
2008	-0.268	-1.20

总的看来,最佳西方国际的权益净利率在 2004 年以来下滑幅度较大。

(二)最佳西方联盟组织抗风险能力的量化分析

最佳西方战略联盟组织的收入主要来自成员的会费,成员数量的变化是直接导致会费收入变化的主要因素。同时,各成员酒店客房的数量也与成员的会费存在间接的关系,考虑到成员数量与成员酒店客房数量成正比,所以,在这里只选取成员数量这一指标来作分析。由此可以认为,成员数量的变化情况也能够从侧面反映最佳西方战略联盟组织防范风险的能力。

根据最佳西方网站(http://www.bestwestern.com)所提供的 1999—2005 年最佳西方国际联盟成员数量(见表 4-8)分布看,每年的联盟成员数量都有所变化,或增加或减少,从中可以清楚地看出联盟成员进入和退出的情况。虽然最佳西方联盟组织的成员酒店在全球的分布比较广泛,但主要还是集中在北美。最佳西方国际联盟组织在北美与其他地区的入盟条件及政策有所不同,导致成员的会费收入也有所差别。因此,在计算成员酒店数量的无量纲化结果时,不能将北美成员数量与其他地区成员数量简单地相加,故取其加权值,其权数为两者所占总数的比值。据此,计算结果如表 4-9。Z_{i2} 表示北美成员数量无量纲化值,Z_{i3} 表示其他地区成员数量无量纲化值,Z_{i4} 表示 Z_{i2} 和 Z_{i3} 的加权值。

表 4-8 1999—2005 年最佳西方联盟成员数量一览表

年份	北美成员数量	其他地区成员数量	北美客房数量	其他地区客房数量
1999	2308	1704	205 286	106 682
2000	2272	1822	201 839	108 823
2001	2289	1764	201 307	105 606
2002	2334	1726	205 047	103 580
2003	2355	1755	203 384	106 861
2004	2360	1737	202 690	105 441
2005	2398	1795	203 769	111 945

资料来源:最佳西方网站(http://www.bestwestern.com),经作者整理成表。

表 4-9 1999—2005 年最佳西方战略联盟成员酒店数量无量纲化分析表

年份	北美成员数量	其他地区成员数量	成员总数	Z_{i2}	Z_{i3}	Z_{i4}
1999	2308	1704	4012	0.96	0.94	0.95
2000	2272	1822	4094	0.95	1.00	0.97
2001	2289	1764	4053	0.95	0.97	0.96
2002	2334	1726	4060	0.97	0.95	0.96
2003	2355	1755	4110	0.98	0.96	0.97
2004	2360	1737	4097	0.98	0.95	0.96
2005	2398	1795	4193	1.00	0.98	0.99

(三) 最佳西方国际战略联盟稳定性的临界分析

在评价战略联盟的临界点时,假设 Z_{i1} 为财务风险大小,Z_{i4} 为最佳西方组织的抗风险能力。根据前文所推导出的战略联盟稳定性临界模型,即:

当 $\sum_{i=1}^{n} P_i S_i C_i / \sum_{i=1}^{n} L_i = 1$ 时,战略联盟处于稳定的临界状态;

当 $\sum_{i=1}^{n} P_i S_i C_i / \sum_{i=1}^{n} L_i > 1$ 时,战略联盟处于稳定状态;

当 $\sum_{i=1}^{n} P_i S_i C_i / \sum_{i=1}^{n} L_i < 1$ 时,战略联盟处于不稳定状态。

Z_{i1}/Z_{i4} 的值反映出最佳西方战略联盟的稳定性情况。计算结果如表 4-10。

表 4-10 1999—2005 年最佳西方战略联盟稳定性分析一览表

年度	Z_{i1}	Z_{i2}	Z_{i3}	Z_{i4}	Z_{i1}/Z_{i4}
1999	0.75	0.96	0.94	0.95	0.79
2000	0.41	0.95	1.00	0.97	0.42
2001	0.15	0.95	0.97	0.96	0.16
2002	0.09	0.97	0.95	0.96	0.09
2003	1.00	0.98	0.96	0.97	1.03
2004	-1.05	0.98	0.95	0.96	-0.24
2005	-0.48	1.00	0.98	0.99	-0.11

通过计算分析,可以发现,最佳西方战略联盟组织于1999年、2000年、2001年、2002年的稳定性比值均小于1,而且比值逐年减小。因此,可以认为,这几年最佳西方战略联盟是处于不稳定状态,而且稳定性逐年减弱。2003年,"最佳西方"组织进行了调整,当年的稳定性比值大于1,说明"最佳西方"基本恢复稳定状态。而2004年及2005年其稳定性比值出现了负值,说明最佳西方战略联盟的稳定性面临新的危机。原因在于2004年及2005年出现了财政赤字,2005财政年公司税后净亏损130万美元,2004财政年公司税后净亏损是350万美元,分析其原因是成本费用增大。2004年是由于为成员酒店引进高速互联网并进行技术更新的项目而造成亏损,2005年的亏损是由于会员服务项目以及由于额外的广告费用造成的。

通过计算分析最佳西方国际的案例,可以发现,"最佳西方"主要采取的是一种建立战略联盟的方式,通过其全球预订系统,把各个成员酒店联合起来。通过最佳西方国际酒店战略联盟组织内外环境的分析,可以发现,最佳西方国际联盟总体上处于较稳定的状态。最佳西方战略联盟组织所采取的策略是,以减小内外环境因素带来的各种风险以增强联盟组织的稳定性。从外部环境来看,最佳西方战略联盟组织构建了一个庞大的市场营销系统,采用最优化组合营销策略,来应对市场激烈的竞争,以降低因市场环境变化所带来的风险。从内部环境来看,最佳西方战略联盟是属于契约式的联盟,战略联盟类型的科学定位,减小了因市场机遇识别错误而带来的风险;严格的成员酒店入选标准,减小了因合作伙伴的选择错误而诱发的风险;有效的组织机构以及严格的质量保证体系,有利于增加联盟组织对各成员酒店的管理协调能力;畅通的信息共享系统和沟通渠道,减小了因信息不对称或者信息技术的不兼容、管理模式和文化的差异而造成沟通障碍的风险;严格的财政审核制度有力地降低了财务风险。可以这么说,最佳西方战略联盟在60多年的发展历程中,通过不断地提高战略联盟组织对外部环境的适应性以及对内部环境的可控性,来增强联盟组织的稳定性。

在战略联盟管理的微观方面,通过案例分析,得到几点认识:其一,运用杜邦财务分析法对"最佳西方"(1999—2005年)的财务状况的分析发现,该组织的规模及收入在逐年增加,但权益净利率却逐年减小。其二,通过最佳西方联盟组织稳定性的临界分析,可以发现,1999—2002年联盟组织的稳定性是在逐年减弱,2004—2005年稳定性处于低谷状态,只有2003年联盟组织处于稳定状态。其三,作为联盟组织,以获取较少的利润满足公司的财政收支平衡和银行信贷的需要,也许更为重要。其四,战略联盟组织以收取成员酒店的会费,较之特许经营等经营模式的组织收取的费用会低得多,这样一来,成员酒店可以较低的成本获得更高的收益,其发展速度更快。这也就是为什么最佳西方联盟组织的这种特征能吸引众多酒店加入的原因。其五,成员酒店数量增加,联盟组织的运营成本就会增加,有可能导致运营成本增加,从而引发诸如最佳西方国际在2004、2005年的财政问题,这种财务风险的增大将影响联盟组织的稳定性。

第五章
世界知名饭店集团化发展模式分析

直营连锁、特许经营、委托管理与战略联盟都是饭店集团化发展的主要模式。在考察连锁经营的定义时,我们发现不少人把直营连锁、特许经营、委托管理和战略联盟都作为连锁经营来看待;在分析战略联盟的定义时,又发现不少人把连锁经营、特许经营、委托管理都作为战略联盟的不同模式来看待。仅此一点,就足以激励笔者深入思考,认真探索这四种不同模式之间的联系与区别,为读者提供一个清晰的思路。

通过对上述四种发展模式的案例分析和理论辨析,本书非常明确地作了区分,即:只要具有股权形式存在的就应当作为直营连锁或连锁经营来看待,而不论其参股的比例多少;只要以契约形式存在的,就只能是特许经营、委托管理和战略联盟模式。在研究特许经营、委托管理和战略联盟这些模式之间的联系与区别时,可以发现,对三者之间的概念作一区别是很容易的,问题在于作为一家单体饭店在考虑加入饭店集团时,应采取何种模式?加入何种模式的饭店集团?这就颇费思量了。于是,在理论结合案例分析之后,有必要进一步探索三者之间在应用时的不同适用性。

第一节 特许经营与委托管理模式的制度分析

一、饭店委托管理与特许经营模式的制度设计差异

饭店委托管理(管理合同)与特许经营模式都属于契约模式,即饭店管理集团与扩张地饭店业主间长期的非股权关系。它通过载有双方权利和义务的合约创造了处理饭店业主和饭店管理集团关系的有效安排机制,这种有效安排机制由于建立起一种介于市场与组织之间的"混合体",而使其具有广阔的发展空间。

饭店管理合同属于管理直接输出型企业制度安排,建立了一种委托代理关系:饭店业主委托饭店管理公司代为经营管理饭店,作为代理人的饭店管理公司拥有饭店的经营权,负责饭店日常的经营管理,向业主提供财务收益,并借此获得

管理酬金作为回报；作为委托人的饭店业主拥有饭店的所有权，支付一切经营费用和财务费用，并承担所有权风险。其特点为饭店管理公司保持无形资产的所有权，通过直接输出管理对成员饭店进行严格的控制和直接的经营管理，是一种接近于"等级森严"的组织模式。而饭店特许经营属于以知识产权转让为核心的企业制度安排，建立了一种知识产权许可使用关系：作为出让方的饭店管理集团将其拥有的具有知识产权性质的知名饭店产品商标、成熟定型的饭店管理技术和先进的客房预订系统等无形资产的使用权出售给某饭店业主，吸收其为集团成员，并借此获得特许权使用费和一定的营业收入作为回报；作为受让方的饭店业主拥有独立的饭店所有权和财务权以及相对独立的经营权，在出让方统一的业务模式下从事经营活动，并向出让方支付一定的费用。其特点为饭店管理公司通过将品牌等无形资产在集团内实现共享对成员饭店进行松散、间接的控制，是一种更接近于"市场"的组织模式。

从饭店管理合同与特许经营模式的制度设计差异入手，可以对二者进行比较优势分析。二者在制度设计上存在的差异主要体现在以下几个方面：

第一，产权制度安排不同。在管理合同中，饭店业主拥有饭店有形资产所有权，负责饭店的实物投资以及支付饭店在运营过程中的各项费用并享有剩余索取权；饭店管理公司则拥有饭店经营权以及无形资产的所有权，负责成员饭店的经营管理；饭店的所有权和经营权是分离的。在特许经营中，各成员饭店是独立的法人实体，业主是饭店所有权的持有者并负责饭店的经营管理；由于饭店管理公司有权对成员饭店的特许业务范围进行监督、检查和指导，从而造成了成员饭店的所有权和经营管理权的相对分离。

第二，对成员饭店的控制力度不同。在不同的产权制度安排影响下，管理合同可以被看作是一种类似于"等级森严"的组织形式，饭店管理公司对成员饭店的控制力度比较大。特许经营创造了一种知识产权许可使用关系，饭店管理公司和各成员饭店之间形成以品牌等知识产权为纽带的松散的联系，特许经营被看作是一种更接近市场的组织形式，饭店管理公司对成员饭店的控制力度比较弱。

第三，资源和技术的转移范围和转移程度不同。无论是管理合同的直接管理输出，还是特许经营的知识产权转让，实质上都是饭店管理公司一系列资源和技术的转移，只是资源和技术的转移范围以及核心资源和技术的转移程度不同而已。在资源和技术的转移范围方面：管理合同中，饭店管理公司根据自身的等级和资源对成员饭店提供日常管理和技术支持。所以，管理合同涉及的是企业内部的资源的转移；特许经营中，饭店管理公司既不拥有成员饭店也不管理成员饭店，这意味着特许经营要跨越企业的边界转移资源和专业技能。① 在核心资源和技术的转移程度方面:管理合同中,饭店管理公司直接输出管理,派出一支管理队伍进驻成员饭店,饭店管理公司投放在成员饭店产品中的专利内容和特殊特制知识等知识产权核心部分的程度高;特许经营中,饭店管理公司通过知识产权的转让对成员饭店仅提供特许业务范围内的指导和帮助,饭店产品中专利内容和特殊特制知识等知识产权核心部分的投入程度受到很大的限制。

第四,对市场的依赖程度不同。饭店特许经营本质上就是三要素:经验复制、品牌许可使用以及集团营销支持。由于普遍关心自身商誉,饭店特许会非常关注各成员饭店所在地知识产权保护的完善程度和当地可获得的符合要求的管理人才。在管理合同中,饭店管理公司全面掌握各成员饭店的经营管理,不涉及知识产权的许可使用,对业主只有配合管理的要求,对成员饭店所在地知识产权保护的完善程度没有过多的依赖性。

实际上,两者的差异见图 5-1 所示。

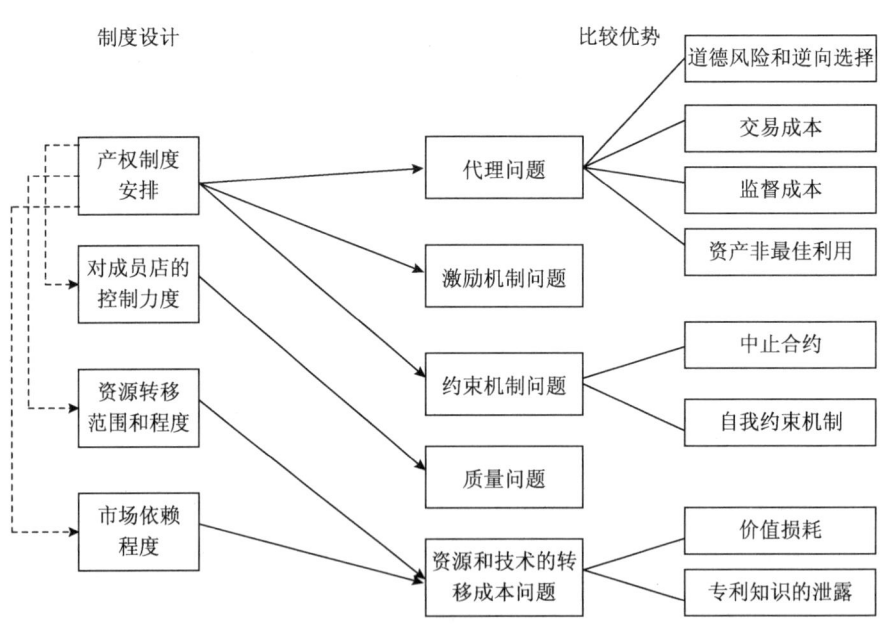

图 5-1　饭店管理合同与特许经营模式的制度比较分析框架图

---

① 洪颖.饭店联号跨国经营的战略选择——特许经营 VS 管理合同[J].经济论坛,2004.13.

二、饭店管理合同与特许经营模式的制度比较优势分析

饭店管理合同与特许经营模式具有不同的制度设计,欲探讨饭店管理合同与特许经营模式的制度比较优势,只能根据代理理论、交易成本理论和资源基础理论,针对代理问题、激励约束机制问题、质量问题以及资源和技术的转移成本问题进行比较分析。

(一) 代理问题

在经济学上,只要交易双方涉及的信息是不对称的,就会有委托代理关系的发生。在饭店管理合同中,由于饭店业主缺乏必要的管理经验,委托饭店管理公司代为管理饭店,处于信息劣势,是委托人;饭店管理公司掌握丰富的管理知识和经验,拥有成熟定型的饭店管理模式以及先进的全球订房网络和营销系统,处于信息优势,是代理人。饭店管理合同所确定的饭店管理公司及饭店业主之间的关系表现为一种委托代理关系,具有典型的委托—代理特征。

在特许经营中也存在一定的委托代理关系,即负责饭店日常经营管理的业主由于掌握所在地的社会经济发展信息和需求信息、拥有一定的关系网络、深知自己的行为和意图从而成为代理人,饭店管理公司由于在当地处于信息劣势以及无法直接观察成员饭店的行为而成为委托人,但比较于管理合同,这种委托代理关系由于饭店管理公司和成员饭店双方均具备一定的管理知识和经验而大大减弱。

1. 道德风险和逆向选择问题

在代理关系中,最可能出现的问题是道德风险和逆向选择问题。

由于委托人与代理人是两个独立的个体,拥有不同的行为偏好和目标函数,且他们都是效用最大化的经济人。因此,当代理人利用委托人的授权为增加私利而损害委托人利益时,就出现了代理问题,包括道德风险和逆向选择。

在管理合同中,饭店业主与饭店管理公司之间是经营权委托人和经营权代理人的关系,双方目标函数不一致,饭店业主追求的目标是资产增值及相应的剩余索取权,饭店管理公司则追求自身效用的最大化;同时,二者信息不对称,与业主相比,饭店管理公司掌握更多的信息。这两方面原因导致饭店管理公司存在"隐藏行动的道德风险"、"隐藏信息的道德风险"和"逆向选择"。现实中,无论饭店业主如何完善激励机制,也难以使饭店管理公司像业主那样追求高效率,饭店管理公司尽可能追求自身效用最大化,有可能利用业主授权而作出损害业主的事情,即使饭店管理公司已建立起良好的品牌声誉。

典型的案例犹如万豪所遭遇的诉讼。拥有3家万豪酒店的美国业主杰勒（Laurence Geller）于1999年在洛杉矶法院对万豪不公平的商业行径提起诉讼，就以下四个方面内容对万豪进行指控：第一，万豪国际每年向他收取高达400万美元的管理费；第二，万豪对其运营成本秘而不宣；第三，万豪肆意在业主的酒店周围开设新酒店；第四，万豪纵容其操控的供应商侵吞业主的采购折扣。拥有65家酒店（大都冠名万豪集团旗下的万丽品牌）的香港开发商郑家纯也于2002年对万豪集团提起诉讼，就以下3个方面内容对万豪进行指控：第一，万豪虚报4800万美元的营业成本并将其收归私囊；第二，万豪曾于2000年和2001年通过"万丽街边餐馆和酒吧工程"的餐馆概念研发项目，分别侵吞了他13.7万美元和39.4万美元；第三，万豪利用一家名为莫洛集团的供应商为酒店提供视听服务之便，加价200%，索取费用260万美元，其中170万作为回扣被万豪侵吞。

从以上两位业主对万豪酒店提起诉讼的案例来看，酒店业主们抗议的真正焦点在于运营合同中的成本核算问题，即万豪存在隐瞒业主收受折扣、虚报并侵吞营业成本的行为。可见，管理合同中饭店管理公司和业主之间存在目标函数的不一致性，双方均是自身利益最大化的经济人，为实现自身利益最大化，饭店管理公司存在利用业主的委托授权而做出损害业主利益的行为现象。例如，万豪虽然向业主收取了高额管理费，但并没有确保其经营酒店的财务收益能够为业主带来最佳的收益，从而使双方产生冲突并最终导致合作的失败。万豪酒店诉讼案说明，饭店管理公司在隐瞒关联交易、收受折扣、分摊计算机系统和培训费方面的做法使饭店业主对饭店管理公司的忠诚度产生了怀疑，从而导致相关诉讼案件增加。同时，作为经营者的饭店管理公司，其获得资产控制权大多依靠以行为为基础的合同，经营者倾向于夸大自己的能力，在信息不对称的情况下有可能导致逆向选择。为避免逆向选择，饭店业主需要聘请专业机构对饭店管理公司的能力进行评定，这就需要付出更高的成本。可见，饭店管理合同经营权和所有权分离的产权制度安排，会导致企业的道德风险和逆向选择。

在特许经营中，各成员饭店是相对独立的法人实体，同时拥有经营权和所有权，实现了饭店经营者和所有者目标的统一，其开展经营活动的激励性较高，从而解决了各成员饭店内部经营者的道德风险和逆向选择问题。特许经营的道德风险与逆向选择，主要发生在各成员饭店和饭店管理公司之间。特许经营中饭店管理公司和饭店业主之间是特许权委托人和特许权代理人的关系，各成员饭店仅获得饭店管理公司一系列资源和技术的暂时使用权而没有所有权，不可能像饭店管理公司一样珍惜品牌，再加上双方目标不一致（饭店管理公司的目标函数除了从各成员饭店的努力工作中获利，还要维护特许权的利益，如品牌信誉、服务质量的保证、技术秘密、经营诀窍的安全性等,而各成员饭店的目标函数只是利润),导致各成员饭店有可能做出损害特许权品牌声誉的事情,如私自寻找进货渠道、降低对产品质量的投入、泄露特许技术、降低品牌宣传力度等。由于缺乏对目标市场信息的了解,饭店管理公司在选择合适的经营者时,也会面临逆向选择的问题。但在特许经营中,由于饭店管理公司和成员饭店均掌握一定的管理知识和经验,从而使得发生在饭店管理公司和各成员饭店中的道德风险和逆向选择风险较管理合同有所降低。

由此可见,在代理问题上,在不同产权制度安排影响下,饭店管理合同中的道德风险和逆向选择较特许经营突出。

2. 代理成本问题

代理成本则是代理关系中的另一个问题。

由代理问题而产生的代理成本至少可以从以下几个方面来解释:以资源和技术为标的物的交易成本、监督成本和饭店资产的非最佳利用所带来的效益损失。

在管理合同中,由于饭店业主自己并不负责经营管理饭店,而将经营管理权全权委托给饭店管理公司,因此,饭店业主需要给饭店管理公司支付较高的管理费用。在特许经营中,由于成员饭店自己享有经营权,只是在特许业务范围内接受饭店管理公司的监督、检查和指导,因此,饭店业主需要给饭店管理公司支付的特许经营权费一般较管理合同支付的管理费用低。根据交易成本理论,无论是管理费还是特许经营权费,都是饭店业主与饭店管理公司进行资源和技术交易所付出的成本,只是管理合同的交易成本较特许经营模式高。需要指出的是,业主所支付的这部分成本对饭店管理公司来说是一种收益。在管理合同中,饭店管理公司较特许经营可以获得更多的收益,这是国际饭店管理集团在中国主要采用管理合同模式的主要原因之一。根据交易成本理论,在不同的产权制度安排影响下,管理合同委托方支付的以资源和技术为标的物的交易成本较特许经营高。

在管理合同与特许经营中,委托人为确保代理人最大限度地实现他的效用,需要对代理人进行监督。根据交易成本理论,饭店所有者和饭店管理公司之间达成合约,监督合约的履行是有交易成本的,即监督成本,监督成本的大小会反过来在一定程度上影响约束性的强度。在管理合同中,由于经营者存在较大的道德风险和缺乏剩余索取权所带来的较低激励性,导致业主对饭店管理公司的监督成本较大。在特许经营中,各成员饭店经营权和所有权的统一,很好地解决了企业内部的监督问题,监督成本主要发生在饭店管理公司监督各成员饭店履行合约的过程中。由于各成员饭店的自由经营行为和地理分散性,导致饭店管理公司需要付出较高的监督成本。根据代理理论和交易成本理论,饭店管理合同的监督成本较特许经营高。

资产所有者和使用者的分离会带来资产的非最佳利用问题,因为如果没有所有者的监督而由它的非所有者使用,资源的消耗要比它的所有者亲自使用大得多。在管理合同中,饭店业主负责实物投资,是饭店资产的所有者;饭店管理公司则代表饭店业主对饭店资产进行处置,利用资产开展以盈利为目的的经营性活动。由于双方利益的不一致性以及资产所有者和使用者的不同,饭店管理公司存在利用饭店资产为自己谋利的道德风险,饭店资产的部分属性处于公共领域,饭店管理公司会掠夺饭店的资产和不注重保护资产;导致饭店资产的非最佳利用,进而导致资产盈利性有所降低。特许经营由于实现了饭店资产所有者与使用者的统一,从而在很大程度上能够保证资产按照所有者的意志得到最佳利用。根据代理理论,在不同的产权制度安排影响下,饭店管理合同中资产的非最佳利用问题较特许经营突出,所带来的资产效益损失更大,原因在于资产所有者和使用者的分离。

综合以资源和技术为标的物的交易成本、监督成本和饭店资产的非最佳利用所带来的效益损失,可以得出,在不同的产权制度安排影响下,饭店管理合同中存在的代理问题较特许经营突出,由此产生更大的代理成本。

(二)激励约束机制问题

设计合理的激励约束机制是解决代理问题的有效方法。那么,如何才能设计出科学、合理的激励约束机制呢?

激励机制是激励者和被激励者之间的一种关系,它表明激励者如何推动被激励者采取某种经济行为。在管理合同与特许经营中,激励机制主要存在于产权制度安排下经营者不同的努力程度及其补偿。经营者不是企业的完全所有者这样一个现实,会带来企业的激励问题及监督成本的增加,而如果让企业的经营者成为完全的剩余权益的拥有者,就可以很好地解决激励问题,降低由此而产生的监督成本。

现代企业的生产关系是各种要素所有者之间的协作关系,在这一协作群中,每个人都有一种偷懒和搭便车的惰性,只要难以从技术上观察到并判定每个要素的努力程度,就不可能避免偷懒和搭便车。为此,就需要监督。在管理合同中,饭店业主对经营者的补偿方式主要有两种:一种是固定工资,另一种是基本管理费用加激励费。但是,无论业主对饭店管理公司采取何种补偿方式,作为经营者的饭店管理公司均不拥有饭店的剩余索取权,即饭店收入在扣除所有固定的合同收入索取权支付后的要求权。结果是饭店管理公司不能获得其努力的全部产出,其行为具有正的外部性,这样它们为监督协作成员的行为和努力程度而投入的努力就会比特许经营下自我经营要少。同时,饭店收入的变动,不仅在于随机因素(政治、经济环境等)的直接影响,而且在于饭店管理公司对饭店的努力也不相同。所以,很难把努力的变化所产生的影响从随机因素的影响中区分出来。有可能是饭店管理公司尽力了,但是由于整个地区经济不景气导致了饭店收入减少;也有可能饭店收入增加了,但其深层原因并不是饭店管理公司努力的结果,而是得益于经济形势好转。因此,通过饭店的产出来度量饭店管理公司的努力程度是非常困难的。此外,业主也不能完全直接观察到饭店管理公司的行为并证明其付出的努力水平。这三方面原因导致了饭店管理公司具有偷懒的积极性。

特许经营的最大激励机制在于各成员饭店拥有剩余索取权,剩余越大,经营者就越有动机去监督协作群中协作成员的行为和努力程度,从而促进协作群生产的效率,并形成良性循环。特许经营实现了经营者和所有者的统一,让经营者拥有剩余索取权,因此,可以很好地解决企业内部的激励问题。

根据代理理论,在不同产权制度安排影响下,饭店管理合同的激励性较特许经营低,原因在于饭店经营者不拥有剩余索取权以及对经营者努力程度的度量存在困难。

约束则是激励的另一面,其机制设置要相对简单。

约束机制是约束者和被约束者之间的一种关系,它表明约束者怎样推动被约束者不采取某种行动,可分为硬约束和软约束。在管理合同与特许经营中,委托人采取的硬约束主要有中止合约,软约束主要有代理人的自我约束机制。

特许经营最强有力的约束机制在于合约的中止,这一过程涉及资产的专用性问题,即一项耐久性资产只适用于特定交易而无法完全或部分地改作他用。饭店管理公司要求各成员饭店投资专用性的固定资产。当饭店管理公司有理由提前终止交易时,成员饭店就要蒙受损失。根据交易成本理论,只要对资本成本的罚款大于任何能获得的短期收入时,中止契约就能成为一种强有力的制裁措施,强烈到足以使来自欺诈活动的预期净收益为零,这是管理合同所不能比拟的。不同于特许经营,在管理合同中,专用性资产是由业主来投资的。如果业主终止合约,对自己造成的损失将是巨大的;如果其投资损失大于其维持合约所得收益,业主就倾向于维持现状。这在一定程度上降低了通过中止合约这一方式对代理人产生的约束性,但这不代表业主对管理公司的约束没有效用。根据代理理论和交易成本理论,管理合同中业主通过中止合约对饭店管理公司的行为进行约束产生的效用,较特许经营低。

由于特许经营赋予成员饭店剩余索取权,其自我约束机制较强。在管理合同中,业主为了让饭店管理公司自己监督自己,会采取分配一定的利润给饭店管理公司、让饭店管理公司投入一定资产以及承担经营风险等措施,但与此同时,业主也会丧失这部分利润和所有权。对于饭店管理公司来说,其最重要的资产是其品牌声誉。因此,饭店管理公司为确保其品牌声誉而形成的自我约束机制是饭店管理合同中最主要的约束机制,但这一约束机制通常较特许经营赋予被约束者的剩余索取权而产生的自我约束性弱。根据代理理论和交易成本理论,管理合同中代理人的自我约束机制较特许经营弱。

由此可见,在不同的产权制度安排影响下,管理合同中委托人对代理人的约束性较特许经营弱,原因在于相对于特许经营的硬性约束机制,管理合同主要依靠饭店管理公司维护自身品牌声誉而形成的自我约束机制是软性的。

(三)质量问题

质量是作为饭店集团内的一种共享的资源而出现的。由于质量下降会影响品牌声誉,于是,管理公司对这一问题都很重视。在管理合同中,由于饭店管理公司对各成员饭店通过直接输出管理进行严密的控制,保证了各成员饭店产品的质量,从而保证了饭店管理公司的品牌声誉。

根据交易成本理论,特许经营会引发自由经营行为。在特许经营中,各成员饭店拥有剩余索取权,如果高质量所带来的高售价或高销售量使各成员店获得的收益超过其为提供高质量产品所付出的成本(包括努力的投入和其他投入),那么,各成员饭店倾向于提供更高的质量,但品牌等特许权的使用导致问题变得复杂。在特许经营系统内,所有的成员饭店都在一个共享的品牌下经营,各成员饭店提高质量的努力产生了一种外部性,其努力提高质量的行为有可能会使消费者与其高质量建立的友好关系从这一市场转移到与之在同一品牌下经营的其他市场,使得饭店管理公司并不完全从自身质量的投入中获得收益;反之,单个成员饭店降低对服务、产品质量等方面的投入,短期内并不会影响其在消费者心目中的形象,而节约下来的成本则可以归自己所有,饭店管理公司又不可能对其经营活动进行直接的监督。这种外部性激励了各成员饭店的自由经营行为。但是,各成员饭店降低产品质量,也许能够增加它们自己的收益,但长此以往,会降低消费者的期望,从而对以质量为标志的品牌声誉产生负面影响。在各成员店的自由经营行为下,饭店管理公司由于缺乏对成员饭店的经营管理权,特许经营被认为能够产生比管理合同更低的质量。

因此,根据交易成本理论,在饭店管理公司对各成员饭店不同的控制力度影响下,管理合同较特许经营更能够保证品牌质量。

(四) 资源和技术转移成本问题

根据资源基础理论，任何企业都拥有一系列的资源。在饭店行业中，存在 22 种驱动饭店企业竞争优势的资源，这 22 种资源可以组合成为组织能力、质量能力、顾客能力、进入能力和物质能力五类重要能力，其中进入能力、物质能力和顾客能力属于可复制能力，而质量能力和组织能力属于不可复制能力。根据交易成本理论，无论是企业内部交易，还是企业之间的外部市场交易，均存在交易成本，但企业内部交易成本小于企业之间的外部市场交易成本。企业资源和能力的转移也可以看作是一种交易，在这里，交易成本主要表现为以知识产权为核心的一系列资源和技术的价值耗损和泄露风险。

在价值损耗方面，资源基础理论根据资源或能力对饭店竞争优势的贡献来定义其价值。饭店管理公司总是希望资源的转移不会降低其创造预期的竞争优势的能力。在企业内部的资源和能力转移，所转移资源的价值能够得到有效的保证。在涉及外部转移时，因为存在一系列阻碍资源转移的因素，如资源和能力的可复制性、成员饭店的吸收能力、资源转移本身存在阶段性和不断演进的特性，成员饭店很难完全吸收或复制，所转移资源的价值不能够得到有效的保证。作为更接近"等级制度森严"的组织模式，饭店管理合同因为更多涉及企业内部资源和能力的转移，其交易成本小，障碍少，价值耗损低。而作为更接近市场的特许经营模式，因为更多涉及企业外部资源的转移，障碍多，如作为资源和技术接收方的各成员饭店的知识吸收能力，其资源和技术在转移过程中的价值损耗高。根据交易成本理论，企业资源和技术从发达市场转移到不发达市场会产生附加成本。发展中国家的受教育程度较低，潜在合格管理人才的吸收能力就越差，从而导致更高的知识吸收成本和知识转移成本。这也是国际饭店管理集团在中国主要采用管理合同的主要原因之一。

根据资源基础理论和交易成本理论，在不同的资源转移范围和对市场的不同依赖程度的影响下，饭店管理合同由于资源在转移过程中损耗的价值低而优于特许经营。

专利知识泄露风险问题。特许经营会引起专利知识泄露风险，原因在于不同于管理合同资源和技术的内部转移，特许经营资源和技术的外部转移创造了一种知识产权许可使用关系，而这种知识产权在保护上有很大的难度。这就决定了特许经营对当地知识产权保护的完善程度有较大依赖性，如果当地法律体系不够健全，专利知识的泄露风险就更大，这是国际饭店管理集团在中国扩张主要采用管理合同的另外一个重要原因。

根据资源基础理论和交易成本理论,在不同的资源转移范围和对市场的不同依赖程度影响下,管理合同由于资源在转移过程中发生的专利知识泄露风险小而优于特许经营。

综合价值损耗和专利知识泄露风险两方面的分析,可以发现,饭店管理合同的资源和技术转移成本较特许经营低,这就对国际饭店管理集团进军中国针对不同饭店档次采取不同扩张模式做出了很好的解释。在高档细分市场,不可复制能力往往成为企业获得竞争优势的关键,要求一线员工具有更高的技能以达到更高的服务标准并保持品牌魅力,这种能力不能被简化为简单的标准作业程序,因此,经营者需要具备按照更高标准进行经营管理所要求的专业化技能和管理知识,此时,管理合同较特许经营具有更大的比较优势。而特许经营由于存在较高的资源转移价值损耗和专利知识泄露风险,专利内容和特殊体制知识通过"特许包"的方式简化成标准的作业程序转移到各成员饭店,因此,特许经营更适合于服务过程相对简单的中低档饭店。

饭店业中唯一荣获美国企业界最高质量奖的饭店——里兹·卡尔顿饭店,它的成功与其服务理念和全面质量管理系统密不可分,考虑到其核心能力的不可复制,它的主要扩张模式是管理合同。全球排名第四的雅高集团,其豪华型饭店品牌索菲特和高级饭店品牌诺富特扩张方式也均以管理合同为主。定位于中档饭店市场的最佳西方(Best Western)、克拉丽奥(Clarion)、舒适(Comfort)、霍华德·约翰逊客栈(Howard Johnson Inn)、华美达(Ramada)、Shoney等品牌在全球的扩张模式,则以特许经营为主。基于不同的经济发展水平,其中某些品牌如霍华德·约翰逊客栈(Howard Johnson Inn)在中国定位于四、五星级,则采取了管理合同这一扩张模式。定位于经济型饭店市场的天天(Days Inn)、HoJo Inn、罗德威(Rodeway)、苏格兰旅馆(Scottish Inns)、速8(Super 8)等品牌,则全部采用特许经营。由此可见,基于不同的资源和技术转移成本,企业扩张究竟选择何种模式,需要考虑众多因素,其中,企业核心能力的可复制性、市场定位水平、扩张地的知识产权保护力度和经济发展水平极为重要。

本节通过综合运用代理理论、交易成本理论和资源基础理论,以代理问题、激励约束机制问题、质量问题以及资源和技术的转移成本问题为切入口,对饭店管理合同与特许经营模式的制度比较优势进行分析。研究结果显示:第一,特许经营较之管理合同具有高能激励和硬性约束的机制,从而能更好地解决代理问题;第二,管理合同在保证集团品牌声誉和产品质量、知识产权保护等方面比特许经营更具有优势,这也是国际饭店管理集团进军中国高档饭店细分市场主要采用管理合同方式而在中低档饭店细分市场大多采用特许经营方式的根本原因所在。

我国饭店管理集团在扩张时究竟要选择何种方式,需要根据自身情况做出适当的判断;而单体饭店在考虑加盟时,要采用何种模式,则主要取决于酒店自身的条件。当然,这只是本书为判断采用何种模式所能提供的最基本的制度理论分析框架。

第二节 经济型酒店更适用特许经营模式

一、特许经营的适用范围

特许经营可以广泛地渗透到各个领域,前提是这一行业可以进行标准化、专业化、简单化的复制。在此基础上,特许经营总部形成自己一套经营理念和一套管理系统。所以,扩张模式的标准化、简单化、专业化的要求使得特许经营的适用范围具有局限性,一般适用于第三产业,而不像所有权控制情况下资本所有者可以从事任何行业的业务开拓。

从饭店集团的运营现状看,世界上采用特许经营模式的著名饭店集团大多集中于中低档酒店,特别是经济型酒店。由此是否可以得出结论说,特许经营模式更适用于中低档饭店?除了从案例分析来归纳总结,可得出这样的结论。从理论角度分析,经济型饭店采取特许经营模式,确有其优势。这是因为:

首先,在降低交易费用方面,经济型酒店占有更大的优势。

从交易费用理论出发,交易费用是影响组织选择的重要因素,选择不同组织结构的目的之一就是为了降低交易费用。因此,交易费用决定了特性经营方式的出现。实行特许经营能够有效地降低交易费用。首先,特许经营的产权关系(所有权和经营权的分离)能够降低代理成本、监督成本,解决激励问题,从而降低交易费用。特许经营中,受许人是相对独立的法人实体,总部对加盟店没有所有权,而经营监督权则高度集中于总部。这样各受许人要对自己的经营成败负责,并且拥有绝对的剩余索取权,能获得全部剩余利润,从而解决了企业内部的代理、监督和激励问题。其次,特许经营的广告和品牌的促销活动都是由总部集中进行的,降低了这些费用;而加盟店地理上具有分散性,使得其产品和服务的分销是分散进行的,不存在竞争,二者的结合促使特许人和受许人在经营活动中的交易费用都得到了降低。而特许经营的受许人通常在本地经营,这种"本土化"经营,在一定意义上比企业依靠自身的力量进行扩张更有利,从而在一定程度上再次降低了交易费用。再次,根据内部化理论,特许经营的产销一体化和批零一体化,把个体经营中的市场外部交易关系变为特许经营企业系统内部交易关系,会降低各种交易费用。此外,交易费用的降低直接导致成本的降低,符合了经济型饭店的低成本投入的特点,而低成本使得经济型饭店退出壁垒少。因此,采用特许经营有利于实现节约交易费用与生产成本两者之和的最大化。

与此同时,根据交易成本理论,在不同的产权制度安排影响下,管理合同委托方支付的以资源和技术为标的物的交易成本比特许经营高。在管理合同中,由于经营者存在较大的道德风险和缺乏剩余索取权所带来的较低激励性,导致业主对饭店管理公司的监督成本较大。因此,特许经营方式在降低成本费用方面占有优势。

其次,高能激励硬性约束机制也有利于特许经营模式的推广。

特许经营最大的激励机制在于受许人拥有剩余索取权,而特许经营最有力的约束机制在于特许权契约的硬性约束。特许人通过契约(特许人制定的格式合同,即非双方议定合同)授权受许人获得和使用特许权,两者是特许权委托人和特许权代理人的关系。特许人的契约约束的实质在于,通过终止商业关系的威胁来防止机会主义行为。

特许经营通过合同来转让特许权和控制特许权,其约束机制就在于契约约束。这就不可避免地发生一次交易费用。显然,过高的交易费用将阻碍特许经营激励约束的顺利实施。因此,必须制定标准化业务操作,分清各自的责任和义务,降低契约的不完全性,达成一致的价格,并在执行合同过程中易于监督和贯彻,减低交易费用。这也是特许经营生产或服务过程之所以采用标准化、简单化、专业化的原因所在。另一方面,特许权契约约束缺乏应变能力。从契约关系的完整性来看,因为在契约执行过程中,可能发生订立契约时未曾预料的情况,契约中的某一方也可能采取机会主义行为而导致契约双方的争执。以上这两方面的局限,使得特许经营只能局限于标准化、简单化、专业化的业务范围。

再次,为防止专利知识泄露风险,特许经营模式只能适用于业务简单化、标准化和专业化的经济型酒店。

特许经营推广会引起专利知识泄露风险。其中原因前文已述,这里不再赘述。

不同于高档细分市场,中低档细分市场中,饭店对知识产权等无形资产的投入较少,业务上采取简单化的操作,实行行业要求的标准化服务程序,因此对经营者按照操作标准进行经营管理所要求的专业化技能和管理知识水平也与高星级饭店不同;而采取特许经营,由集团总部统一输出知识产权和经营管理制度,一定程度上减少了经营成本。且对饭店集团而言,专利内容和特殊体制知识通过"特许包"的方式简化成标准的作业程序转移到各成员饭店,因此,特许经营更适合于服务过程相对简单化的中低档饭店。

根据特许经营的制度设计和交易成本理论,由于不同的资源转移范围和对市场的不同依赖程度影响,特许经营要保持发展的优势,就必须把专利知识等知识产权内容简单化和标准化,制定特许守则并使之相对专业化,以最大限度地降低专利知识泄露风险和资源转移价值损耗。在不同产权制度安排下,特许经营较管理合同等其他方式而言,具有高能激励硬性约束的特征和专利知识泄露风险较大的特征,这就要求特许经营的输出必须建立在简单化、标准化和专业化的基础上,以最大限度地防止核心知识产权泄露。

综上可见,根据特许经营的制度设计、交易成本理论和内部化理论,在不同的产权制度安排影响下,特许经营适合经济型饭店所要求的低成本和快速扩张特点,且在交易成本方面,特许经营较其他扩张方式而言,更适合经济型饭店的迅速扩张。

二、如家经济型酒店特许经营模式快速扩张的启示

上文中,我们通过世界著名饭店的经营案例归纳出了特许经营模式更适合于经济型酒店的结论,同时又采用理论分析阐明了特许经营与经济型酒店的契合。为了更进一步论证这一观点,我们再次以国内近几年快速发展的如家为样本,分析特许经营的经营成效。

如家由首都旅游集团、携程旅行网共同投资组建,是中国内地最先引入优质投资的经济型酒店。在全国范围内,以如家直营店和特许经营店两种模式发展。直营店是由如家酒店连锁自己投资、自己经营管理的经济型连锁酒店,此类酒店多为租赁经营;特许经营店是获得如家酒店连锁的特许经营权,使用如家酒店连锁品牌、商标、业务模式的经济型酒店。如家酒店连锁公司在发展的前几年,以单一品牌战略为主,2007年起开始经营部分高档酒店。在如家快捷酒店,其服务提出标准化与专业化的有限服务,突出"小而专",把客房作为经营的绝对重点;市场定位于以大众消费者和中小商务人士为主,市场规模大、需求相对稳定;组织管理实行以人为本的管理理念,推行高效的机构设置、精简的人员配置、一人多能的

岗位职责。

自 2005 年以后,如家致力于特许经营的发展,迅速崛起,成为行业龙头,并于 2006 年 10 月在纳斯达克顺利上市,实现通过上市大力引资并扩大规模的目标。事实证明,如家在过去的数年间取得了良好的"规模效应"。截至 2009 年 6 月 30 日,如家共有 547 家酒店投入运营,包括 369 家租赁经营酒店(其中包括一家面向中高端市场的商务型酒店——和颐酒店),以及 178 家特许经营酒店,每家酒店平均客房数量为 117 间。如家 2009 年第二季度新进入了 6 个城市,业务已经覆盖了中国 107 个城市。截至 2009 年 6 月 30 日,如家还有 17 家租赁经营酒店和 46 家特许经营酒店已经签约或在建设中。如家 2009 年第二季度的酒店入住率为 92.4%,2008 年同期为 88.2%;如家第二季度每间客房每天平均营收为人民币 148 元,2008 年同期为人民币 153 元,2009 年第一季度为人民币 130 元。

凭借强大的无形资产、精英团队的开拓和适时的上市融资,如家快捷短短数年间得到了快速的扩张,迅速占领中国大陆经济型酒店市场的空白区,并一跃成为行业龙头。

其酒店扩张数据具体见表 5-1。

表 5-1 如家快捷从 2004 年至今的发展情况

年份	酒店数量(个)	扩张比例(%)	房间数(个)	入住率(%)
2004	28	—	3444	86
2005	68	243	8364	89
2006	134	211	16 162	90
2007	266	198	32 726	88.3
2008	471	177	55 631	84.1
2009	616	131	71 456	91.5
2010	818	133	93 898	90.40
2011	934	114	106 476	88.80
2012	1772	190	214 412	86.10

资料来源:根据如家历年财务报表和网站资料整理。

从其公布的数据看,如家快捷的发展速度惊人,特别是特许经营的扩张速度在逐年递增。具体数据见表 5-2。

表5-2 如家快捷酒店近几年的经营数据

时　间	2006.12.31	2007.12.31	2009.12.31	2010.12.31	2011.12.31	2012.12.31
总酒店数(个)	134	266	616	818	1420	1772
直营店(个)	94	195	390	454	697	803
特许经营店(个)	40	71	226	364	723	969
住房率(%)	90.0	88.3	91.5	90.4	88.8	86.10
日均房价(元)	182	176	149	173	163	160

资料来源：如家官方网站。

从如家的经营业绩看，如家经济型酒店的经营业绩高于全国平均水平，特别是客房出租率一直高居榜首。

表5-3 如家经济型酒店和星级酒店的房价及收益对比

类别	5星	4星	3星	如家
平均房价(人民币/元)	797	455	347	160
RevPAR(人民币/元)	477	299	243	144
出租率(%)	59.9	65.7	70.1	86.1

数据来源：2012年饭店业务统计2011财政年度。

如家快捷酒店与星级酒店相比，具有盈利率高、出租率高的优势，其经济型酒店的出租率普遍在85%以上，资产回报率为20%，经营利润率可以高达50%。

如家在网上公布了以位于二级城市一级地段的酒店为例的模拟收益。假设酒店建筑面积4200平方米，120间客房，年平均出租率80%，平均房价164元，特许如家8年为期的参考收益如表5-4所示。

表5-4 如家8年特许经营的模拟收益表

项　目	主要费用
年均销售收入	120间客房×80%出租率×164元平均房价×365天×(1+9.5%餐饮收入)=629.34万元
年均经营毛利润率(假设)	50%
年均经营毛利润	629.34万元×50%=314.67万元

续表

项目	主要费用
固定资产和装修费摊销(按8年摊销)	120间客房×5万元每间装/8 = 75万元
特许经营主要费用(经营费和管理费)	629.34万元×4.5% + 629.34万元×1.5% = 37.76万元
系统维护费	1万元
租赁费或房产税	4200平方米×0.9元×365天 = 137.97万元
营业利润	314.67万元 − 75万元 − 37.76万元 − 137.97万元 = 58.25万元
营业所得税金	58.25万元×25% = 14.56万元
税后利润	58.25万元 − 14.56万元 = 43.69万元
营运现金流	43.69万元 + 75万元折旧摊销费 = 123.37万元
初始投资	600万元装修 + 36万元加盟费 + 1.5万元系统安装使用费 = 637.5万元
年投资回报率 = 营运现金流/初始投资	123.37万元/637.5万元 = 19.4%

如家在网上公布了以位于一级城市一级地段的酒店为例的模拟收益。假设酒店建筑面积3600平方米,100间客房,年平均出租率90%,平均房价170元,特许如家5年为期的参考收益如表5-5所示。

表5-5 如家5年特许经营的模拟收益表

项目	主要费用
年均销售收入	100间客房×90%出租率×170元平均房价×365天 = 558.45万元
年均经营毛利润率(假设)	50%
年均经营毛利润	558.45万元×50% = 279.23万元
一次性品牌特许费(按5年摊销)	30万元/5年 = 6万元
装潢装修费(按10年摊销)	350万元/10年 = 35万元
设备购置费(按5年摊销)	100万元/5年 = 10万元

续表

项　目	主要费用
房产年均折旧费(按40年摊销)	3600平方米×7500元/40年＝67.5万元
营业利润	279.23万元－6万元－35万元－20万元－67.5万元＝150.73万元
营业所得税金	150.73万元×33%＝49.74万元
税后利润	150.73万元－49.74万元＝100.99万元
年投资收益率	100.99万元/(350万元＋100万元)＝22.44%

资料来源：如家官方网站(http://www.homeinns.com/resvhomeinns/Home/joinus.aspx)。

通过对加盟如家所带来的效益进行模拟分析，发现加盟如家可以带来可观的年投资收益率，而低成本、高回报正是加盟商通过特许经营模式跻身经济型饭店市场的动力之一。

第三节　酒店战略联盟稳定性的机制设置

如果按照本书对酒店战略联盟的定义，即：酒店行业中两个或两个以上的企业出于特定的战略考虑，基于共同的利益基础，通过某种协议规范而结成的优势相长、风险共担、要素双向或多向流动的契约式松散的合作竞争网络组织。那么，战略联盟适用于一切出于特定的战略考虑，基于共同的利益基础，通过某种协议规范而结成的优势相长、风险共担、要素双向或多向流动的契约式松散的合作竞争网络组织。也就是说，战略联盟的适用性广，不存在形式或模式限制，也不受企业所有制与运作规制的限制。饭店也可以结成战略联盟，任何行业都可以结成战略联盟。

我们在研究战略联盟时，发现酒店战略联盟作为一种契约式联盟，其存在的根基不牢，存活率低。也就是说，如何构建一个稳定的联盟，比研究适用性更为重要。这是因为，战略联盟的成功运作，必须依赖于成功的运营，只有成功的战略联盟才可能提高经济效益或创造新的附加值,才能使联盟成为一个稳定的战略联盟。一旦各成员企业利益出现不均衡,则将会直接影响到联盟的稳定性。因此,研究战略联盟的适用性,明显不如研究如何设置一个稳定的战略联盟的运作机制更为重要。

如何化解饭店战略联盟中的种种风险,提高战略联盟的稳定性,就需要联盟组织建立一套行之有效的治理机制。针对酒店战略联盟的管理机构而言,就需要确定一套机制并约束盟友按照这套机制行动。这套机制,实际上是一套支配特定的活动方式和相互关系的行为规则,也可以具体理解为是旨在约束追求个体福利或效用最大化利益的酒店企业行为的一系列规则。

从战略联盟稳定性的风险诱因来看,影响酒店战略联盟稳定的风险因素主要来自外部环境以及内部环境。按照风险的性质分类,可将风险分为单一企业风险和合作风险。企业战略联盟的单一企业风险是在合作伙伴全力以赴、精诚合作的情况下发生失败的可能。企业战略联盟的合作风险是指因伙伴企业没有完全承担对联盟的义务而导致联盟绩效下降的可能,或者伙伴企业的机会主义行为对联盟的负面影响。

一、国际酒店战略联盟稳定性的利益机制

(一)利益机制是最基本的机制

从战略联盟的稳定性看,利益机制是最基本的机制,只有围绕利益机制而运行的控制机制、信任机制和协调机制共同发挥作用,并以此来防范战略联盟的不稳定风险,才能促使饭店战略联盟稳定发展。

利益是合作的焦点。战略联盟通过共同努力,可以创造出比合作伙伴独立行为更多的利益。对于联盟伙伴而言,合作所创造的利益至少不低于不合作时所创造的利益。酒店之所以结成战略联盟,是因为可以形成协同效应,通过建立战略联盟所形成的总绩效大于原先分散饭店绩效的总和,这是酒店战略联盟的利益得以存在的驱动机制。一旦酒店企业战略联盟发挥这种协同效应,没有一家酒店企业愿意分裂,因为它们无法比不参与联盟做得更好,战略联盟就会趋于稳定。这一机制必须满足两个条件:其一是能够保证个体的合理的利益;其二是能够约束个体效用最大化行为,使个体利益行为与联盟的公共利益不相违背。

(二) 控制机制是利益机制发挥作用的第一个要素

欲使利益机制发挥作用,就必须使控制机制、信任机制和协调机制共同发挥作用,形成一个完整的治理结构。在围绕利益机制的控制机制、信任机制和协调机制的相互关系中,控制机制是利益机制发挥作用的第一个要素。

控制机制要达到的目的是,饭店战略联盟中一家饭店的行为不能影响其合作伙伴甚至整个联盟的行为。联盟中的饭店可以通过联盟的治理结构、协议的详细条款、日常管理工作以及其他措施,来实现对合作伙伴和联盟的遵守。这种遵守主要是应用合作伙伴间的合同的法律约束,也包括一些联盟中存在的行政约束和企业文化约束。

以控制机制降低联盟稳定性风险的模式有正式控制和非正式控制两种方法,前者强调在联盟中建立和执行规范的制度、程序和政策来监督合作伙伴的行为,亦可称为契约机制;后者强调在联盟组织内建立共同的行为规范、价值观和文化来实现组织的内部目标,也称为文化融合机制。

(1) 契约机制毫无疑问是战略联盟的一种最主要的约束机制。联盟成员达成共识的标志就是契约合同的签订。由于它是对联盟成员的行为直接具有法律约束力的文件,所以它的内容应涉及联盟的组织方式、沟通与协调方式、利益分配方案、合作双方的责权利安排、例外情况的处理等。由于联盟在运行中还存在很多不确定的因素,因此,契约不完备的风险是随时存在的。契约机制主要针对契约不完备的情况进行制度安排,因此,契约签订时应在内容上明确包含例外情况、特殊情况的处理原则和方式。

联盟契约一般分为明示契约和隐性契约。明示契约是指订立书面化的完全合同,将所有有关情景及相应责任义务规定明晰,以避免冲突情形的出现。但明示契约的订立是非常困难的,因为各种偶然事件无法低成本地在合同中予以规定,甚至无法预料,并且由于法律解决冲突的成本很高,它不是解决问题的最佳方法。隐性契约属于关系契约的一种形式,是约束双方行为的一种社会法则,它是能使得违背者付出代价而使得遵从者获利的一种契约形式。以隐性契约作为协调交易手段,需要具备几方面条件:一是互利,彼此形成双赢或多赢的关系;二是互信,立足于长久的合作关系;三是互补,取得资源及能力的相互补充;四是互通,进行充分的信息与知识交流。

联盟契约应尽量完备,将可能出现的行为事先尽可能地用契约来限定;同时联盟约束要最大限度地硬化,即将隐性契约向明示契约转化,这样才能最大限度地防范道德风险。

(2)文化融合机制是联盟运行的有效补充。联盟成员之间的沟通与协调、处理问题的方式都带有各成员企业文化的特征,而各成员企业文化的差异性会造成沟通不顺畅、目标冲突、协调困难等风险。因此,从预防该类风险的角度出发,要求在联盟成员间建立一套各成员企业都能接受的文化体系。文化融合机制就是这样一套分析盟员企业文化差异,寻找和强调文化共性,并通过培训和人员交流形成联盟共识的机制。[①]

(三)信任机制是保证利益机制发挥作用的第二个要素

信任机制是指合作伙伴以自己的声誉和形象作承诺,遵守共同的行为规范、伦理和道德。也就是说,酒店战略联盟的治理机制不仅依赖具有法律效力的制度安排,还依赖诚实信用等社会准则,后者能有效降低交易中的道德风险。这就包括战略联盟的选择机制和道德自律机制。

(1)关于选择机制。酒店企业在选择战略联盟伙伴时,应选择具有良好声誉的企业。所谓酒店企业的声誉,可以从两个角度来理解:其一是酒店企业的品牌声誉,其二是酒店企业的合作声誉。酒店产品具有明显的无形性特点,酒店产品很大部分是以提供服务为主的一种特殊产品。这种无形性决定了酒店企业必须树立企业形象才能增强顾客信心的重要性。与一家拥有相同品牌价值和市场地位的合作者建立战略联盟,才能提升酒店企业的形象,进而促进酒店企业竞争力的提升。一般而言,弱势品牌很难高攀到一些强势品牌,除非这种弱势品牌具有很好的发展潜力;而强势品牌也不能过于屈尊降位,否则有可能损害其市场形象。

(2)道德自律机制是战略联盟的软约束。契约机制是以具有法律效力的文本来体现对联盟成员的激励与约束,是一种硬性机制,而对成员饭店企业行为的调整校正和道德风险的防范还需要一种软性机制的配合。联盟是基于成员企业的共同利益目标而组建和运作的,联盟运营的好坏关系到各成员企业的切身利益。某一成员企业的败德行为,可能会导致联盟整体利益的消减或丧失,影响其他成员企业的利益。道德自律机制强调在战略联盟内部,以一种全局的、部分利益服从整体利益的观念,来处理和其他盟员企业的关系,规范和约束自身的行为,提高自律的道德情操,以律己的方式完成联盟的目标。

---

① 陈艺文.战略联盟的文化差异与文化融合探析[J].广东工业大学学报:社会科学版,2002,2(4):27-29.

(四)协调机制是利益机制发挥作用的第三个要素,也是一项重要的辅助机制安排

协调是联盟组织实现既定目标的必要条件。企业战略联盟的协调机制是指在企业联盟中,为确保其目标的全面达成而建立的协调手段、方法和方式。其目标是通过科学的协调机制,以确保联盟的迅速形成、无间协作、有效运行、共担风险,以提高企业战略联盟的成功率。完善的协调机制,不仅可以确保联盟的协调活动更加规范化、制度化,而且还可以提高联盟的工作效率和敏捷度,降低由于协调困难而导致的诸多风险。目标一致、优势互补、信息共享、风险共担、利益共享都是协调联盟稳定性的关键因素。

其一是目标一致。目标是企业之间实现合作的目的。为了实现最大的合作效果,一致的目标要求是必须的,否则会影响合作的绩效,甚至会出现联盟中途分裂。其二是优势互补。成员企业都必须具有独特的核心能力,能为联盟提供独特的贡献,这种联盟是互补式的联盟,是强强联合,在这里,弱弱联合是难以实现的。其三是信息共享。信息共享能够有效缓解有限理性和制约机会主义。[①] 在一个多种利益夹杂的群体中,如果没有比较充分的信息共享,就很容易出现机会主义行为,难以合作成功。当有了更多的信息时,决策就不得不照顾各方的反应,此时的决策是更为理性的,更能利于实现合作。其四是风险分担。参与联盟的各方应该分担联盟风险,分担巨额的研究费用和专项资产投资,发挥群体能够承担更大风险的作用,形成较强的竞争力。其五是利益共享。企业参与联盟的目的本身就是为了获取利益,但是这种利益可能是自身能力的提升而非现实的利润。不过,这些获取的利益最终能够体现在利润上。如果出现利益分配不公平的情形,就会影响企业参与的积极性。因而,利益共享与风险分担是共同发生作用的。

二、酒店战略联盟稳定性各相关机制的相互关系

在饭店战略联盟稳定性的机制设置过程中,利益机制、控制机制、信任机制和协调机制是一种什么样的关系?三者之间的相互作用是否会影响到联盟的稳定性?

---

① Williamson O E. The economic institutions of capitalism:firms,markers,relational contracting[M]. Macmillan,1985:47 – 70.

(一)利益机制是控制机制和信任机制的前提和基础

利益是联盟伙伴共同的基础。利益机制是控制机制和信任机制的前提和基础,是整个联盟运行机制的根基。控制机制、信任机制和协调机制都是围绕利益机制这个中心发挥其功能的。作为独立的经济利益体,加盟店不可能不受到经济利益的诱惑,而较好的经济利益预期及合理的利益分配机制,可以促使成员饭店信守诺言,努力合作,从而增进彼此间的信任。因此,酒店联盟协议中应明确规定利益分配依据及原则,加强成员饭店利益的相关性,巩固和发展成员饭店间的相互信任。

在控制机制与信任机制之间,有人认为,控制作为一种规则手段必然导致不信任;也有人认为,正确的控制能够促进相互信任,因为对于一个好的合作伙伴而言,其实际业绩都能被联盟客观的行为规则和绩效评价指标等控制手段反映出来,好的合作伙伴通过这些积极的评价和肯定的反馈,会更加坚定对自己行为的信心,形成"轨迹效应"。[①] 因此,在任何经济组织的控制过程中,都需要信任机制的支撑,企业战略联盟更是如此,合作伙伴的相互信任可以大大提高控制机制的效率。

联盟中合作伙伴的相互信任可以提高控制机制的效率。合作伙伴的相互信任可以减少控制者与被控制者之间的隔阂和阻力。如果联盟中合作伙伴缺乏信任,被控制者一定会怀疑控制者的行为动机和能力;如果合作伙伴缺乏充分的对合作伙伴友好合作态度的信任,被控制者就会认为控制者的控制目的是为了自己企业的利益而不是联盟的整体利益。

(二)信任机制是控制机制的有益补充

无论联盟的契约关系如何完备,也无法约束成员企业的所有行为,必须依靠成员企业间的相互信任来补充和规范。相互信任在联盟中发挥了联盟契约无法起到的作用:首先,相互信任可以降低交易费用和监督费用。以契约约束交易行为往往要付出较高的费用。而相互信任可以使交易各方的沟通更加坦诚有效,可以降低市场交易费用;同时,信任还可以使已达成的协议自我实施和遵守,不需要外部的监督,从而降低了防止联盟各方机会主义行为的监督成本。其次,相互信任有助于成员企业增加对联盟合作关系的投入。信任程度越高,成员企业对联盟目标的信心越

---

① Goold M, Campbell A, Alexander M. Strategies and styles: the role of the center in managing diversified corporations[M]. Oxford: Blackwell, 1987.

大,就愿意增加对联盟合作项目的资源投入,进而提高联盟合作成功的可能性。再次,相互信任能够增加联盟合作关系的灵活性。信任可以使成员企业自觉地根据环境变化,主动地相互配合来履行合同之外的义务,促使联盟的顺利运行,并可以避免相互猜疑造成时机延误的损失。

建立联盟协调机制,能够加强成员企业的互动和协商。互动和协调有利于信息交流和学习。沟通和协调将成为饭店联盟凝聚在一起的重要机制,是联盟合作信任关系维持和加强的重要途径。通过互动和协商,成员饭店能识别并发展更多的公平,这些公平反过来又增强了信任。

国际酒店战略联盟稳定性的治理模型如图 5-2 所示。

联盟稳定是核心,利益机制为最基本的机制,控制机制、信任机制是降低联盟稳定性风险的主要途径,协调机制作为有益的补充,四者相互影响并共同发挥作用,防范风险并维持战略联盟的稳定性。

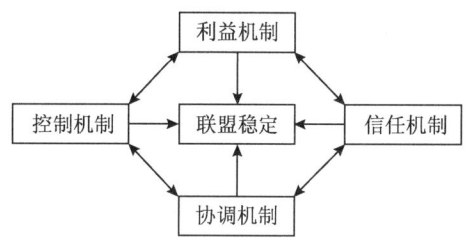

图 5-2　战略联盟稳定性的风险治理模型

三、最佳西方国际战略联盟稳定性研究的启示

通过对最佳西方国际战略联盟发展历程的考察,特别是对其战略联盟的稳定性所作的案例分析——从外部环境的适应和内部环境的控制两方面入手,对最佳西方国际酒店战略联盟的稳定性进行了实证式研究,并在此基础上提出了构建战略联盟稳定性的机制。通过上述研究,可以得出以下几点认识:

第一,最佳西方国际的酒店战略联盟是一种契约式联盟。契约式联盟是一种合作联盟,不需要建立法律实体,分为传统契约和非传统契约两种类型。非传统契约下的合作联盟通常参与范围和时间有限,是一种便利的结合,解散比较容易,任何一方都可轻易退出。而最佳西方国际主要属于营销联盟,因为它具有联合品牌、联合促销、营销资源共享等特征;在实施过程中,它又有某些特许经营的特征;

在运营过程中，又是以契约来建立起合作关系的，但又不完全是。

第二，国际酒店战略联盟的稳定性最重要。一个稳定的国际酒店战略联盟必须对外部环境迅速反应并具有应对能力，必须具有外部适应性。与此同时，国际酒店战略联盟内部成员企业在密切合作的同时，彼此也有可能摩擦和碰撞，将这些矛盾控制在一定范围内，是联盟稳定性的第二个问题，这就是内部可控性，即联盟伙伴能通过自身努力来协调各方关系，追求共同目标，在优势互补前提下，相互依存，互相吸引。

第三，影响国际酒店战略联盟稳定性的风险因素主要来自外部环境（市场环境、金融环境、政治环境）以及内部环境（市场机遇识别、合作伙伴选择、联盟合作方案设计、责权利险的不对称、组织机构设置、合同的不完备性、文化的融合、成员企业的中途退出、信息共享和沟通、道德风险、信任风险、协调风险、其他风险因素）。提高战略联盟稳定性，就必须降低各种因素给联盟带来的风险，而联盟组织的相对风险与绝对风险的差值决定了联盟的稳定性的临界状态。

第四，通过最佳西方国际酒店战略联盟的案例研究，可以发现，最佳西方国际酒店战略联盟是一个较为稳定的联盟组织。最佳西方联盟组织用来解决联盟稳定性风险问题的有效办法就是采取措施提高联盟组织对外部环境的适应性及对内部环境的可控性。

第五，通过研究，我们认为国际酒店战略联盟稳定性风险治理机制是以利益机制为根基，控制机制、信任机制为主要途径，协调机制作为有益补充，四者相互影响，共同作用的治理结构。

随着研究的深入，笔者发现对战略联盟的研究还存在诸多不足。其一，在最佳西方国际的案例研究中，是将联盟的稳定性分析等同于联盟绩效评价，这一评价方法未必科学。其二，由于时间和数据搜集的局限性，对战略联盟稳定性的研究，只局限于最佳西方国际一家所进行的定性与定量分析，单一例证未必能够说明问题；而且最佳西方国际是一个较为成功的战略联盟组织，只对成功的案例作研究可能会给结论带来一定的片面性。其三，通过研究发现，最佳西方国际在全球的大规模扩张，不完全是以战略联盟的模式，而是兼有特许经营的模式。这说明最佳西方国际的经营模式也是朝着多元化模式进行发展。如果单纯地从最佳西方国际的整体经营绩效来研究国际酒店战略联盟的稳定性，似乎还缺少一定的说服力。其四，笔者评价战略联盟稳定性的临界模型是一个理想模型，它只适用于联盟组织已知的风险因素大小的运算。战略联盟稳定性还存许多不确定风险因素，比如政治风险、法律风险、自然风险等是无法用具体的数据来衡量的。

本书一开篇，笔者就提出了这样的一个问题，即：倘若加入饭店集团，要加入哪一家饭店集团？以何种方式加入？综合全书，似乎还没有解决前一个问题，因为世界上知名的饭店集团太多，限于篇幅，无法一一介绍。但我们有一个基本的概括，即：中低档饭店比较适合加盟诸如洲际（假日）、圣达特（现为温德姆酒店集团）这样的知名饭店集团，高档饭店比较适合加盟希尔顿、万豪这类世界知名的饭店集团，中档饭店也许适合于加盟诸如最佳西方国际这样的战略联盟。不过，这里只用"也许"来表述。对于以何种方式加入，也没有明确的答案。直营连锁属于具有股权性质的投资经营，与该问题无关。就特许经营、委托管理、战略联盟三种模式而言，中低档饭店适合特许经营加盟，因为特许经营可以解决委托代理的许多问题；高档饭店适合委托管理，因为委托管理可以保证高档饭店的服务质量，但不易解决委托代理问题；世界上最成功的饭店战略联盟就只有最佳西方国际了，想采用战略联盟的，就只好去研究最佳西方国际了。

参考文献

[1][美]科斯(R.H. Coase),等.财产权利与制度变迁:产权学派与新制度学派译文集[M].上海:三联书店上海分店,1994.

[2][美]迈克尔·波特.竞争战略[M].北京:华夏出版社,2003.

[3][英]坎贝尔·卢克斯.战略协同[M].任海通,等译.北京:机械工业出版社,2000.

[4]包昌火.竞争对手分析[M].北京:华夏出版社,2003.

[5]蔡继荣,胡培.基于合作溢出的战略联盟不稳定性研究[J].中国管理科学,2005,13(4):143-145.

[6]陈佳贵.企业风险管理[M].广州:广东经济出版社,1999.

[7]陈耀.联盟优势[M].北京:民族出版社,2003.

[8]陈艺文.战略联盟的文化差异与文化融合探析[J].广东工业大学学报:社会科学版,2002,2(4):27-29.

[9]陈勇.对酒店管理合同受托方激励约束机制相关理论问题的探讨[J].旅游科学,2007,1.

[10]陈勇.国外酒店管理合同研究新进展探析[J].外国经济与管理,2006,12.

[11]程旭东.探讨中国特色的特许经营酒店模式[J].商场现代化,2005.

[12]谷慧敏,秦宇.世界知名饭店集团管理精要[M].沈阳:辽宁科学技术出版社,2001.

[13]郭东乐,宋则.中国商业理论前沿[M].北京:社会科学文献出版社,2000.

[14]何畔.战略联盟——现代企业的竞争模式[M].广州:广东经济出版社,2000.

[15]洪颖.饭店联号跨国经营的战略选择——特许经营VS管理合同[J].经

济论坛,2004(13).

[16]黄少安.经济学研究重心的转移与"合作"经济学构想——对创建"中国经济学"的思考[J].经济研究,2000,5:60-67.

[17]黄深泽.心理预期对战略联盟稳定性的影响[J].科技与管理,2005,4(32):67-68.

[18]蒋国平.企业战略联盟高失败率原因分析及其成功之路[J].现代财经,2001,(1):23-25.

[19]李维华,等.特许经营概论[M].北京:机械工业出版社,2003.

[20]李向阳.企业信誉、企业行为与市场机制——日本企业制度模式研究[M].北京:经济科学出版社,1999.

[21]连建辉,赵林."企业性质"重探——合作剩余创造和分配的市场性关系契约[J].当代经济研究,2004,1:56-61.

[22]林壁属.旅游饭店实务管理[M].北京:清华大学出版社,2005.

[23]林季红.跨国战略联盟与中国企业竞争战略[J].中国经济问题,2002(5):19-22.

[24]林杞则,陈松.战略联盟——技术导入的一种重要方式[J].中外科技信息,1998,(10).

[25]刘江健.特许经营的理论分析——交易费用和生产成本的观点[J].价值工程,2006,2.

[26]罗科·M.安吉洛(Rocco M. Angelo),安德鲁·N.弗拉迪米尔(Andrew N. Vladimir).当今饭店业[M].李昕,译.4版.北京:中国旅游出版社,2004.

[27]罗荣华.杜邦财务分析法及应用实例[J].中国科技信息,2005,(12):106-107.

[28]皮埃尔·杜尚哲(Pierre Dussauge),贝尔纳·加雷特(Bernard Garrette).战略联盟[M].李东红,译.北京:中国人民大学出版社,2006.

[29]普拉默德·克拉若.特许经营:企业快速发展之路[M].北京:人民邮电出版社,2004.

[30]任剑新.企业战略联盟研究——一个新型产业组织的典型分析[M].北京:中国财政经济出版社,2003.

[31]王德刚,等.试析特许经营在我国饭店业中的应用[J].商业研究,2007,(2).

[32]王捷二.国际酒店管理集团在我国发展策略研究[J].旅游学刊,2006,12.

[33] 王向晖,胡继云,等. 战略联盟的稳定性初探[J]. 技术经济与管理研究, 2001,(4):44-45.

[34] 吴海滨,李垣,等. 战略联盟不稳定性的研究现状与展望[J]. 科研管理, 2004,25(5):48-51.

[35] 吴峡燕. 基于SWOT分析的我国经济型酒店连锁经营模式探析[J]. 商场现代化,2009,3.

[36] 许国志. 系统科学[M]. 上海:上海科技教育出版社,2000.

[37] 张慧. 经济型酒店竞争策略选择——以如家酒店连锁为例[J]. 商场现代化,2005,1.

[38] 张健,韩茂祥. 战略联盟的形成机理及其稳定性研究[J]. 现代管理科学,2004,(4):8-9.

[39] 张青山,曹志安. 企业动态联盟的风险评估[J]. 管理评论,2005,(12):56-58.

[40] 赵昌平,王方华,葛卫华. 战略联盟形成的协同机制研究[J]. 上海交通大学学报,2003,38(3):417-421.

[41] 赵小芸. 基于SCP范式的中国经济型酒店产业组织演进研究[J]. 旅游学刊,2007,9.

[42] 中国连锁经营年鉴,2006.

[43] 朱明侠. 特许经营[M]. 北京:对外贸易大学出版社,2001. [44] Ana Ramón Rodríguez. Determining factors in entry choice for international expansion. the case of the Spanish hotel industry[J]. Tourism Management,2002,23(6):597-607.

[45] Beamish P W. The characteristics of joint ventures in developed and developing countries[J]. Columbia Journal World Business,1985,20(3):13-19.

[46] Bleeke J,Ernst D. Collaborating to compete:using strategic alliances and acquisitions in the global marketplace[M]. NewYork:Wiley,1993.

[47] Colin Johnson,Maurizio Vanetti. Locational strategies of international hotel chains[J]. Annals of Tourism Research,2005,32(4):1077-1099.

[48] Collis D J. A resource-based analysis of global Competition:the case of the bearings industry[J]. Strategic Management,1991(12):49-68.

[49] Collis D J,Cynthis M. Competing on resource strategy in the 1990s[J]. Harvard Business Review,1995,7(8).

[50] Das T K,Teng B. The dynamics of alliance conditions in the alliance development process [J]. Journal of Management Studies,2002,39(5).

[51] Das T K, Teng Bing-Sheng. Instabilities of strategic alliances: an internal tensions perspective [J]. Organization Science, 2000, January-February, 11 (1): 77 – 101.

[52] Diego Quer, Enrique Claver, Rosario Andreu. Foreign market entry mode in the hotel industry: the impact of country-and firm-specific factors [J]. International Business Review, 2007, 16(3): 362 – 376.

[53] Doz Y L, Hamel G. Alliance advantage [M]. Harvard Business School Press, 1998.

[54] Eyster James J. The negotiation and administration of hotel and restaurant management contracts [M]. 3rd ed. NY: Cornell University School of Hotel Administration, 1988.

[55] Fred L, et al. Owners have power to cancel contracts [J]. Cornell Hotel and Restaurant Administration Quarterly, 1994.

[56] Goold M, Campbell A, Alexander M. Strategies and styles: the role of the center in managing diversified corporations [M]. Oxford: Blackwell, 1987.

[57] Grant R M. Prospering in dynamically-competitive environments: organiztional capability as knowledge integration [J]. Organization Science, 1996, 7(4).

[58] Hart O D, Moore J H. Property rights and the nature of the firm [J]. Journal of Political Economy, 1990, 98(6).

[59] Hoover V L, Ketchen D J, Combs J G. Why restaurant firms franchise: an Analysis of two possible explanations [J]. Cornell Hotel and Restaurant Administration Quarterly, 2003(44): 9 – 16.

[60] Jean Jinghan Chen, Irini Dimou. Expansion strategy of international hotel firms [J]. Journal of Bisiness Research, 2005, 58: 1730 – 1740.

[61] Kogut B. Joint ventures: theoretical and empirical perspective [J]. Strategic Management, 1988, 9: 319 – 332.

[62] Kumi Endo. Foreign direct investment in tourism-flows and volumes [J]. Tourism Management, 2006, 27(4): 600 – 614.

[63] Lafontaine F. Agency theory and franchising: some empirical results [J]. RAND Journal of Economics, 1992, 23: 263 – 283.

[64] Lawrence Wu. The pricing of a brand name product: franchising in the motel services industry [J]. Journal of Business Venturing, 1999, 14(1): 87 – 102.

[65] Marta Jacob, José Luis Groizard. Technology transfer and multinationals: the

case of Balearic hotel chains' investments in two developing economies[J]. Tourism Management,2007,28(4):976-992.

[66] Minho Cho. Factors contributing to middle market hotel franching in Korea: the franchisee perspective[J]. Tourism Management,2004,25:547-557.

[67] Park S H,Ungson G R. The effect of national culture,organizational complement arity,and economic motivation on joint venture dissolution[J]. Academy of Management,1997,40:270-307.

[68] Stuart Toby E. Network positions and propensities to collaborate: an investigation of strategic alliance formation in a high-technology industry[J]. Administrative Science Quarterly,1998,43.

[69] Vincent C S Heung,Hanqin Zhang,Chen Jiang. International fran-chising: opportunities for China's state-owned hotels? [J]. International Journal of Hospitality Management,2008,27(3):368-380.

[70] Williamson O E. The economic institutions of capitalism: firms,markers,relational contracting[M]. Macmillan,1985:47-70.

后 记

这本书从研究兴趣开始到成书,时间长达10年。2003年,我在研究生的饭店管理研究一课的教学中首度提出了需要一本能够反映世界知名饭店集团管理案例的书籍,并为此先后安排了我所指导的三届研究生共16位同学进行案例资料收集与整理,并有5位研究生的毕业论文与此题相近。本书成书时,其中的第二章第三节"三、中美两国在饭店特许经营环境中的差异分析"是张清影同学的论文成果;第三章第二节"管理合同的制度设计"是麦毅菁的论文成果;第四章第二节"饭店战略联盟的合作与共赢、协同效应与合作剩余"是赵韶芬的论文成果,第三节"饭店战略联盟的稳定性问题"、第四节"最佳西方国际的稳定性分析"是郭信艳的论文成果,最后由我统稿完成。是故,本书署名林璧属等著。

本书突出了案例分析功能,主要增加了圣达特(现为温德姆)酒店、万豪酒店、希尔顿酒店、最佳西方国际和如家酒店的最新发展状况,案例的及时增补,使案例的典型性更强,更具参考价值。本书除明确所采用的四位同学的论文成果一一注明之外,还要感谢参加案例整理的同学,他们是倪荣彪、翁鸣鸣、王会娟、黄婧萱、赵英鸽、朱海艳、李芳、胡萧文、郑雅铭、乔智超、林晓红、周崇瑞、戴蓓蕾、杨爽等同学。光阴荏苒,时不我待,但愿各位同学在各自的工作岗位上继续努力。

本项研究与写作,还参考了国内外学者的诸多研究成果,在此一并表示感谢!

林璧属
2013年12月于厦门寓所

优秀饭店管理图书推荐

中国饭店连锁心经
王 伟 著
ISBN: 9787563725038

单体饭店是一战舰,饭店集团是一混合舰队,饭店连锁是一航空母舰。故单体或集团饭店经理不等同于连锁饭店经理,非经连锁饭店知识学习,难以统驭连锁饭店,就如同普通飞行员非经特别训练操纵不了舰载机一样。

本书旨在更快推进中国饭店人由单体或集团型经理人向连锁型饭店经理人成长的进程。

饭店营销高效管理(第二版)
贺学良 著
ISBN 978-7-5637-1578-7

国内第一本阐述社会化营销在饭店行业中应用的图书,对于正在或将要使用社会化媒体手段开展营销工作的饭店企业具有指导意义。

市场营销的对立法则是:如果你想成为第二位,你的战略由第一位决定。本书希望:如果你不能在饭店营销中成为第一,那就帮你找到成为第一的营销方法。

酒店管理合同:从履行到争议解决
王丽华 主编
ISBN: 9787563727544

本书是中国第一本详解酒店管理合同争议解决的著作。

酒店业资深律师、酒店项目顾问王丽华女士继《酒店管理合同:从谈判到履行》(实战版)后,又推酒店管理力作。本书直面法律纠纷,细解争议玄机,指点解决之道,获中国旅游饭店业协会推荐。

餐饮全面服务管理:抓牢顾客的心(第二版)
李 韬 著
ISBN: 9787563718269

餐饮服务质量提升的根本在于建立系统,即建立全面的服务质量管理体系。在经济形势风云变幻的今日,服务质量成为决定餐饮企业生存的重要因素。如何使服务质量实现服务—管理—利润的良性循环,是本书着力揭示的奥秘。

作者李韬秉承科学、持续、标准的管理理念,通过环环相扣的系统阐述,使用生动的案例、易用的图表、实用的程序,帮助读者洞察服务质量管理的真谛,从而更新管理的思路和方式,提升管理的效果。